キリスト教の絶対性と宗教の歴史

Die Absolutheit des Christentums
und die Religionsgeschichte
Ernst Troeltsch

エルンスト・トレルチ
深井智朗［訳］
Tomoaki Fukai

春 秋 社

Die Absolutheit des Christentums und die Religionsgeschichte.

Vortrag

gehalten auf der Versammlung der Freunde der Christlichen Welt zu Mühlacker am 3. Oktober 1901.
erweitert und mit einem Vorwort versehen.

Von

Dr. ERNST TROELTSCH,
PROFESSOR DER THEOLOGIE ZU HEIDELBERG.

ZWEITE, DURCHGESEHENE AUFLAGE.

Tübingen
Verlag von J. C. B. Mohr (Paul Siebeck)
1912.

『キリスト教の絶対性と宗教の歴史』
原書第二版、中扉

キリスト教の絶対性と宗教の歴史　目次

凡例

1 本書は *Die Absolutheit des Christentums und die Religionsgeschichte. Vortrag gehalten auf der Versammlung der Freunde der christlichen Welt zu Mühlacker am 3. Oktober 1901. Erweitert und mit einem Vorwort versehen.* Von Dr. Ernst Troeltsch, Professor der Theologie zu Heidelberg. Zweite, durchgesehene Aufgabe. Tübingen, Verlag von J. C. B. Mohr (Paul Siebeck) 1912 の翻訳である。

　翻訳にあたっては Ernst Troeltsch, *Die Absolutheit des Christentums und die Religionsgeschichte (1902/1912) mit den Thesen von 1901 und den handschriften Zusätzen,* hg. von Trutz Rendtorff in Zusammenarbeit mit Stefan Pautler（=Ernst Troeltsch Kritische Gesamtausgabe im Auftrag der Heidelberg Akademie der Wissenschaften hg. von Friedrich Wilhelm Graf, Volker Drehsen, Gangolf Hübinger und Trutz Rendtorff, Bd. 5, Walter de Gruyter, Berlin und New York, 1998）も参照した。

2 本文中〈 〉で括られたゴシック体の文章は初版にはなく、改訂第二版刊行に際してトレルチによって挿入されたものである。ただし日本語の翻訳に反映できない冠詞や前置詞、文章の分割や統合などの場合には省略した。それらについてはドイツ語の校訂版全集を参照していただきたい。

3 本文中の〔 〕は訳者が読者の理解を助けるために補った言葉、あるいは書誌的な情報に関する註である。

4 本文中の「 」は原著で〈 〉や〃 〃で括られていた単語である。

5 トレルチが初版刊行後、来るべき改訂に備えて、初版のテクストに直接書きこんでいた単語や文章については可能なかぎり翻訳した。書き込みが関係している部分、あるいはそのことが予想される部分には［　］で括った註を挿入してそのことを示し、各段落のあとに、その文章を翻訳した。

6　また［1a］-［1b］のように括られているゴシック体の文章は改訂第二版の際に書き換えられた文章で、各段落のあとに、書き換えられる前の初版の文章を翻訳した。書き換えが段落を越えてなされている場合には、最初の段落のあとに配置した。

7　トレルチの原註は（1）（2）……のかたちで、訳註は〔1〕〔2〕……のかたちで示した。とりわけ初版と第二版の「序文」については、序文の中で書誌的な状況をほとんど無視して言及されている文献についての詳細な情報を、訳註として記した。

8　原著で、単語の間隔をあけて、強調されていた単語や文章については、翻訳ではその単語の右側に傍点を付した。

キリスト教の絶対性と宗教の歴史

すなわち、一九〇一年一〇月三日にミューラッカーで開催された『キリスト教世界』誌読者集会でおこなわれた講演

〈初版への〉序文〔1〕

〔本書を〕刊行するために〔講演原稿を〕推敲していたのであるが、〔読者のみなさんが今〕手にとっている本書は、〔本来の〕講演という枠組みを超え出る分量へと拡大してしまった。それ故に私は、講演形式を残したままで〔本書を刊行する〕ことを放棄することにした。それにもかかわらず〔本書のタイトルに〕講演という言葉をそのまま残しておいたのは、このような主題を取り扱ったのはそもそも私からの申し出ではなく、要請されたからであることを示し、この夏に偶然に刊行された攻撃性〔をもった書物〕や〔1〕このような主題についての異なった意見を取り扱った〔他の人がこの講演以後に書いた〕書物への批判的な意図が本書にあるわけではないということをも明らかにしておきたいと思ったからである。私は、これらの書物の刊行を知る前に、既にこの講演の約束を終えていたのである。しかし私は、それでも、この〔私自身の〕研究を刊行する前に、せめてこの序文で、これらの〔講演後に書かれた〕研究に対して、ごく簡単であるとしても、自らの立場を明らかにすることを回避すべきではないであろう。〔以下の〕叙述においては、これらの書物との討論をただ原理的なものに限定して取り扱うことにする。

［1］「他とは違った」が削除された

より広い視点に立つならば、〔一九〇一年八月三日に行われたアドルフ・フォン・〕ハルナックの〔ベルリン大学神学部第一次〕学部長就任講演である「神学部の課題と一般宗教史」（一九〇一年）[1]は、〔本書と〕同じ主題を取り扱っている。ハルナックの[1a]主要命題[1b]に私は同意したい。もちろん本書における研究で取り扱ったことは、その解釈、根拠付などの個々の事柄の扱いにおいてハルナックとは異なっている。とりわけ〔次の点は重要なことであろう。〕私は、神学部を、宗教学部へと改組転換することが現代のトレンドであるとか、そのような考えに私も賛同しているのだというような結論を受け入れることはできない。このような学部〔を設置すること〕はまったく意味を持たないという点では、私はハルナックと一致している。〔なぜなら神学では〕宗教史一般ではなく、規範的である宗教的認識の獲得だけが取り扱われるからである。ただそれだけが神学にとって意味を持ち得ることなのである。〈しかし、〉このような規範的な認識というのは、不確かで手の届かないようなところに置かれた可能性ではなく、もともとキリスト教的に方向付けられた[2a]現代の私たちの文化のより広い領域[2b]における実践的な帰結として得られるものだというのが私の考えである。それ故に本書で取り扱われていることは、第一に、哲学的体系への弁証によって、あるいはスコラ的な啓示論によって、この規範性を獲得するのではなく、その代わりに、宗教史の現実からそれを獲得しようという試みである。〈さらに第二に、それによって今日の精神的状況に適応したキリスト教的な理念世界の形態を獲得しようという試みである。〉このような努力に失敗し、無目的的な相対主義へと崩壊する者、あるいは〈宗教的な〉目標を他の方向へと〔解消してしまおうと〕試みる者は、もちろんこのような〔方法で神学の問題を取り扱おうとするような〕学部の課題と共感し、それと一緒に取り組もうとは思わないであろう。もっとも、このような課題に協力している者たちが、その人の研究と人生の決断のもっとも根源的な場面でなしている対応は、原理的には、経験可能な現実世界の解釈だけが有効だという原則に立って、宗教を攻撃する批判とほとんど同じことである。しかし逆に、規範的な宗教的真理ということを公に認めずに、北極探検者が北極点を探すような、あるいは井戸堀が水を探すような学部を設置することは、明らかにナンセンスなことである。誰でも、宗教的な事柄を他の人に教えようとするならば、その人はあらかじめひとつの立場をもっていなければならないのであり、それによってひとつの立場を獲得できる可能性について、自らが確信を持っていなければならない。この可能性を確信することは、少なくとも敬虔な人間にとっては、はるか無限の彼方に置かれたものというわけではない。なぜならもしそうであるなら、宗教は意味を持たないものになってしまうし、そのようなものは宗教ではなくなってしまうからである。すなわち、もし誰かが宗教的な真理と宗教的な内容を、完全に遠くに置かれたものとして、あるいはおそらく完全には知りえないものとして取り扱うなら、またもし誰かが、宗教の中に永遠的なものに関する問題だけを見ようとしたり、〔現実の世界に対する〕所与の力や神的なものの影響力を見ないというのであれば、そのように考えられた宗教というのは意味を持たないし、宗教とは言えないからである。この無限に続くかに見える探求なしにも、キリスト教に関する実際的な意見の合意が明瞭にならねばならないのであり、キリスト教という宗教に仕える学問的な諸研究機関は、このような明瞭性の確立に協力しなければならないのである。事柄に即して言うならば、このような宗教問題の取り扱いは、神学以外の学問を営む学者にとっては自明のことであるが、神学者たち、あるいはこれらの事柄一般に精通しており、学問的な教育を受けた人々にとっても同じように自明なことでなければならない。しかし神学以外の学問を営む学者たちの教育活動は、宗教の理解、あるいは宗教的生の発展に仕えるということを目的としているわけではないので、彼らは神学者たちのように、彼らの教育活動の前提として、はっきりとした堅固な自らの立場というものを持っている必要はなく、彼らがそのように望み、また可能であるならば、彼らは自らの立場についての態度決定をせずにいることもできる。しかし神学部に属する学者たちはどうであろうか。もちろん彼らは、教育活動を開始する前に既に獲得している宗教的立場によって規定されてしまっているが、このような前提を獲得することへと導くことになった宗教的・学問的な思考、あるいはこのような結論を引き出すことになった神学的理論それ自体は、何らかの信仰的な立場に規定される必要はない。当然のことであるが、そのようにして得られた結論は、最初はひとつの仮説として取り扱われるべきであり、その結論を、さらに一般的な諸考察を経て、それがひとつの成果と言い得るようになるまで展開させねばならない。〈事柄のこのような取扱いは、今日の精神的な状況の中では、学問的な人間にとって不可避なことである。〉つまり、その結論は、それを取り扱う人自身がもう一度真剣に問い、そして普遍的、原理的な考察を経てはじめて固有な価値を持つものとなる。もちろんそれは、明らかにキリスト教の規範的な価値をめぐっての原理的な問いに関する問題であり、さらなる個別的なさまざまな問題は、もちろん単純に根本的な解決が与えられるということなどなく、神学部の研究にとって、開かれた問いであり続ける。しかしこれらの根本的な問題は、確かに〔神学研究を開始する前に〕あらかじめ処理しておかねばならないのであるが、もし神学が主要な事柄を重視し、問題をより簡略化して取扱い得る理論を、既に述べたような根本的な決断、あるいは考察の帰結として構築することに成功するならば、その分だけより一層個別な問題の処理は簡単なものになるであろう。私の研究の主たる目的は、このような理論を用いることによって、根本的な決断のために努力している〔研究〕者たちに奉仕し、この理論を通して、何らかの前提と結びついていない個別的な事柄の研究のための道を切り開く、ということである。しかしこのような理論〔に基づく研究〕は、確かに一般宗教史（それは私にとってもただ神学の前提となる学問、あるいは補助学なのであるが）の中に分け入って行かねばならなくなるであろう。その場合〔アドルフ・フォン・〕ハルナックが許容し得ているようにに思えるものよりも、さらに深く入り込まねばならないことになるであろう。一般宗教史を、神学の前提となる学問と考えるという発想は、まさに神学の前提となっていることの原理的な意味を解釈しようとする体系家たちによってなされることであり、一般宗教史を神学の補助学として考えるということは、このような前提となる諸問題は既に解決済であると考え、その領域をより狭く設定しようとする教会史家たちによってなされることである。

〔1a〕-〔1b〕初版では「命題」
〔2a〕-〔2b〕初版では「私たちの精神的生」

同年におこなわれた二つ目の神学部学部長就任講演（私は本書に関する仕事が終わった後になってはじめてそれを読んだのだが）は、一九〇一年〔一〇月一三日〕にマールブルク〔大学〕で行われた〔アドルフ・〕ユーリヒャーの「教会史の方法、課題、目的についての現代のさまざまな見解[2]」であるが、〔この講演も本書で扱う〕私たちの対象と関係している。まぎれもなく〔私の立場への〕あてつけが読み取れるのだが、彼の批判していることと私の立場とはまったく関係がないように思う。というのも、ユーリヒャーは、私が以前書いた「神学における歴史学的方法と教義学的方法について[3]」という小さな論文を取り上げているのであるが、そこで取り上げられているのは、私のそれ以後の研究によって排除されてきた方の立場だからである。さらに彼はまったく独特なひどくまわりくどい言い方で、私の提案を拒否しているのであるが、それは内容としては現在の研究において私がさらに発展させた議論とはまったく異なったものであるように思われる。私は本来的な意味での歴史学と、その歴史学から出発する歴史哲学的な思弁との違いをもっと強調すべきだったのかもしれない。いずれにしても歴史哲学は歴史学から生じる直接的な帰結であり、ユーリヒャーが「個別の切り離されたものに連関を与え、さまざまな段階へと発展してゆく生命力ある流れの中に個々の現象を全体として展望しようと試みることを放棄しないだけではなく、価値判断を断念することもない」（〔「教会史の方法、課題、目的についての現代のさまざまな見解」〕一三頁以下）と語り、また「もしひとがキリスト教とその教会を他の諸宗教と並べてみるならば、キリスト教には他の宗教にはない輝かしい正当性が与えられるであろう」（〔同〕一五頁）と書く時、彼自身もそのような見方を否定してはいないはずである。〔この点でユーリヒャーは〕私の考えと違っていない。しかしこのような考え方、すなわち結局のところ決定的な考え方であり、全体に対する態度を規定するような考え方を、教会史家たちがたまたま語る箴言のようなものによって維持することは困難であり、むしろこのような〔思想の〕萌芽を理論にまで発展させねばならないのであり、そのように展開された理論によって、このような考察が、前提としてだけではなく結果においても例外なく原理的に取り扱われるようになるべきだと私は思う。そのことは「宗教哲学的な饒舌」なしに、あるいはまた憂慮すべき一般化なしには不可能なことなのかもしれないが、私の意図は、まさにあの卓越した知識人〔であるユーリヒャー〕の研究によって強く勧められているように、このことは対象への対応を原理的に基礎付ける以外にはなしえないということにある。ところがユーリヒャーは「自然的人間と精神的人間が相反するという〔キリスト教以外の〕他の世界観からの借りものの思想について」〔(同一一頁)〕さえ語るのである。しかしこのような仕方で対置され得る世界観というのは、結局は絶対的な対立を相対的な対立に置き換えているに過ぎないのであるから、歴史学から借りてきた世界観に過ぎない。それ故に、もしユーリヒャーのように考えたいのであれば、このような世界観の原理的な意味とこのような世界観がキリスト教における価値に対して与えた影響について熟考することが重要になるはずである。

これらよりも古いが、しかしより重要な発言を遡ってみるならば、〔カール・アルブレヒト・〕ベルノーリの有名な著作『〔神学における〕学問的方法と教会的方法』(一八九七年)[4]が私と似た傾向を提示しており、私も多くの点で彼に同意できる。しかし私には、ベルノーリは歴史的相対主義の影響を高く見積もり過ぎているように思えるし、もっと冷静になって問題全体と取り組むべきだと思う。学問的神学、すなわちキリスト教の根幹にかかわる問題は手際よく、簡単に答えが出るような問題ではないと考える彼のいう学問的神学は、〔神学〕それ自体を解体してしまい、これは私の見方ではあるが、その際宗教学的考察から得られる結果に異常なほど依存してしまっているのではないか。そのことによって学問的神学と併存してきた教会的神学の方は、嘲弄されるようになり、〔この著作では教会的神学の〕さまざまな基盤は失われてしまったかのように扱われることになってしまった。しかしそれは一方的な見方で、教会的神学の思想が、その正当性を認識され得るチャンスがないわけではない。キリスト教の伝統的な解釈が、宗教史の現実によって基礎づけられた神学によって強力に転換させられる可能性は残されており、〔教会的神学者の〕実践において、とりわけ特定の〔宗派の〕歴史的権威のもとに立てられた教会に仕える神学者たちの教義学の講義において、注意深く、丁寧に、そして冷静にこれらによって改造されたものを具体的な問題に適応して行くことは可能だと思う。その他の点については、私はこの興味深い書物についての書評を『ゲッティンゲン学界展望』誌に書いている（一八九八年の四二五頁以下[5]）〔のでそれを参照していただきたい〕。私は〔ヴィルヘルム・〕ヘルマンの教義学〔すなわち『ルターとの関連で叙述されるキリスト者の神との関係[6]』〕を、このような意味での適応の熟練の技（もちろんその書物はそのようなことを意図して書かれたわけではないが、しかしその教義学的叙述のすべてが実際そのようになっている）と考えている。なぜならこの書物の中では、適応という課題こそがその大部分において取り扱われている重要な問題だからである。

リッチュル学派の系列からは次の三つの論文が書かれた。すなわち〔ゲオルク・〕ボッバーミンの「神学と近代の諸学問との関係、そして学問全体における神学の位置〈」〉（『神学と教会雑誌』第一〇巻　三七五頁以下[7]）、〈フリードリヒ・〉トラウブの「宗教史の方法と組織神学」（『神学と教会雑誌』第一一巻　三〇一頁以下）、そして〔マックス・〕ライシュレの「神学の歴史的方法と教義学的方法」（『神学展望誌』第四巻　二六一頁以下と三〇五頁以下[8]）である。それらの論文で提示された主たる論点については、一部はこれに続く本論の中で答えており、他のことについては既にそれより前から述べている私の考えに代わりはない。これらの諸論文とは多くの点で私の考えは類似しているのであるが、事柄の解釈においては全く対立している。私が私の解釈の全体を、教養学的方法に対して「歴史学的方法」として提示した際、私がはっきりと自覚していたことは、この方法は広い歴史全体から得られる歴史的な事実によって根拠付けられ、それによって形成される歴史における共通なものという概念によって構成される、ということであり、この歴史的方法というのは、ただ教養学的な方法と対立するという視点から、そのように呼ぶことが許される、ということである。この「歴史的な方法」というのは、自然科学的な一般概念とは違って、また歴史的な一般概念と自然科学的な一般概念の差異を無視するような思弁的な一般概念とも違って、歴史的概念形成の特殊性を見極め、歴史研究を神学に具体的に適用する際に、自然科学的な一般概念と思弁的な一般概念から繰り返しつきつけられた困難な課題から自らの課題を区別し、歴史的な概念形成をそのような仕方で押し付けられた難題から引き離そうとするものである。そして歴史的な方法ということで把握されるべきこととは、それが、歴史における相対的なもの、個性的なものに、歴史を無条件に支配させる権利を完全に与え、それだけではなく、この相対的・個人的な現象の中にも生成される価値と、それを通してひとつの共通の目的をもった価値が生成されることとが互いに排除されないようにするということである。しかし私にとって、このことに劣らず、それ以上にはっきりしていた問題は、歴史学のものの見方と歴史から規範的なものを獲得しようとする試みは、カント的な教説、厳密に言うならば自由と実践的な理性意志を排除する新カント派的な教説が要求するような、歴史と精神的な出来事の純粋に現象学的・因果論的な取り扱いを不可能なものにしてしまうということであった。私はライシュレが考えたように、一般的には、宗教には因果性では取り扱えない隙間のようなものがあり、この隙間にこそ超自然的なものの影響が入り込むのだと主張しなかったし、トラウプが考えたように、因果性による解明の取り扱い方法と価値判断の取り扱いとを混同したりもせず、むしろ歴史学が取り扱う対象や精神的な出来事の〈具体的な〉全範囲に対して、普遍的な法則という意味での因果論的考察を適応することに反対したのである（この点についてはさらに私の〔リヒャルト・アデルベルト・〕リプシウスの『教義学』に対する批判をも参照のこと。『ゲッティンゲン学界展望誌』一八九四年　八四七頁以下[9]）。〔私がこの点に反対した理由は、歴史学の対象と精神的な出来事についての〕純粋に因果的・機械論的な取り扱いとひとつの価値判断に基づく取り扱いは、[1][2a]単純に決して交わることのない平行関係として相互に並んで存在しているなどとは言い得ないと考えたからではなく[2b]、私にはどうしても、感覚や欲求からはじめて、理念や普遍的な妥当性をもった価値に至るまでの因果論的な考察を実際に構築できるとは思えなかったからである。むしろ私には、具体的ではない感覚的な現実性に属するより高次な精神生活は、自立した原理に基づく存在論的な基礎付けを必要としているように思える。意識のあらゆる現象を、純粋に因果論的で、現象学的なものとして説明する教説は、私には、「外的な経験」から「内的な経験」への、不当で、誰もその有効性を保証できないような移動であるように思える。[3]この問題は確かに、たいへん困難な問題である。精神生活の全ての領域について〈機械論的な〉因果性に基づく取り扱いをすることに懐疑的になることは、神学的に異端であるだけではなく、哲学的にも異端であるし、このような説を主張するにはまだ多くの根拠が欠如しているように思う。それに対して私は次のことを強く主張したいのである。すなわち学問と因果論的解明とを同一視することは許されないということ、また、このような同一視が許されるというのであれば、宗教には現実にはもはや何も残らないことになってしまうということである。まさに私はこう考えているのである。超感性的で、理性によってのみ認識可能な性質と、善の純粋に理性必然性に基づく動機付けというカント的な教説、とりわけ彼の倫理的な理性の王国の発展を描こうとする歴史哲学は、実際には精神的な出来事の現象学的・因果論的な取り扱いを破壊し、精神的な出来事に存在論的な取り扱いを適用してしまっているのである。それに対して私には、宗教の学問的な評価を、存在論的な原理の証明というより広義の基礎の上に根拠づけること、そして宗教の規範的な形態についての問いに、歴史の中に出現する高次の精神的な生活の諸類型を概念化することで答えることが不可避的なことであるように思われる。新カント派の神学者たち、まさに私が提示したような存在論的な基礎付けと果敢に戦う神学者たちは、歴史的キリストから引き出される印象のために、歴史的キリスト教の絶対的価値という彼らに固有の教説を新カント派的な原理と結びつけることができないのである。なぜなら新カント派的な原理によれば、歴史におけるあらゆる個別的なもの、すなわちイエスの人格もキリスト教それ自体も因果論的・機械論的な現象学的なものに属するのであり、ただ普遍妥当性をもった、合理的な必然性をもった倫理的な判断だけが歴史的なものを超えているということになってしまうからである。このような私の見方は、ひとがもし〔イマヌエル・〕カントにも、あるいは一八世紀全体を通してみてもそこには歴史的な意識がなかったのだと見なしたとしても否定されることはない。事実カントや一八世紀にこのような意味での歴史意識が完全に欠落していたと言うことはできない。もっともたとえ大変すばらしい歴史的意識があったのだとしても、カントの現象学的な因果性についての理論の帰結にとって何の役にも立たなかったであろう。私がいつも感じていたこともそうなのであるが、新カント派の神学者たちをこの結論の呪縛から解放するのは、歴史的な意識ではなく、伝統的な意味での教義学的で、他のあらゆるものから区別された歴史の取り扱いと、まじめな歴史的・批判的研究、倫理的に提示された人間の要求に基づいた弁証論的指摘（もしこれらが真理でないとすれば、それは欺瞞か狂気ということになる）を結びつけるという大変壊れやすい結びつきだけである。歴史的意識というのは、私には新カント派の神学者とは違って、何か本質的に異なったものを要求しているように思えるし、この異なったものを私は〔本書の〕以下の議論において新たに解明しようと努力したのである。

［1］「一方で」が削除された
［2a］–［2b］初版では「他方で、このような混乱した状況の中で必要的、現実的な原理というのは、超越的な動機に基づいた取り扱いを排除することではなく」

〔3〕「そして次のことはまったく容認できないと思う。すなわち歴史学によって引き出された理念的価値の理解を、単に存在についての制約された価値判断として取り扱い、そのような現実性には具体的な名称を与えられないだけではなく、それは単に因果的・機械論的で、心理学的な営みから生まれた表象に過ぎないと言い切ることはできないはずである」が削除された。

ルートヴィヒ・イーメルスの「宗教哲学に対する教義学の自立性」という慎重で、示唆に富んだ論文（『摂政殿下〔〔S〕eine〔K〕önigliche〔Hoheit〕den Prinzregenten〕〔ルイトポルト・カール・ヨーゼフ・ヴィルヘルム・ルートヴィヒ〕へのエアランゲン大学献呈論文集』一九〇一年）[10]は、新カント派的な宗教の取り扱いを否定し、存在論的な原理を求めている点で私と一致している。この論文はこの問題についての深い理解に裏づけされている。イーメルスはこの論文で、私の研究に対して一方で好意的であるが、他方で強く対立する点についても主張している。それどころか、彼は私のような立場には、キリスト教に対する喜びに満ちた、確固たる態度が見出せないというのであり、私に対して、キリスト教に対する〔研究〕態度というのは、他のものといろいろと接触するのではなく、ただ与えられた対象〔としてのキリスト教〕とのみ取り組む研究によって、すなわちこの対象に即して形成されるキリスト教的な認識論によってこそ獲得されるべきだと主張し、そのような研究を要求している。このようなキリスト教的認識論によるならば、必然的に、対象〔としてのキリスト教〕の価値は、聖書から影響を受け、聖書を確かなものとして保証する回心経験に固有な、奇跡の因果性によってだけ十分にその確かさを基礎付けることができるということになる。それに対して私は、イーメルスが獲得し得ると考える確かさというのは、結局はもっぱら孤立した超自然的な要素によってだけ到達し得るようなものであるということを指摘しておきたい。キリスト教の確かさに関する問題を単純に形式的に切り離して取り扱おうという場合であっても、まずはその対象を仮説として問い、次にキリスト教を肯定し得るような宗教的体験を、心理学的な方法や歴史学的な方法によって客観的に取り扱わねばならないはずである。そしてそのような場合でも、最終的な結論は開かれたままにしておかねばならないはずである。この点では私の研究も彼とまったく同じである。〔しかし〕イーメルスにおける研究というのは、私の場合よりもまったく単純なことになっており、そこで取り扱われる事柄は他の事柄とほとんど関連させられていない。彼の研究においては〔キリスト教の〕完全な確かさは、既に超自然的な原理によって獲得され、その上でそれは内的な奇跡によって把握され、さらに外的な奇跡によっても確認されることになる。その場合彼が歴史〔研究〕に対して言っていることは、歴史研究は奇跡の不可能性を証明することはできないということであり、それは世俗の学問であるので、それ自体は奇跡の現実性を保証するような精神的な意味にまで到達することはできない、ということである。〈〔このような研究の方法では、〕私たちだけが具体的に知っているが、他からは切り離された個別的な対象から出発しているということが決定的な意味を持っているのではなくて、この対象の中に完全に個別的な奇跡の因果性を発見することが決定的な意味をもっている。そしてこの発見は明らかに、本来その出発点であるべき宗教史的な比較を拒否することによって、いかにも独善的な仕方でなされるのである。〉それ故にイーメルスが私の研究に対して根本的な批判を提示することができるとすれば、それは彼がいう超自然的な確かさにまで私の研究方法では到達し得ないということであろう。しかし私には〔学問の営みによって〕イーメルスがいうようなところに到達することは不可能なことであるように思える。むしろ私には、キリスト教の成立史の相対的、歴史的、制約的な性格は、厳格に奇跡を排除することは不可能だと主張したり、奇跡には何らかの精神的な意味が前提とされているのだ、というような安易な説明に簡単に譲歩しない方法によってこそ明らかにされるように思える。しかしそのようにすることによって研究は一層複雑化し、結局は最初の奇跡によってキリスト教の確かさを保証するという結論を出すことはできず、その一歩手前で留まらざるを得なくなる。だからと言って、私が〔本書の〕以下の議論の中で示したように、このようにして出された研究の帰結が、信仰的な確かさのない結論であるとは言えない。このようにして得られた結論がつねにジレンマに陥るというわけではない。ここでいうジレンマというのは、結論は「宗教哲学的な証明によって得られるか、それとも宗教的な体験」によって得られるのかというイーメルスの見方から生み出されるものである。しかしその場合でも、宗教哲学的な証明は、既にひとつの特定の宗教を肯定するという仕方で宗教的体系を前提にしているし、そうであるならあらゆる比較は常にひとつの固有な、特殊キリスト教的に基礎付けられた肯定によって規定されてしまっているので、たとえ比較や関連付けをやめてしまったとしても、あるいは決定的な立場を獲得した後になってはじめてこのような比較や関連付けをおこなったとしても、どちらにしても同じことなのである。要するに、あらゆる宗教哲学は、自らがただひとり知っていること、生まれながらに持っている特殊性を、みせかけの普遍性の基盤の上に移し変えておきながら、このような特殊な確かさの根拠については告白しないという自己欺瞞に陥っている。これは実に危険な弁証論である。このような弁証論によってひとは生まれながらに、その宗教と結び付けられてしまうのである。そしてもしキリスト教と生まれながらに結び付けられた人であっても、そこで、超自然的な要素と出会えるような情況になかった場合には、宗教的確信は、結局は〔ジャン゠ジャック・〕ルソーが考えたような「地理的な事情」〔に属する問題〕[11]だとして処理されることになるのであろう。このように宗教哲学の研究は、宗教的経験を前提としているが、それは教義学的な思考方法や超自然的な思考方法という私たちにとってなじみ深い考えのように、とりつく島もないような、あれか・これか、という選択を前提としているわけではない。歴史研究の本質というのはまさに、仮説の追体験と共感ということなのである。ひとはそれによってさまざまな異質な条件のもとにある宗教的な生を現実に体験することができるのであるし、自らのこれまでの宗教体験を仮説として客観化することができるのである。すなわち、〔自らの宗教体験が〕絶対的なただひとつの価値であるのかどうかを問うことができるようになる。宗教哲学の研究は体験に基礎付けられている。しかしその体験は、ひとつの個別的で、孤立した体験ではなく、それは多様性を持った体験なのであり、ある特別な教義学によってだけ肯定される体験ではなく、仮説として追体験することができるさまざまな体験のことである。このようなさまざまな体験によって得られる価値の中から〔ひとつの体験を選び出すという〕究極的な決断は、明らかにひとつの疑う余地のない公理に基づいた行為ということになる。そしてそのような決断は、比較された価値の十分な吟味と分類によって、またそのことによってひとつの共通概念と関係させることによって、その決断がどのような動機にもとづいてなされたのか、ということを明らかにすることができるのである。ピストルを胸に押し付けて、あれか・これか、〔の選択をせよと〕迫るのは教義学的方法である。あれも・これも十分に吟味するのが歴史的方法である。ここで語ろうとしている歴史的方法とは、歴史哲学的な意味で理解された歴史的方法である。私の選んだ方法においてもっとも重要なことは、実は、単にこのような方法によってキリスト教の確かさの獲得が、より広い、普遍的な概念の基盤の上に据えられ得るというだけではなくて、そのような態度決定によっても、キリスト教についての歴史学的に厳密な研究を行うために、何らかの先入観を植え付けられないということなのである。これはイーメルスとはまったく逆の考え方で、彼のいう意味での確実性の基礎付けとは、結局頑迷な偏見の獲得のことである。

イーメルスの仕事が洗練された、良心的で、教示されることの多い、論争的な論文の模範であるとすれば、〔カール・フリードリヒ・ゲオルク・〕ハインリキが一九〇一年に書いた「私たちはなおキリスト者であることがゆるされるのであろうか[12]」というセンセーショナルなタイトルが付された論文で主張しようとしたことは、うわべばかりの議論で、不明瞭な類の批判だと言ってよいであろう。ハインリキはその論文の中で、〔パウル・アントン・ド・〕ラガルドの議論について表面的にふれたあとで、私の議論を〔チャールズ・〕ダーウィンと〔ダーフィット・フリードリヒ・〕シュトラウスと結びつけている。それによって彼は私の議論を「自然主義的」発展論、すなわち自然の因果性をもっぱら人格的な生と結びつけ、歴史上の偉大な天才の意義、あるいは歴史における内的な生の絶対的な価値や目的については何ら認識し得ないような発展論であると不当にも批判する。彼は軽率過ぎる。そのため、発展理論を用心深く構成することで、まさに自然的因果性を排除しようとした私の主要な論文〔である「宗教の自立性」〕における議論は置き去りにして、私が「いくらかまよった後に」、「歴史的方法と教義学的方法」という問題設定のもとで論じた私の短い方の論文〔である「神学における歴史学的方法と教義学的方法について」〕だけを取り上げて、そこで私が自らの考えをうまくごまかしているのだと説明している。〈しかも彼はその際私のこの短い方の論文がそれ以前のさまざまな諸論文での私の議論を前提として含んでいることをまったく無視している。彼は、〉〔グスタフ・テオドール・〕フェヒナーと〔ユリウス・〕ヴェルハウゼンと、この私とを比較して、彼らはまだましなキリスト教徒だと言うような誤ったイメージを広めようとしているのではないか。私が、私の主要論文である「宗教の自立性」においてフェヒナーの好著『信仰の動機と根拠』[13]を何度も明瞭な仕方で引用し（『神学と教会雑誌』第五巻　四〇〇、四〇二、四三四、四三六頁）[14]、ヴェルハウゼンの研究方法についても、私の議論は彼の方法をより厳密に理論化するための試みであると述べているにもかかわらず、ハインリキはあえてそうした誤解へと読者を誘導しようとしている。それ故にこのような厳密さを欠いた論争からは、当然のことながら何も得るものがあるはずはない。それどころか、ハインリキ自身の積極的な主張も、彼のこのようなつかみどころのない意図的な誤解、あてこすりをとりまぜた議論の中からはほとんど読みとることができないので、この論文はまったく何の役にも立たない。この論文からはただひとつのことが明らかになるだけであるので、そのことこそここで明らかにしておくべきであろう。すなわち、それは私がまさにその点にこそ問題を感じていることであり、私が特別に戦ってきた問題の典型的な事例をハインリキの中に見出すことができる。ハインリキは、彼自身もその〔歴史的〕方法に従い、原始キリスト教の教団形成を古典古代の世界と社会の状況に関連づけることでさまざまな貢献をなしている。しかしそのような彼のキリスト教宗教の歴史的研究では、彼にとって不都合な影響が出て来ると、それが明らかになるところでは、この不都合な影響を「不当な問題提起の反映」として「取り扱う」ことで（「ハインリキ「私たちはなおキリスト者であることが許されるのか」」三頁）、議論をそれ以上続けることをやめてしまう。〔彼は言うのである。〕「宗教の領域ほど問題提起による混乱が影響を及ぼす場所は他にはない。」確かにその通りである。神学は、もちろん、歴史学に神学のほとんどの領域に対してその研究方法を適応することを許している。ところが、歴史学が伝統的な事柄の取り扱いとはなはだしく衝突してしまうようなところでは、突然、神学的な方法に基づく特殊な問題設定によって事柄を取り扱いはじめる。これが歴史的な思考と教義学的な思考とを混合してしまう神学の悪いところである。このような問題の取り扱い、そしてその影響とその不可思議な結論を、まさにハインリキの事例は、大変教訓にとんだ仕方で提示してくれている。それはどのようなものであろうか。彼は、キリスト教を取り扱う研究においては、常に以下のような諸前提が含まれていなければならないと主張する。第一に、キリスト教は個性的で歴史的な現象として、もっぱら絶対的で唯一の真理性の要求という光の中で取り扱わねばならない。その場合キリスト教の教義学的・弁証論的な議論は、常に事柄それ自体と同一視されねばならない。第二に、歴史的研究の批判によって、絶対否定することができないものが（もちろんこのような場合には批判への要求は大変強いものとならざるを得ないのであるが）、神学という学問においては確保されていなければならない。それこそが明らかに特別に神学的な原則ということである。第三に、もしひとが宗教の一般的な本質、あるいは宗教の概念を、絶対的、超自然的な主張が求めている前提と同一視する場合には、キリスト教の奇跡的な性格を明らかにしようとしている伝承の取り扱いにおいて、聖書的な証言が確実であるもの、あるいは少なくともそれについては反論できないようなものについては、積極的に真理であると認識しなければならない。それによって、宗教の普遍概念に基づく研究によって、特殊神学的な成果を期待することができることになる。これがハインリキの方法である。しかしこのような問題設定には、結局、その前提として、何の根拠付けもなしに、不明瞭な形態である種の「世界観」が持ち込まれている。しかもそれはハインリキによれば私がそれを用いることによって広まったとされている自然主義的な世界観とは別物であるらしい。

このような諸前提を残したままで、無邪気に、他の領域にも適応され得る歴史的な方法を完全に駆使した歴史研究がなしえるとでもいうのであろうか。これは言ってみれば、既にネズミ捕りの中にとらえられてしまったような情況の中でその中のネズミが問題を提起するようなものである。このような状況であるから、神学に疎遠な人が、神学をいい加減な学問だと考えたとしても、それは彼らのせいではない。問題はここでは次のような重要な根本問題が完全に見過ごされてしまっているということなのである。すなわち、歴史研究は、世界観との何らかの連関をまったく持つことなしにキリスト教を取り扱いえるのかということ、またもし歴史研究がこのような世界観との連関を前提にしないでキリスト教の始原史を解釈することは不可能なのではないか、という問題が完全に見落とされているということなのである。さらに言うならば、あらゆるものを支え、議論の余地なく保持されるべき前提と彼が主張するもの、すなわち特殊で、排他的な超自然主義は、有神論とまったく異なったものであるし、人格的な生の絶対的な目標の認識とも同じではないし、偉大な天才の精神的生の不変で、独特な啓示の意義を理解することとも同一視することはできないということが完全に見落とされてしまっている。私が「この問題の取り扱いで」求めているのは、有神論であり、人格的な生の絶対的な目標の認識であり、偉大な天才の精神的生命の不変で、独特な啓示の意義を理解することである。まさにこれらの問題によって取り扱われる領域に関して私とハインリキは対立している。そのためにあらゆることは不明瞭なものとなってしまっており、厳密な議論が不可能となってしまっている。それ故にハインリキのあのたちの悪いタイトルに示されているような問いに対しては、私の側では、悪意のない、結論を含んだ、ハインリキに対して、神学的に正当な問題提起に基づいて立てられた反問によって答えるべきだと考えている。他人を批判するということは、たとえ安全な場所にいたとしても、自らも傷つくのだ、ということを彼には伝えたい。

これまでのさまざまな批判や異議申し立ての一覧表を示した後で、私は特別な喜びをもって、〔ルドルフ・クリストフ・〕オイケンの近著『宗教の信頼性』（一九〇一年）[15]を紹介したい。この書物は多くの点で、私の提示した問題に好意的であり、とりわけ全体的な問題の取り扱いにおいて私の考えと似ている。それ故にひとは私がオイケンから教えられたことが何であるか、を本書から読みとることができるであろう。しかしここで強調しておきたいことは、両者の間での主要な事柄の一致は、それぞれ独自になされた研究の結果得られたものだ、ということである。

私に対する批判者たちは、何度も、私が、私の理論の斬新さを買いかぶりすぎていると非難する。[16]しかし私はそうは思わない。ここで取り扱われている理論は、実は古くからあった事柄であるのだが、しかし十分に注意されてこなかったし、ただ表面的な議論をしただけで簡単に否定されてしまったものだ、ということを強調しておきたい。そこで最後に、私がこの問題が古くから存在しているものであることを意識しているということを証明するために、私の研究の動機を特徴的に描き出しているような大変古い立場〔によって書かれた文章〕を二つ、ここで紹介しておきたい。

〔ひとつ目は、イマヌエル・〕カントで、彼は、〔ヨハン・ゲオルク・〕ハーマンに宛てた書簡で、〔ヨハン・ゴットフリート・〕ヘルダーの『最古の記録』について次のように書いている。「ある宗教が、古代語の批判的知識と文献学的考古学的な学識をその基盤とし、この基盤の上に全時代を通じて、そして全民族において建てられなければならない、そういったあり方に一度なってしまったら、ギリシア語―ヘブライ語―シリア語―アラビア語などに通暁し、同様にまた古代の古文書にきわめて通暁している者が、正統信仰の人々をどこにでも自分のすきなところに、この人々がどんなに渋い顔をしていようとも、まるで子どもを連れてゆくかのように残らず引っぱって行くでしょう。そうなっても、正統信仰の人々は不平を言ってはいけません。というのも、彼ら自身の告白によれば証明力をともなうような事柄に関して、彼らは彼に太刀打ちできず、自分たちが長年にわたって貯蔵してきた財貨を〔ヨハン・ダーフィット・〕ミヒャエリスのような人物が改鋳して、まったく別の刻印を押すのをおずおずと見ているからです。もし神学部が、少なくともこれがわれわれの場合にありそうな話なのですが、時がたつにつれ、この種の文献を生徒たちのために保存するという注意をおこたるようなことがあれば、そしてもし自由な信仰をもった文献学者たちがこのウルカヌスの武器を自分たちだけで思うままに操るようなことがあれば、あのデマゴーグたちの威名は完全に終焉を迎え、彼らは自分が教えなければならない事柄について文献学者たちから指導してもらわなければならなくなるでしょう〔強調はトレルチによる〕。……彼ら碩学たちは、聖職者ではない人間が自分たちの土地からそのような戦利品を奪い去るのを、そうやすやすと許したりはしないからです」（〔イマヌエル・〕カント『全集』第一〇巻、一九〇〇年、一五三頁〔『カント全集』第二一巻、岩波書店、八九頁以下〕[17]）。〈このことはとりわけまさに今日の情況に当てはまる。すなわち神学部が、教会的・政治的党派の〔支配の〕もとに置かれており、文献学者たちによる原始キリスト教についての自由な研究が次第に増大し、〔従来の研究方法を〕侵食しはじめている今日の情況にまさにあてはまることである。〉

しかしもしひとが、歴史的な諸現象の中には、現象としてはっきりと姿を現したりはしないが、実践的な態度決定によって肯定され得る宗教的価値というものが生まれ育つものだ、ということに反対するのであれば、〔フリードリヒ・ダニエル・エルンスト・〕シュライアマハーが次のように述べていることが妥当することになる。〔これが二つ目である。〕すなわち彼は次のように述べている。「まだ現れ出ていない精神の出現を待望するという態度は、必然的に普遍的・人間的な意味における精神（このような意味においてこのような待望は可能になるのである）と、キリスト教の神的な原理としての霊との密接な結びつきを前提としている。しかしこの結びつきは、それぞれを構成するものの結合ということなしには、すなわち普遍的・人間的な意味における精神とキリスト教的な意味における精神との同一性ということなしに考えられるべきではない。まさに私たちはこの点ではキリスト教についてのいわゆる合理的な見方と接近しているように思える。というのも合理的な見方によれば、キリストの霊は、普遍的・人間的な意味における精神に他ならず、前者は後者の高次の次元の状態だからである。私たちはこのことについては、同様に次のように定式化することができるはずである。すなわち両者の同一性が前提とされるべきである。そこから次のことがその帰結として引き出される。普遍的・人間的な意味での精神は、まさに霊としても存在しているのであるが、しかし精神はより低次の展相における霊ということになる。そして私たちがここでこの低次の展相を自らの力によっては高次の展相に引き上げることができなかったと言うことで、まさに私たちは合理主義的なものと、超自然主義的なものとをむすびつけて保持している姿が明らかになり、両者の間の不一致は無に等しいものとなり、消滅してしまうことになるのだが、これはひとがこのような合理主義と超自然主義との対立を徹底的に追及する時に至る帰結なのである」（〔フリードリヒ・ダニエル・エルンスト・シュライアマハー〕『プロテスタント教会の原則との関連で試みられたキリスト教倫理』一八四三年、三〇二頁以下[18]）。

　カントの言葉は、一八世紀〔の人々が〕とりわけ経験していたことであり、[1a]無制約的な真理の要求と、あらゆる歴史的なものがもつ多様性と制約性との対立を示しているのであり[1b]、シュライアマハーの言葉は、このような歴史的相対性を克服しようとするドイツ観念論の試みなのであり、[2a]歴史的なものから自由にされた合理主義、すなわちまさに歴史の豊かな事例によって一元的な生の根拠を認識しようとする[2b]歴史的思弁である合理主義とは違った仕方で歴史的相対主義を克服しようとする試みを示している。シュライアマハーの立場が最終的な言葉〔としてこの問題の結論を語っているの〕ではなく、歴史学はこのような立場についてもより厳しい問題を提起してきたのであるが、私たちの研究は、この〔シュライアマハーによって道備えがなされた〕道をさらにその先まで進んで行かねばならないと私は考えている。なぜならシュライアマハーのように、精神のより高次の可能性の出現をただキリスト教にだけ限定すること、あるいはキリスト教ではなくただイエスの人格とだけ言った場合であっても、そこにだけあらゆる歴史的制約を免れた精神の究極的な実現化を見ることは不可能だからである。この点について言えば、カントによってなされた問題の取り扱いの傾向はいささか行き過ぎであったことは明らかである。もっともその点について言うならば、[3a]シュライアマハーの議論にも[3b]、宗教哲学的な考察とキリスト教的な共同体の自己証言との技巧的な組み合わせが見られ、その立場は危険なものである。それはイーメルスがその問題性を正しくも指摘している点である（〔ルートヴィヒ・イーメルス『宗教哲学に対する教義学の自立性』一九〇一年〕七頁）。このような問題性と新たに取り組み、バランスをとろうとする弁証論的な技巧なしに、この問題を克服しようというのが、この研究がめざしていることである[4]。

〔1a〕-〔1b〕 初版では「歴史学なものの研究の〔多様性〕と制約性は、その度ごとの現実性の解釈を示しているのであり」

〔2a〕-〔2b〕 初版では「教義学的道徳原理、すなわち存在論的〔歴史的思弁〕」

〔3a〕-〔3b〕 初版では「シュライアマハーによれば」

〔4〕 この後に以下の書き込みがある。「第一章、近代の歴史学の本質と神学それ自体との論争の試み。正統主義。自由主義神学。〔アルブレヒト・〕リッチュルの調停神学。〔改行〕第二章、〔判読不可能〕、

〔改行〕第四章、ここから生じる問いへの答え。この根本概念からキリスト教の中心的な最高価値を基礎付けられるかどうか、そしてそのようにして基礎付けられた最高価値は十分なものであり得るか。〔改行〕第五章、実際の歴史的に生じたキリスト教の絶対性についての宗教的な主張は十分な価値を持ちえるのか。そして、この事実は、原初的な事実ではなく、あらゆる宗教の持つ素朴な絶対性を弁証論的・技巧的な絶対性へと変形させたものなのだということを証明できるかどうか。弁証論的・技巧的な絶対性は、キリスト教の原初的なものに基礎を持つのではなく、素朴な絶対性を学問的相対性から切り離す試みであり、そのような方法によって、素朴な絶対性をさらに堅固にしようとする手段である。弁証論的・技巧的な修復が問題なのである。そしてこの素朴な絶対性の中に含まれている事柄に即した内容が価値や真理に対して決定的なのであって、諸要求の形式ではないということを証明することが問題である。しかし要求の形式も内容に制約されていること、そしてそれによってさまざまに形成されていることを証明することが問題である。キリスト教の素朴な絶対性は、その形式の特殊性に対応したキリスト教の内容的特殊性である。〔改行〕第六章、この宗教史的・宗教哲学的基盤における啓示概念、救済概念の形成。

〈第二版への序文〉

〔読者のみなさんが今〕手に取っているこの書物は長い間絶版であった。私はこの新版刊行に際してひとつの選択の前に立たされた。すなわちこの書物をまったく書き換え、それによってより広範囲な思想的諸連関の中に〔ここで取り扱った問題を〕組み込むか、それともこの新版では本質的な変更はしないままにすべきか、という選択である。私は、この書物について、書き換えが絶対に必要なのだとは思えず、この書物は、結局は特定の神学的問題状況に属しており、それと切り離し難く結びついているという理由から後者の道を選んだ。もちろん初版が刊行された時の状況は今日の状況と完全に同じであるなどとは言えない。それどころか問題状況はこの一〇年程の間に非常に変化し、尖鋭化したと言ってよいであろう。それ故にこの書物は、今日なお当時の状況を出発点として考えようとする人々のためには役立ち得るであろうし、〔初版から第二版の〕間に生じた問題状況の変化を理解しようとする人のためにも役立つはずである。〔本書についての〕書評では、とりわけ私は〔ヴィルヘルム・〕ヘルマン（『神学書評雑誌』一九〇二年、三三〇–三三四頁）〔1〕、パウル・イェーガー（『キリスト教世界』誌、一九〇二年、九一四–九二一、九三〇–九四二頁）[2]、そして〔ルードルフ・〕オイケン（『ゲッティンゲン学界展望』誌、一九〇三年、七七–一〇六頁）[3]によって書かれた書評について言及したい。これらの書評以外にも、さまざまな批判が見いだされた。私がここに提示し得るものだけでも次のようなものがある。すなわち〔ヨハネス・フリードリヒ・ゲオルク・〕トーメ『キリスト教の絶対性』（一九〇七年）[4]、〔フリードリヒ・〕ブルンシュテート『キリスト教の絶対性について』（一九〇五年）[5]、〔カール・〕ベート「キリスト教の本質と史的研究」（『新教会雑誌』第一五巻に掲載、著者は生物学的な研究を続ける過程で、今日では彼の視点を変えている）[6]、〔カール・フリードリヒ・ゲオルク〕ハインリキ『神学と宗教学』（一九〇七年）（著者はここでは以前の著作とは違って十分に公正であろうと努力している）[7]、〔アウグスト・ヴィルヘルム・〕フンツィンガー「教会的神学の宗教哲学的課題」（『新教会雑誌』一八巻に掲載）と『現代組織神学の諸問題と課題』（一九〇九年）[8]、〔ルートヴィヒ・〕イーメルス「近年の教義学的な研究の展望」（『新教会雑誌』一六巻、五〇五–五二二頁に掲載）[9]、〔ヴィルヘルム・〕ブセット「カント的・フリース的宗教哲学とその神学への適応」（『神学展望』誌　一九〇九年に掲載）である。[10]またここでは、エドゥアルト・シュプランガー『歴史学の基礎』（一九〇五年）[11]と、ごく最近書かれたものとしては、形式においては典型的な論争的書物であるテオドール・カフタンの『エルンスト・トレルチ　時代批判的な研究』（一九一一年）[12]をあげることができる。〔本書の主張に〕賛成し、ここで提示した立場に同調している書物となればほんのひとにぎりのものを提示することができるだけである。〔ルードルフ・〕オイケン『宗教哲学の主要問題』（一九〇九年）[13]、その他ではせいぜい〔パウル・〕ヴェルンレの有名な『神学入門』（一九〇八年）[14]をあげることができるだけである。これらのさまざまな見解と取り組むことはここではできないし、その仕事は私の次の仕事となるはずの詳細な宗教哲学〔に関する書物を書く時〕まで延期せざるを得ないであろう。私はここではこれらの議論によって、〔何が〕本当に問題なのかが、ようやく明らかになってきたということだけを指摘しておきたいと思う。もちろんこれらの議論の中には奇跡という問題の取り扱いにおいて誤解が見られる。私は奇跡をキリスト教的な特殊な因果関係として認識したのではない。それどころか私は、（多くの人々が内心そのように見ているのだと思うが、）一般的な法則性の徹底的な合理主義を主帳しているのである。それについては、この書物を書いた時にもその論文で展開した根本的な見解を参考にしたのであるが、「偶然性の概念の意義」（『神学と教会雑誌』第二〇巻　四二一－四三〇頁[15]）という私の論文を参照していただきたい。他の批判の中には、〔本書では〕「理念」に対して、歴史的・実証的な要素の重要性があまりにも軽視され過ぎているというものがあった。さらに別の批判の中には、それとは逆に、歴史的・実証的要素が強調され過ぎていて、私の思考の過程にはそのことの故に、もはや救いがたい破壊が見いだされるというものもあった。このような批判的な議論の中で、私の立場と、私がそれによってこの問題に対して提示しようとした諸問題が、たしかに他のより適切な言葉で言いかえられている。しかし私はこのような私の思考の過程を今後も保持しようと考えているし、それをさらに包括的〔な地平において〕基礎づけられるようにと願っている。

おそらく、多くの読者の望みにかなうことは、私がこのような私の立場からの直接的な帰結として生じたいくつかの問題について、あるいはそれがどこで具体的にとり扱われたのかを明らかにすることであろう。〔他文化地域へのキリスト教の〕伝道という問題については、私は一九〇六年に刊行された『キリスト教世界』誌のために書いた「現代世界における伝道[16]」、また〔グスタフ・〕ヴァルネックに対してこの雑誌記事を解説するために書いた『伝道学と宗教学のための雑誌』（一九〇七年）掲載の論文「伝道の動機、伝道の課題、近代の人文主義的なキリスト教[17]」で取り扱っている。そこから引き出されるイエスの人格についての考え方については、『信仰におけるイエスの歴史性の意義』（一九一一年[18]）という書物で明らかにした。また私の見解と、教会の精神や本能的なものとの関係については『キリスト教の教会と諸集団の社会教説』（一九一二年[19]）において明らかにした。最後にここから生じる教義学的な諸主題の取扱いを示した事例は、『歴史と現代における宗教』という事典〔のために書いた諸項目[20]〕の中に見出される。

新しい版におけるいくつかの変更は、ただ文体にかんするものだけである。私は、〔ヴィルヘルム・〕ヘルマンが正しくも指摘してくれたいくつかのとてつもなく長く、分かりにくい文章については、それを分割した[21]。また新しい文献についても、私が知り得た限りであるが追加し、いくつかの貧弱な表現しかできなかったテクストについては、それをより明瞭にし、さらに説明を加えた。

一九一一年一二月一六日、ハイデルベルク

エルンスト・トレルチ〉

第1章

〔近代の歴史学の神学への影響と神学の側での対応〕

†

一八世紀以来、巨大なまでに、そびえたつような形態に発展した近代世界が、古典古代の世界文化、そしてカトリック教会の文化（このように考える場合には正統主義の古プロテスタンティズムはこのカトリック教会の文化からはそれほど離れていないということになる）と並ぶ、ひとつの固有の文化類型を提示していることはよく認識されていることであろう。このような新しい世界のもっとも重要な特徴のひとつは、人間に関する事柄を完全に、余すことなく歴史的に考察するという態度である。近代の歴史学とは、あらゆる人間に関する事柄を統合的に全体として考察する原理のことである。それは政治的、社会的な諸制度に対する啓蒙主義の批判、カトリック的な諸伝説に対する宗教改革者たちの戦いに遡り、また教会や古典学によって刷新された文献学によって担われ、そしてさらにはドイツ観念論における壮大な発展史的な世界像によって深められ、最終的には、固有の研究領域として自立し、対象に対する接近方法を模索する中で独自の思惟方法と研究方法とを身に着け、その輝かしい成果によって〔その方法の正当性を〕自ら証明した。このような近代の歴史研究は、それまでなじみの深かった形而上学的な先入観から解放され、それと同時に自然科学的な概念形成全体に対する独自性を認められることによって、ますます歴史研究こそがあらゆる世界観の形成の中心部分であることを示そうとした。(1)

それによって何が起こったのであろうか。近代の歴史研究というのは、それまで用いられていた事柄の取扱い方をより強化しただけではなく、原理的に新しくした。すなわち近代の歴史研究の特徴とは、視野の拡大である。その拡大とは過去への拡大と現代のあらゆる領域への拡大である。それによって、原初から保持されていたものとされ、何の批判もなく優位なものとして支配を続けてきた文化のタイプや価値体系の自明性に疑念が生じた。そしてこの自明の価値は、他の文化のタイプや価値体系と併存するものだとされ、歴史研究の対象となる。そして歴史研究によって、他のさまざまな価値体系と比較することではじめて、それがどのような価値を持ったものなのかそれを考える基準が与えられることになる。[1]それ故にこのような近代の歴史研究による事柄の取扱いは、啓示とか、あるいは自然的な理性の真理性の主張というような単純な概念を実体化し、神学が主張する素朴な適応妥当性要求[2]に基づく教義学的な概念形成の終わりを意味している。すなわち、[3]近代の歴史研究は、歴史〔それ自体〕からその研究の方向をも獲得するという新しい思惟方法を原則としている。

〔1〕この後に以下の書き込みがある。「〔ミシェル・エケム・ド・〕モンテーニュと〔ジョン・〕ロック」

［2］この行の左側に以下の書き込みがある。「批判、類比、連関」
［3］「それによって」が削除された。

古代の歴史研究では、歴史的な批判がすでに開始されており、部分的には類比的理解や心理学的な理解を広範囲にわたって適用し、政治的で、愛国的な心情を尺度としてもつようになっていたが、それは具体的には個々の国家の歴史のことであった。〔中世の〕カトリック的・教会的歴史学というのは、人類史であった。[1]それは単純に教義学的で、キリスト教的・カトリック的・古典古代の文化を絶対化するような基準で書かれたものであり、さらに歴史の主要な事柄は全て、ただ純粋に教義学的な要請によって決定されてしまっているので、さまざまなところで自由がゆるされておらず、批判も制約されており、歴史的な出来事に共感したり、追体験する技巧や傾向は完全に欠如していた。両者にとって歴史研究は、かの時代に支配的であった文化思想、すなわち〔古典古代なら〕国家的・合理的な規範思想、〔カトリックなら〕神学的な規範思想[2]の付録であり、つけ足しに過ぎなかった。それに対して近代の歴史学は、批判的な資料分析と心理学的類比による最終判断の上に構築された、諸民族、諸文化圏における重要な構成要素の発展史のことである。この近代の歴史学は、カトリックの教義のすべてを歴史的事実の流れの中に解消し、あらゆる共感や追体験を正しくおこなうことで、歴史の現象をまず個々の歴史的出来事にふさわしい尺度によって測定し、それによって、個々の歴史的出来事を、連続した出来事の総体の中に位置づけ、またそれらの個々の出来事を人類の相互に影響し合う出来事が生み出した生成物としてひとつにまとめるのである。[3]さまざまな意味での認識の欠如や不確実さにもかかわらず、この新たに〔歴史学によって〕形成され続ける全体像は、〈今日、〉完成度についてはさまざまな評価があるが、人類の規範と理念についての諸判断の前提となっている。それ故に歴史学という学問は、もはや単に事柄の取扱いとか、学問的な欲求を部分的に満足させるものというだけではなく、価値や規範についてのあらゆる思想の基盤であり、それらの本質、起源、そして希望を自覚するための手段でもある。[4]

［1］この行の左側に以下の書き込みがある。「〔アルフィット・〕グローテンフェルト〔ユリウス・ヨエル・〕ゴルトシュタイン」

［2］この後に以下の書き込みがある。「それ故に古代の哲学も、歴史学から影響をあたえられなかった。古代の哲学は確かに先入観のない認識についての問いを提起した。しかしその後で真理認識の究極的な媒体としての理念や形式の中にそれを確認したのである。しかしこの理念や形式は、もっとも身近で個別的な現実を抽象化してしまい、両者を結びつけることを拒否したのである。プラントやアリストテレスの倫理学、とりわけ快楽主義的・物質主義的な倫理、それに加えてストアが、理念、あるいは質料において具現化される形相としてのエンテレケイアを提起することで、素朴な所与の現実を絶対視したのである。それによって国家も、宗教も、芸術も。」

［3］この後に以下の書き込みがある。「中世においては世界史的な地平をもっていた。しかし小さな世界とこの出来事の両方の主要点は、理性と啓示によって確かなものとされた。以下を参考のこと。

〔Max Ferdinand〕Scheler, 〔*Die*〕*transz*〔*endentale und die psychologische Methode. Eine grundsätzliche Erörterung zur philosophischen Methodik*, Leipzig 1900〕15 u. 86.」

［4］この後に以下の書き込みがある。「歴史というのは、これまで共に生きてきた個人や家族の記憶に匹敵するような過去についての全人類の記憶である。この記憶はさまざまな誤解や欠落によって規定されてはいるが、それを可能な限り真実に、明解に、記録の中にある記憶の豊かさを回復することによって、その固有の本質を解釈し、そこに固有の本質の目標をそこから学ぶのである。自然科学が世界を法則によって、技術的、知性的な説明をなし、それがカオスではないことを説明するように、歴史学は体験された出来事の総体によってそれを行う。すなわち生の目標の正しい像を内的にも外的にも学ぶために、可能な限りそのような出来事の諸連関を取り扱おうとする。そして歴史学は、このような記憶という材料の中に、全体を判断し、理解するために、すべてのものは原理的には同質なものとして〔その中に〕入り込んでゆくのである。そしてまさに個々人もこの体験と出来事の全体によってはじめて正しく理解され、価値付けされるのである。」またさらにこれに続いて註のように以下の引用がある。「〔ゴットフリート・ヴィルヘルム・〕ライプニッツ〔Georg〕Mollat〔, Mittheilungen aus Leibnizens ungedruckten Schriften. Neue Bearbeitung, Leipzig 1893〕S. 19: Constat ... eam lucem historiae illatam, ut possimus videri simper vixisse」

キリスト教に対する〔研究に〕、このように個々の〔研究の〕成果を自由に取り入れ、定められた〈方法論的な〉前提に従う思考方法が大きな影響を与えたことは、容易に想像できる。キリスト教は、[1]あらゆる偉大な精神的運動のように、元来、自らの規範的真理に対して素朴な確信を持っていた。このような確信は、キリスト教の真理についての弁証論的な意味をもっていた。

ごく初期の時代から、あらゆる非キリスト教的なものに対するキリスト教の戦いの中で堅固なものとされてきた。その際、常に、非キリスト教的なものは、どれもみな人間的な誤りであるが、キリスト教は、内的、外的奇跡によって認識される神的なものの産物として提示されるようになった。そして教会の哲学、また神学は、キリスト教の始まりに経験したような絶対的な奇跡〔によって基礎付けられているのだと主張すること〕よって、また回心とサクラメントという奇跡の経験によって、歴史の中にあって、しかし歴史には規定されないと主張される超自然的な制度としての教会という概念を完成させた。普通の歴史における真理は、その中に人間的な、あるいはまた人間的なものに条件付けられたものを含んでいるので、教会の哲学、また神学の立場から見れば罪と誤謬の領域だということになる。ただ教会的な歴史だけが、〔人間的な〕歴史に規定されているのではなく、神に直接由来する力が働いているので、すべてを汲みつくしているわけではないが、絶対的に確かな真理を与えてくれるものであるとされた。近代の歴史学は、このような弁証論的な思考構造を、まさに根底から、完全に解体させるための働きをなしたのである。〈しかしそれによって近代の歴史学は、〔教会の哲学や神学を破壊しようとしたわけではなく〕しばしば教会的な神学の復興のためのひとつの方法として受け止められた合理主義的な水増しに対して、キリスト教の歴史的な個性を回復しようとしたのである。そしてそのことを通して近代の歴史学は、実際には、キリスト教を、既に持ち込まれている規範概念によって故意にゆがめられたものではない、独自な現象とみなし、歴史のより大きな個性的動向、とりわけ宗教史との連関の中へと導くことになった。外的奇跡と内的奇跡という弁証論的な他との関係を遮断する隔壁は、歴史学によってしだいに取り除かれて行った。なぜならたとえ人がどのように考えようとも、結局、キリスト教的な奇跡は信じるが、非キリスト教的な奇跡は否定するということは歴史学には不可能だからである。またたとえ〔キリスト教を信じる〕人が、内的生の倫理的力の中に超自然的なものを強く感じることが出来るのだとしても、感覚を超えたキリスト教徒の高揚だけを超自然なものとみなし、プラトンやエピクロスのそれは自然的なものだと見なすような見方を歴史学は持ち合わせてはいないからである。これによって、歴史学は、キリスト教だけを他の歴史から切り離し、キリスト教の特別性だけを主張すること、また歴史的形態の特殊性だけに基づいてキリスト教の教えだけを完全な規範だと規定するような手段を排除したのである。その際キリスト教自体がまさに自らの主張内容において神の真理性をただ部分的にしか提示できず、そのような主張内容では、まさに人間的で不完全な影響しかもたらしえないということを意識していたのであるから、歴史学によるこのような〔キリスト教的な考え方や立場の〕排除はなおさら意義深いものとなった。他方で、キリスト教の発生の歴史と、キリスト教以前の出来事やその時代のキリスト教以外の現象との関係の解明、他の対象のために構築された資料批判や伝承批判の方法との類比を用いること、また宗教と宗教的な思想の生成の解明に現代の心理学的な視点を利用することが、壮大な歴史的現象の解明に積極的な意味を持つようになった。そしてこのことによって、〔キリスト教だけを他の諸現象から切り離す〕孤立主義を疑問視するさまざまな批判が生み出されることになった。〈なぜなら、〉教会の弁証論は、キリスト教の規範的な真理を、キリスト教以外の歴史を考慮することなく、ただ純粋に自ら確定しようとしてきたからである。〈そしてまさに今日でもしばしばそのようなことがなされているからである。〉

[1] この行の右側に以下のような書き込みがある。「古代教会的な弁証論」

[1]キリスト教的・宗教的思想の規範的な価値は、〔このような〕歴史学が台頭したことによって教会的な手段によっては証明できなくなったので、ひとはまさに[2]、歴史学の諸原理によって、また人類の全体史という根本概念から、新しい方法でこの目的を達成しようと試みるようになった。〔その中で〕ひとは人類史を、因果論的にも、目的論的にも、ひとつの全体として取り扱うようになった。そしてこの〔全体史〕の内部で、宗教的真理の理念は段階的に実現してきたと考えるようになり、ある特定の段階に至って、すなわちキリスト教の歴史的な出現という段階に至って、この〔宗教的真理の〕理念は絶対的なもの、その概念の意味することを完全に表出することができるようなものに到達したとみなされたのである。ひとは〈ここに〉留まるべきであった[3]。すなわちキリスト教を宗教史の中に徹底的に位置付ける[4a]啓蒙主義[4b]、またキリスト教の歴史的・批判的な取り扱いに留まるべきであった。しかしその際一般的歴史の全体、とりわけ宗教史全体を包括しようとする感覚と魅力的な構成力が支配していたので、歴史の多様な現実、

そして歴史を構成する相対的、個別的な出来事を、ある普遍的な概念のようなもので克服することができると思い込んでいたのである。そしてこの普遍概念が、その中に、人類史における、低次の、覆い隠された初期の萌芽的な段階から、完全に、明解に、自覚的な展開へと至るまでのあらゆる運動の法則を含んでいるので、歴史の諸段階の中で、実現してゆく規範概念をそれ自体が表現していると考えてしまったのである。それによって、キリスト教は、宗教の概念が完全に実現したものとして、すなわちこのような概念を媒介的に、あるいは潜在的にしか表現することができないような宗教とは正反対の絶対的な宗教として証明されるようになったのである。実際にはただひとつの宗教だけが存在する。同じようにただひとつの宗教の概念と本質が存在する。そしてこの宗教の概念と宗教の本質は、あらゆる歴史的諸宗教の中にも、その源泉として、あるいは目標としては存在している。〔しかし〕キリスト教において、これらのさまざまなところに潜在的に見出され、さまざまな触媒によって結び付けられる概念や本質は、それらから解放され、完成し、余すところなく現れ出ていると説明されるようになった。その場合キリスト教もまたこのようなさまざまな宗教に見出される宗教概念と同一であるのだが、その上でキリスト教でだけこの概念の完全な解明がなされているというのであるから、キリスト教が規範的な宗教的真理であることは自明なこととなる。これによって歴史学と対立していた古い弁証論的な思弁が、歴史学を利用する新しいタイプの思弁として、古いものに取って代わり、登場することになった。事実、宗教の概念の現実化としてのキリスト教の概念が近代の弁証論の基盤となったのである。

〔ゴットホルト・エフライム・〕レッシング、〔イマヌエル・〕カント、〔ヨハン・ゴットフリート・〕ヘルダーの歴史哲学がこのような事柄の取り扱いに道備えをした後、近代の歴史的・批判的神学の父祖であるだけではなく、宗教的・実定的神学の父祖でもあるドイツ観念論の二人の中心人物〔フリードリヒ・ダニエル・エルンスト・〕シュライアマハーと〔ゲオルク・ヴィルヘルム・フリードリヒ・〕ヘーゲルが、このような概念構造に、確かに従来とは異なっているのであるが、しかし主要点においては似た方法によって、堅固な神学的基盤を与えたのである〔5〕。〈シュライアマハーはその際、このような枠組みの中で、歴史的なもの、実定的なもの、そして個別的なものをとりわけ強調した。ヘーゲルは、歴史の枠組みを、発展概念を堅固な仕方で基礎付けることによって、より明解なものにし、また強化した。それ故にヘーゲルは神学の形成に強い影響力を持つようになった。〉そして宗教の本質、宗教史における宗教の本質の発展、そして絶対的宗教としてのキリスト教という相関関係にある三つの概念が、それ以後、いわゆる現代神学や自由主義神学の弁証論の基盤となった。この基盤は、それ以後の神学によって、さまざまなニュアンスを与えられるようになったのであるが、あらゆる場合において自明の前提とされるようになった、たとえかなり超自然的な色彩をもった体系であっても、この基盤を大いに利用するようになった。またキリスト教の歴史それ自体の研究を批判的歴史学に委ね、さらにイエスの人格が絶対的宗教の担い手であり、そのことが明らかになる要点であることをも証明させ、その上でこのイエスによって現実化された絶対性の概念をキリスト教の理念と原理にまで引き上げ、それを用いてキリスト教のその後の歴史的発展をひとつの統一された概念によって構成し、取り扱おうという試みもまた〔ヘーゲルの影響を受けた神学が生み出した弁証論を〕[2]用いている。

〔1〕この行の左側に以下の書き込みがある。「2.)」
〔2〕この後に以下の書き込みがある。「ヘーゲルとテュービンゲン〔学派〕」
〔3〕この後に以下の書き込みがある。「それによって、因果概念はよく知られている論理的・弁証法的な方法に転換した。」
〔4a〕–〔4b〕初版では「歴史学的思惟の発展の要求」
〔5〕この後に以下の書き込みがある。「規範的、宗教的真理の表現としてのキリスト教」

ここから〔本書で展開されるこれ以後の〕研究に与えられている課題の意味が理解されねばならない。

「絶対性」という表現は、〔1〕近代の進化論的な弁証論に由来するのであり、そのような前提のもとでのみその意味を明確に規定できる。なぜならこの「絶対性」という表現は、正しく理解されるなら、普遍的な宗教史の地平、またあらゆる非キリスト教的な宗教が持つ相対的な真理性を容認すること、さらにはこのような宗教の相対的な真理を、絶対的な真理へと完成させた宗教の形態としてのキリスト教へと統合しようという見方を含んでいるからである〔2〕。その意味では、この表現は、その前提と内容において、徹底的に近代的な議論に規定されており、人間がなすあらゆる出来事を均一化してしまう現代の歴史学によって制約されたものである[3]。

［1］この行の右側に以下の書き込みがある。「正統主義との類似。弁証論と諸原理論の両方の形態。」

［2］この行の右側に以下の書き込みがある。「それはこのような弁証論。弁証論は現代の歴史主義から生み出され、それが証明した。（改行）本書の意図は、これとは違った弁証論によって査定される。」

［3］「しかしこのような教説の検討に入るまえに、もう一度正統主義の理解を十分に理解すべきである」が削除された。

〈しかし〉このような〔近代の進化論的〕弁証論は、その動機と目的において、正統主義的・超自然主義的神学と近い関係にある。このことは特に強調しておかねばならない。この点について、思弁的なものから自由になった歴史学から疑問が提起されざるを得ないであろう。確かに、正統主義的・超自然主義的神学の弁証論の近代的な形態は、歴史学的な研究を考慮にいれている。すなわちこの弁証論は、〔実際に起った歴史的な出来事としての〕外的な奇跡を〔回心などの個人の心の中で起こる〕内的な奇跡の背後へと追いやり、さらに内的な奇跡ということについても、主に、救済の絶対的な確かさを獲得するという機能を強調するためだけに用いている[3]。そして外的な奇跡については、内的奇跡を主張し、確証するためにどうしても必要なもの以外は歴史学に犠牲として捧げてしまっている。このようにして近代の弁証論も、正統主義的・超自然的神学の弁証論も、どのような場合であっても規範的な宗教的認識を得ようと努力するための神学である。

そして〈いずれの学派も〉キリスト教的・宗教的思想の規範的形態を守ろうと努力している。それ故に両者はいずれも普遍的宗教史を前提にしていると単純にいうことはできない。それどころか、両者はキリスト教に原理的に特別な地位を与えることでこのような規範的な価値を獲得しようとしている。そして両者は、これらの事実上の至高かつ決定的な立場をキリスト教に与えることだけでは満足せずに、この至高的かつ決定的な立場こそが、真に唯一無比なものであり、この立場こそが、他の全てのものに対して概念的必然性を有するものなのだと主張しようとするのである。このような普遍的な連関に基づく概念的必然性によってキリスト教に原理的に特別な地位を与えることがこの両者の立場の特徴ということになる。普遍的で宇宙論的な連関から必然的なものとして引き出された神的真理の総体は、〈この両者にとって、〉ただ単に人間がその人生で見渡すことができるものの中で至高かつ決定的なことであるだけではなく、世界と神という視野においても、また時間と永遠にとっても、唯一の、それ故に無比の真理なのである。ただこのような思想を用いる場合の手段だけが、近代の弁証論と正統主義的・超自然的神学の弁証法とでは異なっている。〔まず第一に〕正統主義的・超自然主義的弁証法では、[1]宗教的真理の成立の形式についての研究を通して、その特別な位置付けは獲得される。この古い弁証法によれば、人間は、神の愛から流出して、神の愛へと至る創造の本質を持っている故に、完全な神認識へと至る可能性を持っているということになる。〔人間は〕罪の闇によって、認識の光から切り離されてしまっているが、それにもかかわらず、神への原初的な憧れ、神への根源的な憧れ、またいつの日か神的真理の全体を明らかにする介入があるであろうという希望を持ち続けている。しかしこれらすべての人間的なものは主観的であり、過ちの可能性があり、罪深く、そして無力なものなので、人間を超えた、神的な力の介入を必要とするのである。それはまさに神的なもので、あらゆる人間的な出来事との類比の可能性を破壊してしまう人間の予想を超えるようなものであり、その介入の影響力の内容それ自体も、最終的には〔私たちが知っているような〕人間の生活の他の精神的法則を明らかに越えているので、神的なものとして認識されるのである。〔キリスト教宗教の〕成立史における〔復活という〕自然的な奇跡と、今日まで続いている心理的な奇跡としての回心が、このような〈キリスト教の〉因果性の特殊性を確かなものだと保証し、あらゆる〔キリスト教の〕宗教的な思想が前提としている事柄が現実化したということがそのことによって確認されるのである。すなわち原理的には、人間は誤りをおかすものだという性質と無力さとが、それとはまったく異なった宗教的な真理と生命の力とを具体的に提示することになる。そしてそのことを提示することで正統主義的、超自然主義的な弁証論は十分満足なのである。この立場の弁証論が「絶対性」ということで要求していることは、宗教的人間にとって必然的なものとして要請され、現実の経験によって示される非媒介的な神の因果性へとキリスト教をつれもどし、それによって、あらゆる人間的・歴史的なものに対して、あるいは相対的な真理にすぎない人間的・歴史的なものの真理性や力に対して、原理的な限界を設定するということである。〈その場合絶対性〔の根拠〕は奇跡に置かれている。それは、キリスト教を日常生活における因果性の相対性から切り離し、〔神との〕非関係性を主張する世界観と対決する、キリスト教的な日曜日の因果性の絶対性の主張と言ってもよい。そこでは原理的な超自然主義こそがまさに決定的なものである。〉それにもかかわらず、この神学は、私たちは、まだ、真理の手付金と担保を受け取ったに過ぎないということ、そしてそれはただこの世の中の不安、過ち、罪が克服されたに過ぎず、神的な光の完全な輝きが、深く、広範囲にわたる〔この世の〕闇の中に届くための、はじめの一歩に過ぎないという考えに規定されている。この立場の神学では、絶対性の概念をあますところなく論じるような宗教的認識については何も語らないが、〔この立場の神学者たちが重要だと考えていることは〕他の宗教として存在しているものと〈キリスト教宗教の〉形式上の同一性を提示することでは見過ごされてしまうものの認識なのである。〔すなわち具体的には〕この神学では、直接的な神の告知を証言することが問題なのであり、そこから、さまざまな人間的知恵とその直接的な告知を混合してしまうことを防止しようとする力、また他で知られているようなことではなく、この神の直接的な告知によってしか到達し得ないような高次の世界へと魂を導く力が問題となる。そしてこの高次の世界というのは、私たちにもなおその大部分は隠されている国〔あるいは世界〕なのであり、それこそが問題となる。それ故にここで取り扱われているのはキリスト教の絶対性の問題ではなくて、それはただひとつの理論、すなわちキリスト教だけが唯一、超自然的に神が啓示した宗教なのであり、それに対して他のすべてのものは神の行為ではなく人間の行為だということなのである。[2]〈ここで絶対性として理解されていることは、実は排他的な超自然主義

に過ぎない。(4)〉

[1] この後に以下の書き込みがある。「正統主義との違い」

[2] 「それ故にこの立場の神学では、絶対性の表現は十分な基礎付けを持っているわけではない。それはまさに奇跡＝弁証論であり、絶対性に基づく弁証論と対立するものなのである」が削除された。

〈しかしまさに〉[1]この点にこそ、〔第二の立場、すなわち〕進化論的弁証論からの批判が見いだされる。この立場の弁証論は、このような〔正統主義的・超自然主義的弁証論に基づく〕形式的な意味での特別性をキリスト教に与えようとする試みを断念する。そしてそこから離れて、キリスト教の理念を、内容と本質から証明しようと試みたのである。すなわちそれを概念必然性によって認識される宗教の理念の現実化という視点から証明しようとした。それ故に〈そこには〉「人間的なもの」と「神的なもの」との対立はなく、あらゆるものは人間的であるのと同じように神的でもある。[2a]近代的思考は、因果的な連関が例外なく一貫しているということが反論の余地のない正しさであることを明らかにし、それによって教会的・教義学的超自然主義を不可能なものにしてしまった。しかし近代的思考は、この因果的な連関を、「理念」の現実化の発展の形式として取り扱い得たのである。すなわち近代的思考は、この「理念」は、その内的生の形態を、あらゆる因果的な連関に基づく運動によって徐々に展開して行くと考えたのであり、それによって神的な生の運動を、因果論的に、また目的論的なものとして、統一された生のプロセスの中で共に取扱い得る地平へと移動させたのである。それ故に〔2b〕この理念それ自体は、宇宙のあらゆるケースにおいて現在化され、さまざまな視点から再構築され得るものとなった。しかしその理念は、有限な意識としては、意識化された神の理念や宗教というものになる。そのため、この意識化された神の理念や宗教は、人間的な現実のあらゆる意味や連関の中で、最初は除々にその形態と本質とを明らかにして行くのであり、それによってさらに人類自身が自らの意識の深み〔の次元〕をますます明らかに自覚するようなものでなければならない。そしてさらにそれだけではなく、この意識化された神の理念と宗教は、それによって、従来は完成を妨げられ、そのプロセスの中で、ただ先取りされたものとしてしか明らかにされていなかったものがそこで究極的な終結を見出し得る、完成した目標、完成した概念にまで到達しなければならないのである。それ故にあらゆる宗教は、精神の生成の共通した諸段階と対応しており、それぞれの段階で神についての真理性を保持するものとして存在していることになる。しかしそこには至高の、究極の段階というのが存在しているのであり、この段階というのはまさにこの生成に共通して諸段階を支配している発展法則という概念の成就の段階であり、その法則に基づいてこの至高の、究極の段階の性格は説明されねばならない。それ故に、奇跡や回心に基づく弁証論ではなく、キリスト教信仰の永遠的な意味内容への究極的な深化と探求こそが、信仰深い人々に、あらゆる内的生の聖なる、持続可能な基盤を提示することになったのである。信仰深い人々は、この基盤が、神的な行為の本質から生み出された法則によって、あらゆるところで発展のきざしを見出し、またそのような発展の法則性に基づいてこの発展の頂点が次第に隆起してゆくのを、敬虔な驚きの中で認識するのであり、さらにこの発展の頂きに立ち、私たちの地上の歴史の全てに働く神の力を展望し、その中に見出される目標と諸力を崇高なる思いをもって考察する。このような視点に基づくのであれば、混乱極まりない現実も、あたかも水晶の輝きのように見えるし、明らかなカオスであっても、明るい必然性に満ちた素晴らしい国となってしまう。何らかの宗教的地質学のような方法が、このような視点に、あらゆる国々や地域は、このすばらしい国に向かう前段階にあり、これらのすべてのものとの関連の中で頂上は形成されているのであり、それは全体の完成に他ならないという見方を教えるのである。もちろんそれは誰にでも共有できるという意味では排他的な性格は持っておらず、絶対的な神認識でもない。それは神自身にだけできることなのである。ここで絶対的というのはそのようなものではなく、その概念とその概念の本質的な目的を完全に表現し尽すまでにそれを現実化したという意味で絶対的なのであり、これは人間の神認識のことである。すなわちこの神認識は、神から出て神に帰る人間として、無限なものに帰属しているが、敬虔な信仰によってそれを捨て、純化させることで自らが有限な精神であることを自覚する人間がなしえる理解のことである。〈そこでこそ「絶対性」という表現は完全な意味を持つ。「絶対性」という表現は、理念のより完全な明晰性を獲得しようと格闘する自主的な連関把握、また人間的な意識における神の持つ可能性の実現を意味している。〔それ故に〕これは教会的・教義学的自然主

義の思弁的な置き換え〔に過ぎない〕。〉

〔1〕この行の左側に以下の書き込みがある。「a.」

〔2a〕-〔2b〕初版では「しかし神は、究極的なものによって表現された目的意志の固有の本質内容であり、それによって、まさにあらゆる人間的な歴史は、ただ人間存在についての神的目的理念の表現に過ぎないということになる。もし人間の理念の中心的なものが、あらゆる現実の神的な資源と連関させられるのであれば、宗教的な理念の十分で、複雑な影響というのも人間的なものの影響と関連させねばならないのである。」

〔これまで見てきた正統主義的・超自然的弁証論と進化論的弁証論という〕二つの理論によれば、〔1〕規範的な宗教的真理とは、人間の宗教的力から生み出される必然性をもった概念である。そして現実についての、ただひとつ確かさをもった解明として、〈まさに〉保証された教えとして取り扱われる。そしてこの二つの理論は、この点において、人々を常に魅惑し続けるような影響力を持っている。規範的なものの問題が、歴史の多様性という問題をもっとも確実に解決し得るとすれば、それは、この規範的なものが、ただ私たちが認識し得る規範以上の規範である場合、それが唯一で永遠なものである場合、そして概念的に認識さえ得る真理である場合であろう。しかし他方でこの点で、超自然主義的な弁証論の技巧が、聖書学や教会史の研究において〔2〕、非常に古臭いものとなり、日に日につまらないものになってゆき、真実さを失い、不快さを感じるようにさえなっていることについては痛みを感じているのである。それにもかかわらずこの宗教的思想それ自体には、もちろん新たに強くひかれるものをも感じてもいる。しかしこの技巧を具体的に〔研究に〕適応しようとするとすぐに、ひとはこの思想がこれまで見てきたような欠点と結びついているということを認識するので、それを放棄しようとする。もしそうであるなら、私たちには進化論的弁証論が残されているだけである。進化論的弁証論もまた多くの信仰深い敬虔な人々をひきつけてきた[3]。それは、この弁証論がその射程が広く、大きいからである。それがあらゆるものを関連付けて、観察する力に富んでいるからである。またそれがあらゆる覆い、あらゆる形式的なものを思想の炎によって焼きつくしてしまう純粋なエネルギーをもっているからである。そしてそれがあらゆる混乱によっても惑わされることのない羅針盤を持っていて、永遠である神の思想を取り扱い、神の世界支配の意味とその諸連関を取り扱うことができる聖なる信仰と結びついているからである。もちろん、それによって理念の諸力が具体的な形として見出し得るような、またこの世の無数の出来事のすべてを解明できるような純粋な結晶を作り上げることは困難なことである。しかしもし別の道は通れなくなってしまっており、〔他には道がなく〕この道だけがそこにはあるというのであれば、まさにこれがただひとつの道であるようにも思われる。もし、キリスト教を正真正銘のただひとつの真理として基礎付け、他のものから隔離することが、またこの唯一性を特別にキリスト教的な[4]因果性によって保証することがもはや何の意味ももっていないというのであれば、あらゆる宗教にとっての真に共通な概念を現実に示し、その上で、キリスト教においてだけそれは真実に、普遍的な概念となっていることが確かであると証明することによって、目的を果たさねばならなくなるはずである。

〔1〕この行の左側に以下の書き込みがある。「両方の体系から引き出す魅力」
〔2〕この行の右側に以下の書き込みがある。「正統主義の立場の不可能性」
〔3〕この行の右側に以下の書き込みがある。「ただ発展論的弁証論だけが残っている」
〔4〕この後に以下の書き込みがある。「神的」

それ故に、〔正統主義的・超自然的弁証論と進化論的弁証論という〕二つの理論は[1]、キリスト教の「絶対性」[2]を語ろうとするのであれば、真剣に取り扱われるべきただひとつの理論だということもできる。そしてこの二つの理念だけが、十分に明解な思想をその基盤にもっており、このような思想をまじめに基礎付け、詳細に取り扱ってきた。多くの神学者たちが、今日ではすすんでこの理論を蔑んでいるが、それはたいへん軽薄で、思慮のない行動である。彼らはこの理論を軽蔑しているにもかかわらず、この理論から矛盾に満ちた剽窃を行うことによって、自らがなした軽蔑の報いをうけている。正統主義に対しても、ヘーゲル的な思弁に対するのと同じように、理解できないことではないが、複雑な優越感情に基づいた死亡通知がしばしば伝えられている。しかしその場合でも、もはや死語となっている、根拠付けも内的生命さえも失ってしまったお決まりの言葉が用いられてきた。そのために「キリスト教の絶対性」という表現は、今日では、多くの神学者にとっては完全に、古い色褪せた概念となってしまったのであり、確かに大変な情熱をもって取り組まれるが、現実的な意味の少ない問題となってしまった。また多くの神学者にとって、この表現は、近代的で、あたりさわりのないただ学問的な響きをもった表現にすぎなくなり、それはただ超自然的に啓示されたことについて十分な基礎付けなしに、超自然的な仕方で考えるための手段となってしまった。それは神学の祭典のときには着用しなければならないが、実際にはサイズの合わない仮面のひとつのようでもある。〔しかし〕他の人々にとっては、この〔「キリスト教の絶対性」という〕表現は、究極的で完全な宗教としてのキリスト教の特徴を意味している。彼らはこの完全性については微塵の不安も感じていない。またこの人たちは、あらゆる〔人間的な〕経験に基づく現象を無意味なものとしてしまう理念への信仰を持っているので、改めて完全性について解明や説明をする必要は〈ない〉のである。さらに別な人々にとって、「キリスト教の絶対性」は、キリスト教が唯一の真理であるためにキリスト教に要求されているものであり、それは、確かに他の似たような要求と激しく衝突することになるのであるが、これはキリスト教の本質に属するものなのであり、単純に受け容れるべきものだと考えられている。そのような人たちは、キリスト教の思想について語る際に、他の方法による真理性や認識、〈すなわち自然科学な理性や認識を用いること、またそれを考慮に入れるということ〉はまったく考えられていない[3]。〈まさにこのような要求をする神学は、他の諸宗教における同様の要求さえも考慮に入れない。〉

［1］この行の右側に以下の書き込みがある。「キリスト教の妥当性との関連において、宗教史の他の原理的な諸理論をなお検討」

［2］この行の左側に以下の書き込みがあり、消去されている。「キリスト教の妥当性についての原理的基礎付け。宗教史に対してそれを語ること。」

［3］この後に以下の書き込みがある。「他の諸宗教に並行して見られる諸要求について、この要求を神学は恐れる必要はない。」


もっとも難しい、そしてもっとも重要な概念について、このようなまったく軽率で、使い古されたような方法で取り扱うことに、他の誰かではなく、まさに今日の神学について最前線で研究する学者たちが失望している［1］。このような扱いをするのではなく、この問題についてのただひとつの明解な意味、そしてこの問題に与えられた意味を正しく理解することが重要なのである。［2a］単純に規範的なものに過ぎない価値というのは、あらゆるものを独占する超自然的な啓示とは異なったものであり、〈同じように〉、概念の絶対的な完全性とも異なったものである。超自然的な啓示と概念の絶対的な完全性は、相互に原理的にも異なっており、統一できない［2b］。


［1］この後に以下の書き込みがある。「そして他の諸学問からやってくる研究協力者たちを怒らせる。」

［2a］–［2b］の下にアンダーラインが引かれ、「NB！〔注意せよ〕」と書かれている。

とりわけひとは[1]、この二つの対立、すなわち超自然的な啓示概念と概念の絶対的完全性の対立について、近代の調停神学によってしばしば好意的に用いられ、弁証論の二つの類型の融合であるかのように評価される使い古された混合形態に惑わされるべきではない。〈確かに〉古代のキリスト教は「その時代の」文化世界に足を踏み入れるにあたって、それまで知らなかった諸宗教との戦いを徹底的になさねばならなかったし、それらの諸宗教、ユダヤ教、またアジアからもたらされたさまざまな同時代の教説や文化、古代の国家宗教、哲学的に改革されたさまざまな宗教思想との関係を、真剣で実践的な戦いによって、またそれと同時に精神的な諸力によって確定してゆかねばならなかった。確かに、生成途上の神学を取り囲んでいたのは、自らにとってはより重要であった理論的な問題と結びついた比較宗教史という問題領域ではなく、戦闘的な諸宗教に囲まれる中で、実践的であり、学問的でもある決断を迫られるという現実的な情況であった。この点では、一番はじめに、キリスト教信仰を新しい、独自で、普遍的な宗教的力として受け容れた使徒パウロが先駆的な働きをしている。しかしパウロの論争というのは、一方で、まだこの段階ではユダヤ教にのみ向けられており、異教徒ということで、ただユダヤ教、あるいはヘレニズム的・ユダヤ教的な弁証論だけが前提とされているし、他方では、パウロのまったく個人的で、あまりにも独自の体験、すなわち彼に対するキリストの顕現、また彼自身の「ユダヤ教の」律法やそこから生まれた精神的な財との内的な戦いと深く関連していたので、次の世代には十分理解されることもなかったし、また満足もされなかったのである。それ故にこの問題を最初に提起したのはむしろグノーシスであった。そして教会的キリスト教はこのグノーシスとの論争によって、彼らが提起した問題のある部分を拒否し、他方である部分は受け容れることによって、自らの最終的な立場を決定したのである。教会的キリスト教は、この戦いの中で、最初のもっとも堅固な鎧としての超自然的な神的啓示と、受肉という教説を獲得した。そしてこの教説によって、教会的キリスト教は自らが完全で、究極的な神認識〔に至った宗教〕であることを証明し、自らの原理的な新しさと「絶対性」を説明しようとした。それだけではない。教会的キリスト教は、このような文字にはよらない、人々が共通してもっている信仰の上に、教会の哲学によって構築された第二の鎧を身に付けさせることを学んだ。それは、あらゆる異教の祭儀、神話、哲学的教え、道徳に含まれている真理契機は、自然的な世界に働く神的な理性の現われなのであり〔2〕、それらは神の理性の受肉、すなわちキリストによって、より高次の純粋な形態、すなわち完全な形態へと統合されたという理論であり、それを第一の鎧の上に、第二の鎧として身に付けたのである。すなわち彼らが考えたことは、キリスト教というのは、これまで隠されていた神的秘儀の啓示であり、それと同時に自然的な理性に基づく真理の「絶対的な」形態でもある、ということである。しかしこの「絶対性」の証明は、その核心を、第一義的には、超自然的な啓示理論の中にもっており、キリストにおいて啓示された神と、普遍的で、神的な理性や自然的倫理法則が同一性を持つという第一次的な理論に付加された教説は、実際には古代に特有の思惟方法に属する。すなわちこの付加された教説の思惟方法は、〔近代の弁証論におけるような、〕宗教が、歴史的な発展によってキリスト教的な神認識という高次の神認識へと至ると考える、近代の冷静な歴史的批判や目的論的歴史記述と結びつけた主張とはまったく異なっているし、とりわけ宗教史を宗教史それ自体として取り扱うことからはかけ離れたものである。古代におけるさまざまな民族の宗教と文化価値の崩壊と衝突の結果生み出されたものは、ある意味では、形而上学的概念や倫理的概念の完全に非歴史的な普遍化、すなわちそれらの諸概念によって偶像と神話を破壊し、故郷喪失者となった民族宗教を好きなように理論的に再構築するというまったく現実離れした折衷主義だった(5)。このような、ある意味合理的で、折衷的な思想を、あらゆる宗教が、自らの宗教の改革や刷新のために用いたのであるが、これを利用することで最大の成功を手にしたのがとりわけキリスト教だった。非キリスト的な諸宗教は、キリスト教にとっては、宗教ではないのである。つまり、宗教の類概念がキリスト教には完全に欠落している。キリスト教それ自体は啓示であって、宗教ではないというのである。他の異なった諸宗教は、敗北してしまった、ゆがめられた哲学の教えに基づく自然的な神認識に過ぎないとされる。それにもかかわらず、実はこのような哲学の教えは、神的なものの解明の中に、はっきりと保存されており、啓示の奇跡に守られて、自然的な不確かさとは別なものとして扱われ、利用されている。まさに没落して行こうとしていた古代にとって、このような混合は、精神的なものの救出につながった。それ故に古代後期の学問的な精神からしても、このような混合は正当なものとみなされた。しかし実はこのような古代におこった出来事は、進化論的弁証論の思想とはほとんど関係がなく、超自然主義的な弁証論の思想にとっても単に補助的な思想となりえただけなのである。古代の合理主義的、折衷的な宗教の取り扱いは、超自然主義的な弁証論にとっては、ただ普遍的で自然的な衝動と欲求、あるいはあらゆる宗教において〔共通して〕働いている宗教的衝動と欲求を明らかにすること、キリスト教によってはじめてその答えを得ることができるはずの問いに過ぎなかった。そしてキリスト教によってはじめて答えが与えられるはずのこの問い、要求それ自体も、実はキリスト教とそれに似た前段階の宗教が生み出したものに過ぎないことさえも忘れられてしまっている。

〔1〕この行の右側に以下の書き込みがある。「もっとも古い二つの形態の混合。調停神学。」
〔2〕この後に以下の書き込みがある。「それによって、始原的、弁証論的な主張が、ユダヤ教から一歩外に出て合理化される。」

このように〔1〕、キリスト教の「絶対性」についての近代的、歴史的に考えられた問いと、これまで見てきた古代教会的な試みとはほとんど無関係である。それどころか、近代的、歴史的に考えられた問いは、最終的には、二つの大論理に向けられている。ひとつは、自然的な諸力を超えてゆくような内的刷新という絶対的な奇跡を基礎とする理論であり、もうひとつはキリスト教においてて宗教の本質が実現するということを発展史的に証明しようとする理論である。ひとつめの理論は、純粋に内的な体験や内容から、この問いに答えてキリスト教の「絶対性」を証明できないことはない、というものである。それ故にこの理論では、常に、自然的なものと結びついた、魂の生活を超えたより高次の精神的な生活があるのだということを承認すること、あるいは、諸宗教と精神の諸形式によってさまざまに異なるこのより高次の精神的な生活を、その深さや力によって識別する道を示すことができるに過ぎない。もしこの理論が、ここからさらに、キリスト教の特別な立場を証明しようとするならば、常にこの純粋に内的な体験や内容によって、自然的な因果性を破壊する特殊・キリスト教的な因果性を証明し、このような純粋に内的な奇跡の因果性が、外的な奇跡である受肉やこの宗教の創設期に見出される原初的な奇跡においても実証されるということが求められる。しかし内的奇跡[2]、すなわち歴史的な同質性を破壊する内的奇跡というのは、このようなものとして証明することはできない。なぜなら内的奇跡であっても、それが固有の意味で奇跡としての特質をもっていることを示すためには、それが偉大な外的な奇跡であるあの原奇跡に属す拠点を持たねばならないはずだからである。しかしもしそうするのであれば、この理論の全体は、よく知られた弁証論の方へ追いやられ、聖なる出来事を世俗的な出来事から切り離さざるを得なくなり、この分離を証明しようとして、近代の歴史学の〔成果という〕空気を吸い込めば吸い込むほどに、ひどい呼吸困難を起こすことになってしまう。それ故にただ観念論的・進化論的な理論だけが〈わたしたちに〉本来的な批判と考察の対象として残されることになる。[3a]この理論それ自体は、奇跡に基づく隔離主義を完全に退け、古代教会の教説の確信の影に逃げ込むこともせずに、純粋に歴史的な方法によって、キリスト教の価値と意義とを明らかにしようとする試みなのである[3b]。この理論に基づいた神学が、一九世紀の初頭に開花した。とりわけ、聖書学の研究、教会の歴史と教義の歴史についての研究はこの理論から重大なインパクトを得た。[4a]さらにこの理論によって、歴史と信仰との緊張関係と、その分離の問題も、同じように克服されたのである。[4b]この理論は今日に至るまで、ひとが教会的な歴史学をまだ確立し得ていないところに手を差し伸べている。この理論のお決まりの言い方は、これは、教説についての精確な取り扱いの訓練が出来ていない人々のためにも解決を与える言葉だ、というものである(6)。

［1］この行の左側に以下の書き込みがある。「奇跡の啓示と発展論的な概念の完成という二つの理論がこれ以外に問題として残る。両者にとってただ二つの問題が残る。」

［2］この後に以下の書き込みがある。「この問題の困難さについては既にドゥンス〔・スコートゥス〕が超自然的な習慣の批判の中で明らかにしたことなのであり、スコートゥスはその代わりに、教会と権威という外的奇跡を対置させたのである。これについては〔Reinhold〕Seeberg,〔*Die Theologie des Johannes*〕*Duns*〔*Scotus. Eine dogmengeschichte Untersuchung*, Leipzig 1900〕三一〇頁と一三〇頁以下を参照のこと。また一九〇七年の教皇〔ピウス一〇世〕の回勅 Pascendi dominici gregis〔「近代主義者たちの教説について」〕もまた宗教的認識を力の内在性や宗教的内在性に基礎付けることを克服しようとしている。その理由は、このような根拠付けでは、奇跡や奇跡による絶対性の根拠付けを危うく

することになってしまうからである。」
［3a］－［3b］にアンダーラインがあり、この行の右側に「HB！〔注意せよ〕」と書き込みがある。
［4a］－［4b］初版では「同時にこの根本思想の教義学的克服も可能となったのである。」

この問題はどのような意味を持った問いなのであろうか。それは、私たちの精神状況、〈少なくとも宗教的な状況〉と関わる大問題、すなわちキリスト教の絶対性という問いに、宗教の概念の現実化と考える理論が、超自然的な啓示によって最終的にそれを弁証する方法よりも確かな方法で答えられ得るのかという問題なのであり、また歴史学の多様性から、私たちの信仰の規範、人生におけるさまざまな〔価値〕判断の基準へと向かう出口を見出せるのか、という問題である。

それ故にこれに続く議論においては、観念論的・進化論的な理論から生じる問題だけが取り上げられることになる。もしその答えが本質的には否定的なものになったとしても、その答えは、この理論の一般的な諸前提である歴史的な思考それ自体を傷付けようとするものではない。それどころか、むしろここで試みたいことは、歴史的な思考によって、この問題に対する強力な抗議にさらされることがより少ないような解決策、あるいは問題の取り扱いの方法を見出すということなのである。

第2章

〔既存の「絶対性」論の検証〕

絶対的宗教としてキリスト教を構成することは、歴史学的な思惟方法によっても、歴史学的手段を駆使しても不可能なのであり、このような構成が不可能だということに、私たちの時代の学問的な神学に見出される疲弊、不確実性、みじめな状態の原因がひそんでいると言ってよいであろう[1]。

†

[1] この行の右側に以下の書き込みがある。「主旨」

神学においてキリスト教を絶対的な宗教として構成することが可能であるかどうかという研究が実際におこなわれる中で[1]、歴史学の研究の方でもこの一世紀の間洗練化され、自立した歩みを続けてきたので、その成果をまず何よりも先に取り扱う必要があるだろう。歴史学は[2]、一方で、物理学的、人間学的な諸条件に規定された、他方で、魂の原動力や〈社会学的法則〉に規定された普遍的法則性を前提としている。しかし歴史研究それ自体は、そもそも一回的なものや個別的なものを取り扱う。それ故に歴史研究は、これらの一回的で個別的なものを素材にして[3]、〈それらのネットワークの中で〉形成を行い、その結果〈外見上は〉ひとつの歴史的なものとしてそれらを表現する。実はあらゆる歴史的な出来事がもっている一回的なもの、個別的なものという性格は、ただ〈そのたびごとに〉、生の内的運動や、あらゆる歴史的出来事の相互連関から引き出され、規定されているのである。つまり相互連関によって、相互に影響し合う諸力が制約されるということが、それぞれの出来事において起こる。それ故にそれぞれの個別的な現象は、どんなに普遍的な、〈すなわち〉広範囲な意義を有するものであったとしても、その現象は、ただこの場所で、ただこのようなものとしてしか可能にならない啓示として、その最深層において特殊な形態を与えられた生、〈とりわけ精神的な生〉の啓示として出現する。そのため、最終的にこのような現象から特殊なものを取り除き、その背後で隠れて働いている普遍的なものを取り出して、明らかにするのは、ほとんど不可能なことである。なぜならこの普遍的なものの理念それ自体が、それが成立した瞬間に、既に特殊な、歴史的なものに条件付けられているからである。すなわち普遍的な理念それ自体は[4]、つねに、それまで支配的であった生の内容についての古い形態が歴史的な必然性に基づいて普遍的な理念に転換されることによって生み出され、その時の状況において支配的な特定の知的、倫理的なものの影響を受けて成立するものである。〈私たちが手にしている歴史の普遍的な発展論や価値についての理論もまた、その都度〔それが成立した〉特別な歴史的、個別的な状況に制約されている。〉とりわけ歴史学においては、所与の本性的なものと結びついている感情、思考、要求と、それに対して戦いを挑み、それに介入しようとするより高次の精神内容[5]、すなわち所与の自然的なものとは完全に結びついてしまっているのであるが、しかし固有の独立した生を要求するので、どのような場合でも、ひとつの共通の〈普遍法則性にもとづく〉因果性の概念のもとには位置付けられないものであるより高次の精神内容との間には、解消し得ない溝が存在することになる。そのために歴史学は、あらゆるところで自らの概念と戦うことになるさまざまな力の形態と直面し、自らの研究に一元論的な立場を受け容れた場合には、いたるところで歴史学に固有な認識を鈍らせることになってしまった。なぜなら一元論的な立場にたって客観性という基準に基づいて構成される歴史学は、個々の歴史的出来事の内容を生み出すような法則をそのうちに含む普遍的な概念というものを知らないし、たとえそれがあらゆる現象に内在するひとつの普遍概念、すなわちあらゆる個々の運動の法則、誕生の法則、さらにあらゆる個々の出来事の内容に含まれる唯一の真実の価値を含むものとして把握される普遍概念であったとしても、それは研究には無意味なものなので、受け容れないからである。それ故に歴史の中で、普遍的な妥当性を持つ規範、価値、理念として生じるような現象は、歴史的事実としての普遍性とは異なった方法によって基礎付けられたものとしてそれは存在していなければならなくなる。なぜなら歴史的な事実としての普遍性は、ただその普遍的法則によって生み出された個別的な出来事がいくつも存在しているということだけでは、その普遍性を認識することはできないからである。それどころか、そもそものような普遍性は、個々の出来事の変化の中に、普遍定数のような変わらないものを見出そうと試みる抽象性の中でだけ見いだされる。

［1］この行の右側に以下の書き込みがある。「弁証法的な発展法則に対して」
［2］この行の右側に以下の書き込みがある。「a)」
［3］この行の右側に以下の書き込みがあり、消去されている。「b)」
［4］この行の左側に以下の書き込みがある。「b)」
［5］この行の左側に以下の書き込みがある。「c)」

このような法則は[1]、私たちの偉大な歴史記述の中に、すなわちまさにキリスト教の歴史記述においてこそ見出される。すなわちキリスト教の歴史記述においてこそ、意識的に、あるいは本能的にこのような根本的な法則によって描き出された、もっとも生き生きとした、また魅力的な記述を見出すことができる。〔ユリウス・〕ヴェルハウゼンのイスラエル史[1]、〔グスタフ・アドルフ・〕ユーリヒャーの〔新約聖書学〕緒論[2]や〔イエスの〕譬え話の研究[3]、〔アドルフ・フォン・〕ハルナックの教義史[4]はいずれもまさにこの点から見ると興味深い仕事である。しかし私たちがその歴史記述の扱いに注目するならば、そこから、キリスト教を絶対的な宗教として構成するという試みの根底にある問題点も明らかになるはずである。すなわち問題点というのは、このような歴史学的な著作から、教義学の原理的であり歴史的な序論へと移行しようとする時にいつも感じる何らかの後ろめたさのことである。このような方法によって書かれた研究の序論では、人類の宗教的な生の全現象[2]〈、あるいはいわゆる「宗教の本質」〉が鳥瞰されるが、その場合にはそのような仕方で示される全体像は、それ自体としては当然このような議論の出発点となっていなければならないし、たとえ私たちの認識には部分的には欠落があるとしても、そのような全体像が不可能であるとは判断されないものである。しかしその場合には、あらゆる宗教的な現象にとって共通しているもの、類型化が可能なものについて、心理学的な手法によって分析した結果と、宗教が探求する実在的なものについての認識論的、存在論的な問いとを結びつけることが避けがたいこととなる。ところがここでなそうとしていることは、このようにして引き出された普遍概念が必然的で、重要なものだということを明らかにするだけに留まっていない。それどころか[3]〈「本質」という〉普遍概念が問題になるのであれば、個々の宗教を単にその価値において判断するだけではなく、個々の宗教それ自体において究極的には論じられるべきその宗教の現実性を明らかにする規範概念をも明らかにしなければならなくなる。宗教の普遍概念、あるいは宗教の本質は、さまざまな個々の宗教を、内的な法則に従って生み出す力として見なされている。そしてこの普遍概念や本質を生み出す力は、単に普遍的な法則の特別な事例を作りだすだけではなくて、目的論的な流れを想定することで持続する普遍概念の自己実現の系譜を創造し、最終的には満たされた、完成した自己へと至る構図を示している。そしてキリスト教がこの流れの最終段階であり、この概念の絶対的な現実化とみなされる。そしてその場合のキリスト教というのは、具体的な歴史的形態の中に見出されるものではなく、歴史的なものから引き出され、抽象化され、構築された「本質」としてのキリスト教のことなのである。そしてこの「本質」というのは、宗教の本質が具体的な諸宗教と関係しているように、キリスト教の具体的な、個別的な形成と結びついている本質のことである。具体的な、個別的な諸宗教がその宗教に内在する普遍概念から理解されねばならないのと同じように、キリスト教においても、それはこの具体的、個別的な形態としてのキリスト教において具現化されている普遍概念から理解されねばならない。そのために、経験的な現象としてのキリスト教に対する大変辛辣な批判というのは、通常この概念への批判と結びつく。

［1］この行の右側に以下の書き込みがある。「宗教的発展の構成への適応」
［2］この後に以下の書き込みがある。「あるいは、いわゆる宗教の本質」
［3］この後に以下の書き込みがある。「本質」

このような構想の根本的な考え方は明らかである。それは、歴史を、ひとつにされた、同質で、ひとつの法則に基づいて運動し、そこから個々の出来事を生み出す力という意味での普遍概念として［人々の前に］提示することである。そのことによって、この普遍概念は、あらゆる出来事の中で価値のある、変わらないものとして持続する規範概念や理想概念へと昇格させられる。またこの構想は、このような二つの理解を、発展論によって統合する。というのも、発展論は、普遍概念によって生み出される合理的で因果論的な諸連関の経過と完全に重なり合うだけではなく、全体的なものとして現実化したものの概念が表現しているような価値あるものとして持続し、変わることなく存在するものとも重なり合うからである。

しかし同じように、このような構想に対する反論の余地のない批判があることも明らかである。歴史学は、さまざまな出来事の内容や相互の位置関係をそこから引き出すことができるような普遍概念を知らない。歴史学が知っているのは、確かに全体との連関によってその度ごとに制約されてはいるが、事柄の核心においては他のものからは引き出すことはできない具体的で個別的なものとしてだけ現われ出る出来事だけである。それ故に歴史学は、実際に起こる出来事の普遍性と一致する価値や規範ということを認識しない。歴史学は、普遍性ということについては、普遍的に妥当性をもつ思想、あるいは妥当性を要求する思想としてだけ、すなわち、つねに個別的な形態として出現し、単に実際に起こった出来事にすぎないものとの戦いの中で、出来事の普遍妥当性を知らせようとする思想としてだけそれを認識し得るのである。それ故に歴史学は、これまで述べたような理由から、具体的な歴史上の出来事の実際的、合法的な一般性が、それ自体によって普遍妥当性をもった価値あるものを生み出し得るのだ、ということを確信させるような発展については何もしらない。そして決定的なことであるが、歴史学は、ある〔歴史的出来事の〕連関の中にある普遍的な概念を絶対的なものとして現実化すること、すなわち実際にあらゆる意味において特殊なものとして規定され、特殊性によって限界付けられ、まさに個別的なものとして認識される現象が生み出す普遍概念を絶対的なものとして現実化するための努力を認識することは出来ない。

さらに、この根本的な考え方の欠陥は、そこから引き出される次のような四つの帰結によっても明らかになる。

第一に[1]、このような普遍概念は、宗教史における主要な現象を明確にとらえることができるのであるが、それには明らかな欠点がみられる。しかし問題は、それどころか、この宗教の普遍概念が規範概念をも包括し、さらに規範概念の現実化を段階的に生み出す必然性をも含んでいると主張していることである。しかしそれは不可能なことである。たとえ、ここで主張されている普遍概念は、個々の出来事それ自体の包括的な法則性を意味するものではなく、あらゆる歴史的な諸段階に働いている諸力に対して到達すべき場所を指示する機能によって因果性と合目的性とを統合するような概念なのだという説明にこだわってみたところでそれは不可能であろう。なぜなら、もしこのような概念が可能であるとしても、実際に、〔宗教発展における〕低次の段階で、この後より高次の段階へと至ることが求められていること、あるいは高次の段階においてより低次の段階が残存しているということを認識し、解明することは不可能だからである。この概念が到達し得るのは、結局、低次の段階においては未だ適応することができず、高次の段階にはもはや適応し得ない宗教の本質という概念と定義だけであり、それは個々の具体的な諸現象の中に構想力を持ち込んで、それがまさに個々の現象の核心にあるものだと理解するように強要するようなものである。あるいはそれは、一つの宗教概念、すなわち多くの神学者たちに好まれるような宗教概念を使って、キリスト教についてのもはや使い古されたような形式化、あるいはまじめにキリスト教を取り扱おうという努力を欠いているにもかかわらず、キリスト教こそがいつでもどこでも待望されている理想の宗教であるかのように説明するための概念を明らかにしているに過ぎない。あるいは近代の自然観の影響のもとに成立した汎神論的な宗教概念にしばしば見出されるように、実際には形而上学的なものからインスピレーションを与えられた宗教性であるにもかかわらず、それが具体的な宗教現象にすりかえられるということが起っている。これらの事例からも明らかなように、ここで普遍概念とされているものは、実際にはそれとは別もので、宗教の典型的な根本現象から引き出される現実的で純粋な普遍概念、基準になる宗教的な真理としての規範概念、そして個々の歴史的諸宗教の個別的な現象に過ぎない。杓子定規で不確かな概念規定によって、普遍概念を規範概念へと根拠もなく昇格させること、逆に時代に制約され、その時代の特殊なものに由来する規範概念を普遍概念として基礎付けることは、いずれも不可能である。

［1］この後に以下の書き込みがある。「本質概念」

〈第二に〉[1]、第一に述べたことよりもさらに悪い欠点がある。それは歴史の発展の諸段階における普遍概念の全体的な現実化という問題である。この議論には二つの可能性がある。〔ひとつめは〕[2]、普遍概念の因果論的側面をより強調するものである。しかしもしそのようにするのであれば、普遍概念の絶対的な現実化は、ただ全体としての歴史的なものの諸形成の流れの中にだけ存在するということになるので、その歴史の中に、ただそれだけで普遍概念のすべてを表現し得るような絶対的な宗教は存在しないということになる。〔ダーフィット・フリードリヒ・シュトラウスが彼の『イエスの生涯』の第二巻七三四頁で述べているように〕「理念は、その理念の完全な表明をただひとつの事例の中に注ぎ込むということを好まない」。このような事柄の取り扱いは歴史家たちを大いに喜ばすことであろう。なぜならこのように考えるなら、歴史家たちが、忌憚のない、自由な解釈をすることが可能になるからである。しかし〔逆に〕このような考えは、宗教を単に歴史学の対象とするだけではなく、そこに生の問題を見出し、普遍概念の目的論的な側面を失うことに耐えられない人々を満足させることができない。歴史家自身はこのような人々の要求から逃れることはできないはずである。なぜなら歴史家自身が、単にかつて存在した事柄について取り扱うだけではなく、その研究で、歴史それ自体の中で明らかにされる価値についても取り扱うからである。この価値という側面がより強調されるようになる時、この議論についてのもうひとつの可能性が登場することになる[3]。すなわちそれは、〔歴史の諸段階においてそれぞれの宗教は〕確かに歴史の目標に向かっていることを感じることはできるのであるが、歴史の終わり以前に、絶対的宗教について語ることはできないのであり、あらゆる歴史が終わるその直前になって絶対的宗教が明らかになることを期待することができるだけだという考えである。つまり〔ゲオルク・ヴィルヘルム・フリードリヒ・ヘーゲルが『法哲学要綱』で考えているように〕ミネルヴァの梟が、絶対的概念が現実化する国へと飛び立つ前に、絶対的な黄昏が〔それにあわせて〕来なければならないことになる。しかし、もしこの普遍概念の確かな現実化が、想定できないほどの歴史の彼方に起こるのだとして、その時がきたら、普遍概念はその時完全な仕方で明らかになるであろうか。もし普遍概念が確かなものとして明らかにならないのであれば、この普遍概念が〔歴史の中で〕これまでに絶対的概念を実現化するためになしてきた諸段階、また私たちがその間になしてきた決断は、果たして確かさをもって語り得るのであろうか。〔そのようなことはできないのである。このような疑念がもたれるが故に〕絶対的な宗教の構成は、何らかの歴史的宗教に固執するのではなく、おのずと将来の宗教の構成へと向かうことになる[4]。しかしその場合でも、このようにして生み出された絶対的な宗教の構成は、誰かが発展の目標として構成する、来るべき宗教の将来像とは一致しておらず、またこの目標に至るまでの諸段階、そしてそこに到達すべき最終的な段階までの諸段階との関係やそれぞれの段階の価値の位置づけなどの見方はひとによってさまざまである。それ故にまさにここでこそ絶対的な概念の現実化の困難さが明らかになる。とりわけ歴史学は、ここから、そこへと向かうべき諸段階への道のりを示したりはしない。歴史学が、途方もなく多くの人々が、より高次の諸形態へと上り詰めてゆく高揚の行程などを示すことはない。〔歴史学が示しえることは〕、ただ個別的な出来事の中に、このような高揚が見られるということ、そしてそれは〔普遍的なものとの連関によって考えられるのではなく〕ただ出来事に固有の内容が大いに展開し、発展するということだけである。またその場合でも、諸宗教におけるこのような個別的な出来事の中に見出される高揚は、相互に因果性をもった連関の中にあるわけではなく、その連関は並存的である。そしてこのような並存的な諸宗教の連関の中で、もし価値関係を説明し得るとすれば、それはただ相互に争いが生じている場合か、内的な倫理の問題に限られるのであり、この連関が持続的に発展するということはない。中近東と地中海文化の宗教史だけではなく、私たちが〔マックス・クリストリープの講演にあったような〕東アジアの諸宗教の世界の現実に直面するようになって以来[5]、私たちはそれを見て見ぬふりをしてその前を通り過ごすことはできなくなっている。そしてこのような事態から引き出させる結論は、歴史学は規範概念を避けることはできないのであるが、普遍概念の絶対的な現実化ということを明らかにすることによって、規範概念をそこから得ることは不可能だということである。

〔1〕この後に以下の書き込みがある。「絶対的な現実化」
〔2〕この後に以下の書き込みがある。「a)」
〔3〕この後に以下の書き込みがある。「b)」
〔4〕この後に以下の書き込みがある。「ヘーゲル左派においてもこのような帰結がただちに現われ出たよ

うに。」
［5］この後に以下の書き込みがある。「また中央アメリカの諸宗教で明らかになっている」

〈第三に〉［1］、キリスト教それ自体を絶対的な宗教として構成するということは、もっとも憂慮すべき事態である。なぜなら既に述べた通り、このような絶対性は歴史の内部では一般的には証明され得ないだけではなく、このような場合には、構成された普遍概念と、具体的、個別的な歴史像との不一致という問題がすぐに生じることになる。確かに敬虔な者たちの多くにとっては、キリスト教はもっとも高貴な意味をもった宗教的な力であり、それがどのような状態にあるとしても、ひとつの偉大な宗教的真理であることは自明なことである。しかし同時に次のことも明らかなことである。すなわちあらゆる時代のキリスト教、とりわけキリスト教の始原というのは、まさに歴史的な現象なのであり、その際にキリスト教にもたらされたあらゆる新しいものであっても、それらは、その時にこの宗教が置かれた歴史的な状況と環境に、あるいは発展の中に持ち込まれたさまざまなものに、深く、そして内部に至るまで規定されている、ということである。原始キリスト教［の成立］は、古代における国家宗教の破壊、それによる古い、素朴な価値観の破壊を前提としているが、同時に宗教的な新しい形成、すなわちこのような価値観の破壊の中で生まれ、もっとも強力な勢力となったキリスト教のある形態に受け継がれ、〈おそらく初期のキリスト教成立史と深く関わっていたと思われる〉ものを前提としている。〈さらに〉原始キリスト教は終末論的な理念、すなわちかつてイスラエルの人々を魅惑したものであり、キリスト教それ自体がこれとの関連で〈はじめて〉純粋に内的、倫理的神信仰を言い表すことができるようになった終末論的な理念によって、その中核思想に至るまで〈明らかに〉深く規定されている。しかしこの倫理自体は、このような状況の中で、世界の終わりと、神の前で持続するものとの緊張関係で語られ、また［もうすぐこの世は終わってしまうのであるから］この世のあらゆる価値を無意味なものだとみなす考えによって規定されていたので、宗教的な厳格さと、かたよった性格をもつものであったのだが、この厳格さと偏りは、まさにこのような原始キリスト教の状況を前提にしてこそ可能になったのである。しかしキリスト教の神信仰は、このような最初の〈神話的・大衆的な〉形式が失われ、純粋に人間的で、内的な方向性が顕著になってくると、よりキリスト教自体に相応しいと思われたプラトン的・ストア的な倫理、さらには観念論的な形而上学、アリストテレス的な目的論をも取り込み、これらと結び付き、具体的で、それらに制約を受けた形態となったのである。そしてまさに今日までそのような形態として存続している。それ故にキリスト教は、歴史的なもの、時間的なものの制約や、個別的な性格から完全に自由になった絶対的な宗教ではないし、宗教の普遍的な概念の変化のない、完成された、無制約的な実現というわけでもない。確かに、キリスト教における支配的な理念を追い求め、その内容から、キリスト教の発展や諸形態への展開を理解することは必要なことであるが、この理念は、キリスト教それ自体から形成さえ得るものなのであり、その意味でその時々の歴史的な諸条件ときわめて密接に結びついている。他のあらゆる理念が通常個性的な歴史的形成物としてのみ存在しているのと同様に、このような〔キリスト教の〕理念もまた、歴史的連関の中で複合性をもったものとして存在している。それに対して、この理念が、外部から持ち込まれ、宗教の絶対的な理念としてキリスト教に接ぎ木される時、それはまったく粗悪なものに変化してしまい、現実に対するまったく技巧的な関係へと変えられてしまう。そこでは神学の困窮と技巧化が頂点に達することになる。核になるものと表皮の部分、形式と内容、変わることのない真理と時代的な制約性が、驚くほどに巧みに結び付けられているのであれば、混乱は回避されるであろう。しかしあらゆるこれらの試みが陥る過ちは、実際には核となるものの絶対性が、表皮の部分をも絶対化し、表皮の部分の相対性が、核となるものまでも相対化してしまうということである。とりわけ、〔カール・フリードリヒ・ゲオルク・ハインリキの述べたような〕絶対的な理念の現実化の「時代的な形式」というのは、蝋でできた皮をかぶった赤い鉄なのか、あるいは赤く燃える皮をかぶった核なのか、というような表現上の問題を連想させる。このような区別はただ些末な事柄を取り扱う時にだけ可能となるのであり、主要な事柄について言えば、中心となる宗教的思想は、まさしくその時代〈においては大変強力であるが〉、その後の時代にはあまりなじみのない、そして再び現れ出て来ることのないような思想と密接に、結びついているものである。〈それ故に〉このような変更可能な区別のための技巧〔にこだわること〕によって、このような区別がむしろだんだん困難になり、あまりに技巧的になりすぎることによって、歴史における偉大で、個別的な現実に感動することさえできなくなってしまう。過去の〔歴史の〕構成において、それは表皮にすぎないものとして軽く取り扱われてきたことが、純粋に歴史学的な叙述の中ではもう一度評価されるということが起こるのであるが、それはかつて軽く取り扱われてきたものが重要な事柄であったからそのようなことが起こるのではない。そうではなく、〔歴史における〕重要な事柄というのは、決して歴史をもたない、永遠で、不変なものとして表現される概念ではなく、それはさまざまな〔歴史的な出来事の〕制約の中で、そのような姿へと生成した現実の総体のことである。〈〔歴史の構成というのは、〕このような現実の総体の中で、その度ごとに〔その時代に〕優位な諸要求によって支配され、また定式化され、それだけではなく、その時代の新しい要求に材料と権利を与え、十分にその力を発揮してもらうことで、無数の歴史的な展開を定着した事実として受け容れて行くことである。〉しかしこれらのことが私たちに示していることは、私たちが、絶対的なものとしてそれ自体既に完結した概念から、キリスト教を構成しようとするならば、それは歴史的な現実を前にして戦う前から敗れてしまうということである。それではキリスト教の意義についてどのようにしてそれを主張するのであろうか。〔たとえさまざまな方法があるのだとしても〕、キリスト教の意義を宗教の絶対性の概念と同一視することでは、キリスト教の起源とその歴史を説明することも、宗教史におけるキリスト教の意義を認識することもできない。[2]

［1］この行の右側に以下の書き込みがある。「絶対的宗教としてのキリスト教」

〔2〕この後に以下の書き込みがある。「ひとは、それとは逆に次のように意義を唱えることもできるであろう。すなわち、ヘーゲルは普遍概念を事物の抽象化とはまったく考えておらず、そのようなものとして考えるのであればそれは空虚なものになってしまうと考えていた。それどころかヘーゲルにとってはこの概念は、直観による解釈に必要なあらゆる現象の全体的連関なのであり、この概念は現象の具体的なあらわれよりもよりはっきりとしたものなのである。これについては〔Emil〕Lask〔, *Fichtes Idealismus und die Geschichte.* Erster Teil, Berlin 1902〕六二頁。この概念を見出すことは、ただ直観によってだけ明らかになるだけではない。なぜなら、そのようないずれの試みも実際には現実よりも常に乏しいものだからである。そしてとりわけ現実の必然的な順序についてはそれを具体化することができない。このことは常に繰り返し以下のようなことに行き着くことになる。すなわちヘーゲルの概念は一般的には論理的には不可能な企てということになる。そしてカント的な論理学がその誤りを正すという見方は正しくないと思う。参照ラスク〔前掲書〕、五六–六八頁。

最後に〔四番目のこととして述べたいことは〕[1]、これまで見てきたような個々の問題のすべてを支配している全体的な概念、すなわち発展という概念それ自体についても疑問が残るということである。確かに発展概念それ自体は、歴史学のもっとも確かな方法であり、根本的な前提のひとつである。すなわち、個別的なものに対しても、全体的な視点からも、原初的な出発点が設定されて、それが対立と結合によって、はじめて複合的な物質的、精神的な生へと成長して行くという考え方は、疑いのないものとして確認され得るし、あらゆる認識可能な〔歴史の〕プロセスとも類似している。またこの点も疑いようのないことである。すなわちこのような複雑なプロセスの中で現われ出る大いなる精神の内容、思想、生の力は、いずれも〈まずは〉萌芽的な姿で原型として登場し、さまざまな種族、何世代にもわたる適応と対立、深化と検討、葛藤と戦いによって、完全な形態を獲得してゆくようになるということ、また精神の内容、思想、生の力というものは、それらに固有の内的なエネルギーによって成長し、それらに固有の論理にもとづいて、さまざまな触媒に反応する生の原理、あるいは精神的エネルギーとして出現するものだと考えられていることは明らかである。しかしこの点がまさに問題になる。すなわち具体的で、個別的な出来事を取り扱うのではなくて、あらゆる人間的な出来事のこのような発展的な本質について取り扱い、解釈するということが問題になる。思弁的な進化論の特徴というのは、全人類の生をひとつの発展の系列として理解し、その発展の系列の中で生み出される精神的な目標の内容が、さらに引き起こされる魂の覚醒が、全体の因果論的な運動の全体を規定し、その力が目標に向かって論理的必然性に導かれて前進して行くという系列を生み出しているというところにある。因果性と目的性とのこのような一致から、思弁的進化論が引き出す法則は次のようなものである。すなわち、個々の現象は、個々の現象の［歴史の発展段階における］位置づけを人格的、倫理的な価値によって、めざされるべき目標への達成度という視点から取り扱われるだけではなく、因果性に基づく進化の系列の順序に基づいて、概念必然性も計算に入れて取り扱うべきだという法則を引き出すのである。この教説は、この点で、絶対的なものの概念の中で因果性と目的性を同一視させるので、倫理的、宗教的な考え方からは冷ややかな扱いを受けることになる類の、全体的なものの進化論的形而上学によって支えられているのであるが、そのような宗教の側からの批判を無視して、純粋に歴史学の立場から見ても、このような構成は現実の出来事と矛盾してしまうことになる。強力で、単純な〈普遍的法則によって定式化された〉因果性の連関というのは、実在するものの自然的な基盤と結びついた知覚や欲望の中でだけ生じるものである。しかし歴史学は、歴史学として〔の立場から、〕自ら、必然的な原理としての自然的な動機と対立するような、より高次な精神的な生の内容の高揚こそが、因果的な諸連関全体の基盤として存在し、固有の働きをなす力だと判断することもできないし、そのような高揚を自然的な基盤から必然的に生じる帰結的な現象として解明することもできない。〔しかし〕歴史学は、自然的で、魂の問題と関わるような行動にとって有効な構成とそうではない構成〔の違い〕を示すことはできる。すなわちそれによってより高次の精神的な内容が出現するために有効な構成と、それを妨げ、あるいはねじまげてしまうような不適切な構成〔の違い〕を示すことはできるのである。また歴史学は、このような高次の精神内容を、固有の内的必然性によってまったく独特な意志へと向かわせる諸力として取り扱うことはできるが、その場合でも、歴史学はこの諸力を、またその諸力の形成やそれがもたらす影響については、私たちがより身近な自然的な必然性と関係するような諸動機を取り扱う場合と同じように、偏見のない態度でそれを取り扱わねばならない。歴史学は[2]、〔人間にとっての〕魂の生活の二つの重大な根本的問題と関わる戦いに直面する。この二つの問題は確かに相互に関係しているのであるが、一方が他方によって説明されるものではない。〔人間の〕

魂の生活は、歴史学にとっては、同一の行為によってもたらされる単純な因果性の系列によって形成される一連の出来事として取り扱い得るものではなく、自由と人格性という困難な概念こそが意味を持つ、秘儀に満ちた二重の性格に包まれたものである。というのも、より高次の精神内容を生じさせるような諸動機は、既にはじまっている自然的な諸動機の単純な継続として生じたことは一度もなく、またそのための諸動機の出現によって引き起こされるものでもなく、他の何かによって生み出されるものでもなく、より深い基盤から湧き上がってくる推量に基づいて生まれてくるものだからである。それ故に、発展の諸段階を純粋に論理的・弁証法的に構成するために、このような推量を実践的に適応しようとするならば、そのこと自体は実際の歴史に教条主義的な暴力をもたらすことになってしまう。このようなことは今日では、ただ先史時代の〔研究の〕うたがわしい不確かな領域の取り扱いにおいてのみ可能となり、そのような研究の領域だけを耕し、そこから収穫を得るような畑を持っているに過ぎない。あるいは、あらゆる〈精神的な〉出来事を、特定の意図を持った経済史的な領域との関係で取り扱おうとするところでは、このようなカリカチュアがまだ生きている。しかし実際の偉大な歴史学は、このようなおかしな歴史の取り扱いからは自由になり、発展史的な像を、たえず対象を再現するために描きだされた精神的な像との関連によって描き出すのであるが[3]、その場合でもこの発展史的構成を、精神的な像の評価や解釈と結びつけるようなことはしない。歴史学に、そのような一線を越えさせないようにしているものは、歴史における具体的なもの、個別的なものの存在だけではないのであり、実は、もっとも決定的で、もっとも意味深い個別的な歴史的形成物が、発展史的に構成されたそれぞれの諸段階にはまったく含まれない独特なより高次な諸力との関係をもっているという事実もまた、このような一線を越えさせないために同じ役割を果たしている。それ故に、今日の宗教史の研究においても、発展史的な演繹を行うのは、いわゆる宗教の発生と文化的なものをもたない宗教形態に限定されることになる。なぜならそこでは確かな資料の欠落、はっきりしない宗教的な感覚や諸理論が自由にふるまうことを許しているからである。それに対して偉大な文化宗教については、その歴史を、場所や前提によって規定され、形成されたものとして取り扱い、そのように形成された歴史については、その内容と本質を〔他の何かによってではなく〕自ら語らせなければならないのである。この点では、キリスト教史についても、原始キリスト教、カトリシズム、プロテスタンティズムをひとつの論理的な系列として取り扱うという、人々を惑わすような諸段階の構成[4]というものを放棄するという傾向が最近は顕著である。〈どのような時代も過渡的な段階などではあり得ない。個々の時代は、それぞれひとつの全体として、それぞれに固有の意味と自己充足的な意義を持っている。〉これこそが、近代の教会史〔研究が、いわゆる「古」〕テュービンゲン学派を超えて進歩している点である。その結論は次の通りである。発展概念について、それには捨ててしまうには惜しいような意義があるのだといくら主張しても、因果性と目的性とを結びつけ、それによって歴史の諸段階の価値を概念的に算出するための系列化を行うというやり方で、発展概念を完成させることはできないということである。すなわち、絶対

的で究極的な概念を現しているような宗教というものを証明するために、発展概念が奉仕し得る余地はないのである。(1)


［1］この後に以下の書き込みがある。「4)」

［2］この後に以下の書き込みがある。「最終的に」

［3］この行の右側に以下の書き込みがあり、消去されている。「自然的・経済的・精神的」

［4］この後に以下の書き込みがある。「発展段階的な構成」


このように[1]、キリスト教を絶対的な宗教として構成する方法にはいずれも根拠がないのである。発展史的な神学〔ということを構想し得た〕父祖たちが、そのことをなし得たのは、彼らの時代の宗教史〔研究〕が[2]、なお未熟なもので、制約が多く、彼らのキリスト教の歴史についての研究が、なおも合理主義的・プラグマティックな解明という側面と詩的・直感的構想力という側面との間で揺れ動いていたからである。そしてそれらがまだ大変あいまいなものであった歴史学的な認識という霧につつまれているところに、このような構成が雨後の虹のように現われ出て照らしていたのである。さらに言えば、このような〔発展史的な神学による絶対性の主張の〕構成は、キリスト教を、自然的な宗教、ロゴス、自然的な倫理法則、自然的な宗教によって構成された神的なものの現実化とみなす大変古い考え方の習慣に縛られていた。それ故にこのような視点によれば、このような構成による「キリスト教の本質」とは、融通性をきかせた自然宗教に他ならないし〈、〉キリスト教における宗教の概念のこのような方法による現実化というのは、完全に自然的な宗教を実定的なものとみなし、神的なものを詩的なものにすることを〔キリスト教宗教の歴史的な現実の中に〕導入するような試みに他ならない。古い考え方の習慣というのは、既にそのような考え方を決定的な点で破壊してしまった人々をなおも支配し続ける力をもっている。さらに言えばこのようなことをし続ける人々自身は、このような構成に基づいた方法を用いる時には、それに意味ありげな制約を施してみせるものである。

［1］この行の左側に以下の書き込みがある。「結論」

［2］この行の左側に以下の書き込みがある。「すなわち、ヘルダー、シュライアマハー、ヘーゲル」

〔ロマン主義の影響のもとにあった初期のフリードリヒ・ダニエル・エルンスト・〕シュライアマハーは、彼の講演〔である『宗教について』〕の中で、他の書物が聖書になることが不可能であるとは言わなかったが、〔その後彼が〕神学的・教会的な〔仕事をするようになった〕時代になると、彼はキリスト教の本質を、天地創造によってもたらされ、精神の高揚を通して肉を得ることによってさらに展開された宗教として構成した。しかし彼はそれにもかかわらず、〔彼の『神学通論』においては〕それと同時にキリスト教をその時代ごとに個別的なものや歴史的なものによって限界付けられたものとして、すなわち常に変化している形成物として見ることにも配慮している。まさに彼は個別的なもの、という大変刺激的な言葉を生み出したのであり、それによってキリスト教の歴史の脱教義学的な理解を実り豊かなものにした。そのためにシュライアマハーは絶対的な宗教〔という主張についても〕、実際には、ただひとつの点にのみ限定して論じた。すなわちイエスの人格である。その場合でも彼は、実際にはそれを歴史学的にも、教義学的にも論じている。すなわち、イエスの人格を、絶対的で、無制約的で、限界がなく、可視的には生成するが、実際には変化しない宗教的な認識と力として構成している。しかし彼はこのような原像から引き出される影響を再び歴史の諸法則に引渡し、このような歴史における影響を、ただ人間による罪に基づいた不完全なものとして理解しただけではなく、それを個別的なものとして、必然的に限界をもったものとして理解しようとしたのである[1]。

[1] この後に以下の書き込みがある。「しかしシュライアマハーのキリスト像、すなわち個別的なものというシュライアマハーの根本思想を認めないキリスト像は、人間存在のあらゆる瞬間と結びつく神意識の絶対的な現象として、ひとつの純粋に、抽象的で、完全に非歴史的なものとして構成されている。それはシュトラウスの思想と違って、シュライアマハーの思想それ自体として価値をもつものである。」

他方で、〔ゲオルク・ヴィルヘルム・フリードリヒ・〕ヘーゲルは〔彼の『宗教哲学講義』で〕、キリスト教を至高の、究極的な宗教の段階として認識していたので、確かに絶対的な宗教であると定義したのであった。しかし実際には、ヘーゲルにとってキリスト教は、絶対的な宗教の前段階にある表象に捕らわれている段階の最終的なものとして位置付けられているに過ぎない。絶対的な宗教は、純粋な思想としては、確かにキリスト教から取り出されているが、実際には、絶対性の概念は、歴史それ自体において具現化する絶対的な理念からの演繹によって証明されている。これによって〔ヘーゲルにおいては〕、絶対的な宗教の思想は、歴史から得られたのではなく、絶対的なものそれ自体から獲得されていると言ってよいであろう。絶対的な宗教という思想は、理性的な必然性に基づく概念である。すなわちそれは、首尾一貫して、神についての理性的な必然性に基づく概念から引き出され、歴史の中で、思惟の最終的な結果として出現する概念なのであり、歴史の中では、このような意味での概念が歴史的なキリスト教と結びつくことによって、とりわけこの歴史的なキリスト教それ自体を実践的な意味で完全に生命力のあるものとしてイエスの人格性と結びつけることによって主張されている[1]。

〔1〕この後に以下の書き込みがある。「まさにそれ故に青年ヘーゲル派〔すなわちヘーゲル左派〕も、概念の背後にある表象、すなわち絶対的な宗教という概念の背後にあるキリスト教という対象にまで歩み寄るのである。ここでもシュトラウスと異なっている。」

このように〔シュライアマハーとヘーゲルという〕二人の巨匠は、この概念を注意深く使用したのである。そしてこの巨匠たちの神学的後継者たちも、確かにこの概念を慎重に取り扱ったのであるが、彼らの中のもっとも理解力をもった弟子であっても、この概念をより古い超自然主義的な概念に逆行させてしまったり、歴史の内部にある他のあらゆる絶対性〔の主張〕を排除することができる範囲でだけそれを使用したに過ぎない。このような残念な状況は、〔二人の巨匠によって〕神学が刷新され、まさに希望に満ちた青春時代を過ごしていた時に、シュライアマハーとヘーゲルのそれぞれの学派から、多くの棄教者と不幸なアマチュア神学者が登場したことによって明らかになった。〔常に議論が〕飛躍してしまうのであるが、それでも教えられることの多いブルノ・バウアーと、確固たる根拠はないのであるが、歴史的なものについて敏感であった〔ヨーゼフ・アーネスト・〕ルナン以外では、二人の気鋭の学者、〔ダーフィット・フリードリヒ・〕シュトラウスと〔パウル・アントン・ド・〕ラガルドがこのような帰結を、より一般的な感性に近い方法で取り扱ったのであった。〔一方で〕シュトラウスは[1]、深い宗教的な性格を持っていなかったことは明らかであるが、手堅い、そして鋭い研究者であり、彼はヘーゲルに反対して、絶対的なものとして説明できるような宗教の概念が、歴史の内部のある特定の地点に存在することは証明し得ないこと、また原始キリスト教の歴史は、実際に厳密に歴史学的に取り扱うならば、何らかの方法で絶対的なものがそこで現実化されていることを証明することなどできるようなものではないのだという見解を、反論を許さないような仕方で先鋭化させた。彼はさらにシュライアマハーにも反対して、個別的で、制約のある歴史的な影響の中に、絶対的で、歴史的なものに制約されていない原因を求めることは不可能であること、またこのような無理な要請によって構成され、単に表面的に純粋に歴史的な資料から引き出されたかのように装っているに過ぎないイエスの人格性についての絶対的な像は、矛盾に満ちた、血のかよわないような構成物にすぎないということを、やはり反論を許さぬ強力な仕方で主張したのである。歴史学は、絶対的な宗教や絶対的な人格性というものに場所を与えないのである。この二つの言葉はそれ自体矛盾を含んだものである。他方でラガルドは、まじめで宗教的な性格を持っていたが、鋭い弁証家というわけでもないし、厳格な研究者というわけでもなかった。ラガルドは、宗教の発展史という思想を、あらゆる教義学的、形而上学的価値から自由にし、公平に取り扱うために、良心に基づいた研究のためにあらゆる手段を用いて、対象それ自体に専念する宗教史の研究を試みた。宗教史の研究というは、宗教の特徴的な現象を、哲学的、神学的な立場からの下手な取り扱いとは違った仕方で理解する方法を教え、それをもとに、キリスト教についての純粋に歴史的な評価をなすものでなければならないと彼は考えた。しかしラガルドが考えたことは、このような評価を行うために、弁証論的な装飾や余計な重荷から自由にされたキリスト教の偉大さと崇高さの圧倒的な姿が証明されねばならないということであった。しかしその際彼は、そのことによって、宗教史の今後のさらなる展開の可能性について何らかの展望を与えたわけでもないし、偉大なる新しい形成が近づいていることについて何らかのことを示したわけでもない。このような類の批判が（それはこの二人の積極的な見解のことではない）、全体としては勝利を収めたのである。いやそれどころか、厳格な歴史学の仕事が、人々を惑わし、誤った方向へと導くような構成を隅へと追いやり、歴史によって制約されたキリスト教の個性的な姿を生き生きと描き出させ、そのようなキリスト教の姿を精神史一般とより深く連関させることを可能にしたのである。〔カール・ハインリヒ・〕ヴァイツゼッカーの『〔キリスト教会における〕使徒の時代』〔(一九〇二年)〕や、〔アドルフ・〕ユーリヒャーの『イエスの譬え』〔(一八九九年)〕のような円熟した、堅実な業績は、さまざまな概念的な研究よりも、明瞭にこの点を明らかにしている。そこでは、教義学的か、それとも脱教義学的構成かという不毛な議論からは自由になって、歴史的な現実性が語りかけてくる。彼らの歴史研究では、自らの仕事はまったく欠落が多く、認識においても不確実であり、あらゆる歴史的な認識はそうであるべきなのであるが、将来にはきっとよりよい洞察が生じてくるであろう、という留保をつけた上で、主要な事柄については明確に語られている。私たちは、そこから、多くの高貴なもの、偉大なものを無限に知ることができる。しかしひとは、そこからある種の通奏低音のようなものとして、現実的な宗教概念を知ることはできない。〈古典語やセム語の文献学的研究の影響のもとになされてきた、キリスト教の起源についての研究の最近の発展の中では、そのような通奏低音は排除されてきた。この点について言えば、特に〔ボンの古代哲学の教授であるヘルマン・〕ウゼナーとその学派が、純粋に文献学的で、古代後期の宗教史に基礎付けられた研究方法を生み出し、今日では、私たちに、この領域全体に新しい問題提起をしている。これらの研究の中には、しばしば、キリスト教に反対する人文主義者や教養エリート層の嫌悪的な態度が感じ取られる。しかしこれらの研究方法によって、歴史の流れの中にある相互連関的なものが明らかになったのであり、それによってキリスト教というものがひとつの純粋な理念ではなく、まったく特定の時代に規定された、特徴をもった高度に複合的な形成物であることが示されたのである。〉

［1］この後に以下の書き込みがある。「ここでも〔ヨハン・カール・ヴィルヘルム・〕ヴァットケ、〔ハインリヒ・ゲオルク・アウグスト・〕エヴェルト、〔アブラハム・〕クエネン、〔エドゥアルト・ヴィルヘルム・オイゲン・〕ロイス、〔ユリウス・〕ヴェルハウゼンの名をあげることができる。」

このような研究全体の成果、すなわち普遍概念と規範概念の統合、また歴史哲学的思弁によってキリスト教が絶対的な宗教であることを証明しようと試みることを断念すること、そしてあらゆる歴史的現象は個別的で、〈多様性によって制約された〉性格をもっていることの容認は、現代の神学においては広く容認されていることである。

もしこのような容認[1a]が、近年の最大の神学の学派によって[1b]、錯綜した方法によって、〈このような容認から生じた〉帰結を捨ててしまうためにだけ用いられるというようなことさえなければ、ひとはこのような考え方が容認されている状況をはっきりと見ることができたであろう。確かにこの学派の指導者である[2]〈アルプレヒト・〉リッチュル自身についてはこのような批判はあてはまらない。なぜなら彼は、〔このような問題意識とは無関係に〕〈たいへん単純な仕方で〉、ただ倫理的・宗教史的な要請と超自然的な権威とを結合することによってキリスト教の規範性を証明したからである。彼によれば、キリスト教はこのような結合によって、世界に対する精神的・倫理的人格性の自己主張という宗教史の現実において明確になってきた要請を、奇跡的な仕方で実現することができるということになる。リッチュルはその際、このような事柄の取り扱いにおいて決定的なものである奇跡という概念についてまったく未解決な状態のままに捨て置き、その代わりに、絶対的な啓示の真理性をイエスに求めることを好み、キリスト教の諸共同体における〈信仰の〉自己確信ということを強調した。ところが彼の後継者たちは、多くの場合、この点をより明確に規定しようと試み、その際〈まさに〉進化論的な弁証論の困難な問題、すなわち歴史学を基盤とした普遍概念の危うさを利用し得るのではないかと考えてしまった。彼らの考えによれば、宗教の普遍概念からはじめることはできない。普遍概念はいたるところで歴史的・個別的なものと衝突し、その戦いに敗れてしまったので、規範概念を助けることができないのである。それ故に〔彼らにおいては〕規範的なものは、何らかの共通なものという広範囲にわたる基盤の上には見出されえないのであり、それはまったく特殊なもの、個別的なものという狭い基盤の上でだけ求められ得ることになる。そしてこのような狭い基盤は、まさに、キリスト教の歴史的で特殊な形態によって限界付けられ、キリスト教の特殊な確かさの基礎付けによって制約されている。それに基づいて、一方〔の立場の人々〕は、絶対的な真理と、絶対的な真理による救済の現実化を主張することこそがキリスト教の個性的な特殊性を明らかにすることだと説明する。キリスト教の学問的な記述と価値の確立も、まさにキリスト教のこの特殊性へと自らを適応させることになる。なぜなら彼らによれば、キリスト教を他のものから切り離し、他のあらゆる宗教と自らを対峙させることこそがこのような要求の前提にあるべきことだからである。その場合、この前提が意味していることは、普遍的なものを考慮することによって、まず倫理的精神を徹底して自然的な要請と関係付け、その後で、キリスト教ではない諸宗教に含まれている意図されていない〔キリスト教の前段階を想定させるような〕ものの中から、このような要請に適応させることができそうなものだけをキリスト教と結びつけるということなのである。このようにして、キリスト教は、考えられえる中で、最高で、自然的・倫理的要請を十分に満たし、同時に一般の、キリスト教以外の宗教における啓示を完全な仕方で成就する宗教ということになる。その場合でも、[3a]一般的な、学問としての宗教研究は[3b]、因果的・機械論的な現象学的心理学によって制約を受けているということを主張するだけではなく、その研究によって、規範的なものそれ自体を、また個別的・歴史的宗教、とりわけ普通の因果的な動きを、倫理的な自由の精神の絶対的な啓示によって突破することによって、宗教の中に明確に位置づけるということを〈同時に〉要求している。そしてそのような宗教が必要になり、キリスト教こそがこのような宗教であることがまさに証明される。その証明は、キリスト教の特殊性を証明することによってなされるのであるが、具体的にそれはイエスにおいてこそ、このような啓示と救済が明らかになったということによって、またイエスが与えた感化力によってこのことが現実化しているということによってなされるのである。そしてこのような要求をすることの正当性は、そこでは自然的な意識と、倫理的な要求が一致しているということから証明されるのであり、人格的な行為によってこそ成就する特殊・キリスト教的な確かさとはまさにこの点に基づくものであることが明らかにされる。そしてこのような確かさに基づいて、キリスト教以外の宗教の考え方の心理学的な動きの中にさえも働く神的な諸力を確認することができるのであるし、これらのキリスト教以外の宗教的な考えについての判断基準を見出すことも可能になる。(2) 他方で、それとは違った仕方でこの問題に対応する人々が〔リッチュル学派の中にも〕いるのであるが、それは具体的には「キリスト教的な認識理論」である。この理論は、宗教の普遍的な概念、あるいはそこから獲得さえ得るような基準の不可能性の確認の上に構築されるものであり、それらとは違ってむしろキリスト教による絶対的な啓示と救済についての「個別的・歴史的」な要求によってこそこの基準は与えられると考え、さらには自然的・〈倫理的〉意識との一致によってこの基準に確かさが与えられると考えている。しかし、それは歴史的で、個別的なものという概念を玩んでいるに過ぎない。なぜなら、そこでは、一方で、この個別的な特殊性が、「自然的な」意識と非キリスト教的な宗教において、自然的で、一般的な啓示という普遍概念のもとで取り扱われることを否定はしないと主張され、他方では、歴史的・個別的なもの、すなわち、暫定的で、一回的なものとして条件付けられていた概念は、そこに含まれるキリスト教の主張する意味内容が特に強調されることによって、キリスト教こそが超個別的で、絶対的な真理であることを証明するものだと主張されているのである。その場合個別的なものという概念が、前者においては不当なほどに役割を与えられておらず、後者においては許されないほどに多くの役割を果たしている。ここでの普遍概念への批判、歴史的・個別的なものの強調というのは、〈実際には〉、キリスト教だけを、他の非キリスト教的な宗教から切り離して対置させるためになされている。それ故に、キリスト教以外の宗教は、一般的で、自然的な啓示とその要請であり、キリスト教は超自然的で絶対的な啓示である、という古い概念に置き換えることが可能である。しかしこのような仕方では、超自然的で、絶対的な啓示とは何かということについては、まったく答えることができずに、未解決のままになってしまう。なぜなら、絶対的な啓示がこのようなものであると言うのであれば、それは絶対性という形式なしの絶対性、〈すなわち〉因果性の限界を明らかにする奇跡のない絶対性、[4a]宗教の概念の完全な現実化[4b]なしの絶対性に留まり続けることになってしまうからである。それにもかかわらず、イエスと原始キリスト教は、常に、くりかえし、本来的な意味をもった個別的、歴史的な現象、すなわち、その時代の歴史的なものに制約された現象〈として〉取り扱われている。ということは、イエスと原始キリスト教の現象は、批判的・歴史学的な手法によって研究されるのであるが、それ以後の〔歴史の〕展開の過程で、本質的な事柄の扱い方としては、その手法から離れてしまうのである。そのため、このような曖昧で無規定的な「絶対性」は、くりかえし、正当なものとされているような歴史的な特徴〈とも〉衝突してしまうことになる〈。〉またキリスト教を一般的な歴史との連関の中で扱うことによって、キリスト教とキリスト教以外の宗教とのきわめて密接な関係を痛感するようになり、それによって、キリスト教だけを他の非キリスト教的な宗教と断絶させて考えることは不可能であることを認識するようになる。つまり研究によって歴史的な地平はさらに広がるのであるから、キリスト教と同じような本質によって特徴付けられた、他の宗教も持つ、似たような絶対性の要求に出会うことになる。もし私たちが、自然的な意識が要請することとの内容的な一致によって、キリスト教の絶対性の要求を守ろうとするのであれば、そのような要求〈それ自体〉が、まさに歴史的なものであるということを証明しているのである。つまりここで考えられていることは、宗教はみな何らかのものを信じているという現実から出発するのであるが、その宗教の宗教としての内容が次第に高度なものとなり、キリスト教に近づくことによって、この要請もキリスト教に近づくという構成なのである。それ故に、今日ではどれほど純粋に歴史的な形態の要請であったとしても、それはキリスト教の歴史それ自体によって生み出されたものであることは明らかである。そしてその形態は、神学者がキリスト教の救済としては不十分であると主張しても、懐疑主義者がそのような信仰は失われたと言ったとしても、継続されてきた。このように〔リッチュル〕学派では、〔一方で〕歴史的なものの帰結、また〔他方で〕そのような歴史的な帰結を否定するような歴史を強調することで、ますます歴史について提起される問いと関わり、自らの基盤を歴史へと移し変えようとしている。まさに〔この学派〕のこのような試みから、本論で行われる研究の問題設定も生み出された。すなわちそれは〈古い自由主義神学への新たな回帰という現象〉同時に普遍的で、歴史的な思想とまじめに取り組んできた観念論的・進化論的弁証論の根本概念を、新たに、検証するという作業である。

［1a］−［1b］初版では「このような認識の」

［2］この後に以下の書き込みがある。「近年の最大の神学の学派」

［3a］−［3b］初版では「あらゆる共通性を拒否することによって、あらゆるものを学問的な宗教研究に引き渡してしまうことによって」

［4a］−［4b］初版では「宗教的認識の本質の創出」

第3章

〔歴史的相対性から価値規範性への転回をふまえての「絶対性」論〕

†

これまでのここでの諸検討の結果の主な点は、キリスト教が宗教の本質概念と合致しているということによって絶対的な宗教であるということを発展史的に証明しようと努力することには否定的にならざるを得ないということであった。〔このような結論を〕積極的に表現するとすれば、次のように言いえるであろう。すなわち、キリスト教は、歴史上のどの時代においても、他の大宗教と同様に、個別的・歴史的な現象が持つあらゆる制約をともなった、ひとつの純粋に歴史的な現象だ、ということである。それ故にキリスト教は、その歴史のあらゆる時代において、一般的に、認められている歴史学の方法によって研究されねばならない。そしてこの方法それ自体は、キリスト教の研究に対して実り豊かなものであることは明らかであるし、あらゆる歴史的なものの本質について自らがもつ普遍的な前提を、キリスト教それ自体に対して証明しようとする。具体的な事柄を前提することなしにある方法を対象に適応しようとすることは、支点なしに梃子の原理を利用するようなものである。しかしもし歴史学的方法という梃子がキリスト教の歴史の理解をより高度に発展させたとすれば、それによってこの梃子は普遍的な歴史学的な思考方法という支点の適切さをも証明したことになる。もしそのことによって「キリスト教は相対的な現象である」という言い方がなされたとしても、それに意義を唱えるべきではない。なぜなら、歴史的ということと、相対的ということとは同じことだからである。この命題を拒否できるのは、本能的に、あるいはまた意識的に、キリスト教の周りに、歴史学から身を守るための防護壁を築く人だけである。

　このような結論については何の疑いもない。そしてこの結論は驚くようなことではない。ただ、合理主義的、超自然主義的教義学というひどい思考方法だけが、「相対的」という言葉を、確かさのないもの、支えのないもの、目的のないものへの恐れと結びつけて考えるのである[1]。ここで必要なことは、「相対的」という概念が何を意味しているのか、そしてまたこの概念が価値基準の獲得の問題とどのように関係しているのか、ということである。〔それ故に〕私たちがこれまでに絶対的なものという概念について詳細に規定してきたように、〈ここでは〉まさに歴史的・相対的なものという概念、そしてこの概念と規範の獲得との関係について検討しなければならない〈1〉。

［1］この後に以下の書き込みがある。「彼岸における絶対性、レッシングと絶対的な真理」

ひとは、多くの場合、歴史的な思惟の不可避的な帰結は相対主義だと考えているように思われる。それによって、ひとは歴史というものを、ある特別な諸関係から、永続的ではない特殊性を生み出すことを繰り返し、歴史それ自体を全体像を概観できないほどの多様性の寄せ集めにしてしまっているように思われる。〔そのように考えてしまうのは次に述べるような〕三つのことが原因である。ひとつめは[1]、〔対象を〕細分化してしまう専門化ということである。専門化とはさまざまな個別的な現象をさらにより小さな部分へと解体し、それらをより詳細に研究しようとすることである。それによって、歴史研究が概観できないほどに小さな部分にこだわった記述となり、それはまさに、小さな相対性という波が激しく押し寄せる海のようなもので、それに歴史における主要な意味や目的が飲み込まれてしまって〔、見えなくされてしまっている〕。次に[2]〔ふたつめとして〕推論や解明における自然主義的な習慣をあげることができる。それはあらゆる現象を、先行する事柄と周囲の環境世界から必然的に生み出されたものであるかのように導き出そうとする試みである。あらゆる事柄はこれら二つのものと確かに結びついていると考えている。このような事柄の取り扱いは、観念論的な発展概念というハンドルから手をはなしてしまうやいなや、自らも終わりのない産出と解体の〔サイクル〕という休みなき海へと引きずり込まれるようになる。というのも、この産出と解体のサイクルは、まさに自然が生み出したもので、錯綜し、相互に従属し合っており、ごくまれに幸運な状況にあった場合には比較的長く持ちこたえて存在する場合もある程度のものである。[3]〈それ故にここには本当に「新しいもの」はないし、自然的に産みだされたものが自らを超えて行くこともないし、このようにして生み出された諸力が永遠的なものを買い取るということもない。〉三つめは[4]、見たことのない形成物と、その内的、外的前提を仮説として認知しようという歴史学的な認識にとって基本的な技巧である。それによってひとりの卓越した技量をもつ巨匠が、事柄を判断するための立場や基準を自由に変更することを可能にしたのである。このような変更が可能になる根拠は、歴史的なものは、それ自体からのみ理解され、判断されるべきだという考え方である。そうであるなら問題は、歴史的なものの中で正義は、ただ正しい人の上に太陽を昇らせるだけではなく、正しくない人のためにも太陽を輝かせるのであるが、他方でこの〔正しいとか正しくないという〕違いを歴史学は〈一般的には〉認識し得ないということなのである。それ故に、未成熟で、弱い意志の持ち主から見ると、歴史学というのは、さまざまな見慣れない個性を追体験するもの、ただひとつの特殊なものの放棄、懐疑や機知に富んだ遊戯、高慢な信仰を生み出したり信仰を喪失することと同じことを意味するようになった。

〔1〕この行の左側に以下の書き込みがある。「1.)」
〔2〕この行の左側に以下の書き込みがある。「2.)」
〔3〕この後に以下の書き込みがある。「第三に、個別的なものと因果条件との混同」
〔4〕この行の左側に以下の書き込みがある。「4.)」

しかし、これら三つのことは、歴史学的な思考と不可分な仕方で結びついているわけではない。むしろ歴史学的技巧の偉大な担い手たちによって、くりかえし拒絶されてきたものでもある。専門化した研究態度が[1]、目先のことしか気にしない研究になることを避けられないということはないし、もしひとが専門化した研究態度に留まるなら、現実の無意味化が増大するというわけでもない。それどころか、あらゆる歴史学は、個々の詳細な研究を、ただ手法として用いることにとどめているのであり、そのようなことをおこなうことを究極の目的だなどと考えているわけではない。事実、個々の詳細な研究は、大きなまとまりのある集団における人間の習慣化された行動を理解したり、指導的な地位を確立した諸民族を理解したり、また重要な文化圏とその文化圏から出た影響を理解するための手段となる。このようなことを理解するための研究がなされるためには、詳細になされた予備研究と卓越した歴史家の練達の技が必要となるが、まさにこのような研究こそが歴史学のただ一つの目標なのであり、また目標であり続けるであろう。このような練達の歴史家はまれな存在だし、自然科学における［アイザック・］ニュートンや［ヘルマン・フォン・］ヘルムホルツのような存在は歴史学には見いだせないという理由だけで、この説に反対することはできない。もちろん誰でもが現実の歴史について考え、それを叙述するということができるわけではない。最近では、誰でもいくらかの大学程度の教育に得ることで、ひとりの自立した歴史家であるかのような主張をする人がいるが、そのような考えはこの時代の病のひとつであろう。なぜなら、今日自ら歴史学と名のっている多くの者たちは、とても歴史学などと言えるものではなく、むしろそれは愛好家の趣味であり、歴史学というには程遠く、歴史学を立ち上げるための建築石材ではなく、それを積み上げるための漆喰に過ぎないような者たちである。また、単なる因果的・機械論的な類型化や解説を行い[2]、あらゆる内的なものは、それにもっとも密接な外的なものに依存していると主張すること、また歴史におけるあらゆる新しいものや創造的なものを拒否することは、歴史的な思考方法の本質からは程遠いものである。それはむしろただ普遍的な法則を探求する自然科学的な方法を歴史学に転用しているに過ぎないし、それによって歴史学において本質的なことが失われてしまうことになる。歴史学にとって本質的なこととは、その度ごとに与えられる諸力の影響によって生み出される個別的なもの、そして特殊なもののことであり、それは、他の何かから導き出されるようなものではなく、所与の出来事との関連の中で生じるものであり、歴史の超越的な深みの中から生み出される新しい創造物である。個々のものの個別的特殊性が弱い場合には、全体的な複合体は一様に同質的であるように思えるが、その場合でもこの複合体それ自体は何らかの特殊性をもったものであり、強力な個別的な性格を生み出した出発点に規定されているものである。また物理的な基質の影響、〈地理学的、〉人類学的[3]、経済的な諸関係が同質的な状態を生み出しているような場合であったとしても、歴史学的に重要なものとは、いつでもそれとまったく反対のものである民族や人間という特殊なものの帰結としての個別的なものだけである。そしてこのような反作用は、自然状態を克服するために持続的で倫理的な諸力を生み出すことによってますます重要な意味を持つようになる。歴史学において解明されねばならないこととは、組み立てと破壊を無限に繰り返す個々の諸力の集積ではなくて、自然的な必要性による形成物と並んで、人間の魂の深みにおいて形成される生の内容と理念なのである。この生の内容と理念は、〔歴史からの〕単なる産物ではなく、歴史的生の創造的な調整者のようなもので、この価値要求を自らの成立過程の因果的必然性に求めるのではなく、自らの真理性の上に根拠付けるべきものである。〈その場合そこでは、私たちは、ヘーゲル派の弁証法、あるいは奇跡についての理論にとってかわったアリストテレス主義の教会哲学よりも、まさに自然主義的なスコラ主義の強い影響のもとにあるということになる。〔歴史の解釈は〕歴史それ自体から引き出される。そしてさらに歴史的なものを超えて行く場合でも、それは認識論、あるいは認識論から構築される文化哲学と形而上学によってなされるのであって、それは自然科学からなされるのではない[〈2〉]。〉最後に[4]、〔歴史の現象の本質的前提となるものを〕仮説として自己移入すること、また歴史学による研究の公平さというものは、相対主義を目的のない、また無意味なものだと決めつける理由としてはもっとも不適切なものである。なぜならこの歴史現象の本質前提を仮説として体感すること、また歴史学の研究の公平性は、次のことを示しているからである。すなわち、全ての人間は〔全体としての大宇宙に対応する〕小宇宙なのであり、人間は小宇宙として、自らとは表面的には無関係と感じられるような状態の出来事が持つ意味や本質を何らかの類比によって追体験する能力を持っている。それが可能になるのは人類のさまざまな異なった価値形成には、同時に何らかの共通性があるからに他ならず、この共通性は内的必然性によって人類に対して、それらの異なった状況によって生み出された諸価値を相互に比較するように誘い、それによって得られた基準に基づいて、特定の個人にたいしてなす場合と同じように、歴史をひとつの基準に基づいて統一したり、判断しようとするからである。もしひとがこのような内的衝動をほとんど感じられないというのであれば、それは倫理的な諸力の衰弱か喪失、あるいはまた〔歴史的事実〕の統一的な目標を保証するような宗教的信仰への絶望感ということが起こっているに違いない。〔ヨーゼフ・アーネスト・〕ルナンとその弟子たちが、彼らの独特な歴史学的な考察方法を形成する前は、まさにとるに足らない、破産宣告を受けた神学者たちであったということは、このことと無関係ではない。

〔1〕この行の右側に以下の書き込みがある。「1.)について」
〔2〕この行の右側に以下の書き込みがある。「2.)について」
〔3〕この後に以下の書き込みがある。「物理学的」
〔4〕この行の右側に以下の書き込みがある。「3.)について」

相対性の思想に私たちが反発を感じてしまうこのような考え方が、相対性の思想と必然的な結び付きをもっているというわけではない。相対性の思想が意味していることは、あらゆる歴史的現象は、身近な影響力を持つものであっても、遠いところで影響力をもつものでも全体としての連関の中にある特殊で、個別的な形成物だということ、またこのような連関の故に個々の歴史的現象から、より広い関連への視野が開けてくるのだということ、そしてそのことの故に最終的には、全体ということが明らかになるということ、またこの全体的な視野によって価値判断と価値評価が可能になるということである。しかし相対性の思想は、これらの個別的な形成物が、共通な根源的方向性をもった価値であるだけではなく、それと同時に相互にぶつかり合う諸価値をもっていること、そしてこの諸価値のぶつかり合いによって、最終的に、内的真理と内的必然性によって基礎付けられた決定がもたらされる可能性を否定しないのである。その場合でも、歴史の中には、これらの諸価値が、それぞれの状況の特殊性から自由になっているような瞬間などは存在しないのであり、このような瞬間によって制約された形成を考えてこそ、価値に対する判断形成と価値の全体的な理解ということが可能となるのである。絶対的に、変化もなく、何らの時間的なものにも制約されていない価値というのは、一般的には、歴史の中には存在しないし、そのようなものは予感、あるいは信仰によってのみ到達可能な彼岸にだけ存在しているだけである。歴史学は規範的なものを排除しないし、歴史の本質的な働きは、まさに、規範を生み出すことであり、このような規範を全体との連関で理解するための戦いなのである。しかしこれらの規範と、全体との連関で統一されたものそれ自体は、その働きが認められるあらゆる瞬間においては、常に何らかの個別的なものであり、時間的な制約性のもとにおかれている。それは常に、状況の前方にあるもので、常に追い求めるべきものとして、まだ完全な仕方で実現してはおらず、また絶対的なものにはなっていないので目標であり続けている。〈相対主義か絶対主義という、あれか・これかの議論ではなく、両者の混和、すなわち相対的なものから、絶対的な目標へという方向付けがはっきりしてくるような混和こそが歴史の問題なのである。絶えず繰り返し新しくされる創造的な総合、それはまさに絶対的なものを、瞬間的にではあるが形成する可能性を与えるし、それだけではなく真実で、究極的で、普遍妥当性を持った価値へと接近したいという純粋な感情をも担い続けるものである。これこそがまさに取り扱われるべき問題であり、歴史の自然化によっても、専門家たちの懐疑的な態度によっても押しのけられたりしない問題である。そしてこの問題は事柄それ自体から直接生まれ出てくるものである。〉

歴史を叙述することから、歴史の中で発生する価値についての態度決定へと進もうとすることによって、明らかに、歴史学の叙述や、本来的な、狭義の意味における歴史学の限界を超えてゆくことになる。しかし、ひとが、他の別のものとの連関のために、思弁的・形而上学的な制約、あるいは教義学的・超自然的制約を〈まだ〉この意思決定に適応していないところでは、あらゆる価値評価と価値の序列化は、直接的に、歴史的な調査結果と結び付けられ、また歴史それ自体から生み出されることになる。その場合歴史の叙述それ自体も、まれなことではあるが、叙述全体の精神を規定する価値を自制することができていないという場合がある。それ故に重要なことは、この態度決定を、それと結びつく諸制約やそれに含まれている諸前提を理解するために必要な展望や解明に基づいて行うことである。それによって、歴史学それ自体から、歴史哲学的な全体把握と価値評価という歴史学にとってなくてはならない、また結論的な部分を形成する課題が生まれてくることになる。その際最初から必要になることは、精神的な運動の最高点ということを直接的に取り扱うことである。しかしここで問題となることは、比較ということなのである。ここでいう比較とは、歴史的地平の全体をその諸力に基づいて包括することによって、もちろん自然科学的な概念との類比による普遍的な法則概念を求めたりはしないが、共通な目標へと方向付けられた概念を探求することである。それは、人類の全体的な発展を見通すための試みではない。私たちが知っているのは常に単に断片的なものに過ぎないので、歴史を法則的に構成することは不可能であるのに、それを共通の目標という概念によって無理やり構成しようとすることを意味しているわけでもない。そうではなく、それは私たちが知りえる、また理解しえる最高の収穫物のことを意味している。このような収穫を私たちが、単に偶然に知るようになっただけではなく、素朴な状態から成長して、大きく発展させた唯一のものであると主張することには正当な理由がある。〈確かに、このよう見方には異議を述べたいと感じる人もいるであろう。この地上に人間が存在するようになってから、少なくとも数十万年を経過しているといわれているが、私たちはそのうちのただ六千、あるいは七千年〔の歴史〕を知っているに過ぎないのである。〔同様に〕人間がこの地上であとどれくらい存続し得るかということについても、十分に知っているわけではない。それなのに、このような問題を考える場合でも〔過去の歴史と〕同じような時間の単位で〔考えることは〕正当化され得るのであろうか。それに加えて〔かつてあったような〕極移動と密接に結びついて起こる気候の変化が氷河期をもたらし、それによって文化的な基盤が完全に変化してしまうというようなことも考えられないわけではない。それ故に私たちの歴史は先行するものを完全に排除してしまうことはできないし、私たちの伝統も再び破壊され得るという可能性も排除できないのである。それでも過去や将来について、私たちが完全には知り得ていないことによって、私たちが惑わされるということがあってはならない。私たちは議論を、私たちが知っている文化圏に限定すべきである。そしてこの文化圏の限定は、類概念と個別的な相違性との関係によって、人間は過去に登場した文化に対しても、これから生じることになるであろう文化に対しても、原理的には同じような方向性をもって行動するであろうと推測することを正当化してくれるのである。少なくとも、私たちは、私たちに固有の世界的な地平と、私たちによって多少なりとも知られている歴史の概観や分析を行うということは持続可能なことなのである。〉[1a]それ故に、歴史学から、精神的生の主要類型の概観や比較ということが生まれてきて、それによって相対主義に対する新しい、さらなる制約とが生まれてくるのである[1b]。

［1a］-［1b］にアンダーラインがあり、この行の右側に以下の書き込みがある。「NB！〔注意せよ〕」

この問題は、いくつかのことをもう少し取り扱うことによって、さらに明らかにされるであろう。

〔第一に〕[1]歴史的な相対主義が、このような価値の争いを際限なく続けるものであるかのように見なすのは大きな誤解である。まったく逆である。経験から明らかなことは、このような価値などというのはほとんど存在していないのであり、新しい精神的な目標の現実的な出現ということもめったにない。確かにただ低次の文化的な段階でのみ、際限のない多様性というものが存在する。しかしその場合でもそれらは外面的なものと形式の多様性に過ぎないのであって、実際にはまったく単調なものである。高次の段階になってはじめて、内的生の大いなる形成の力が現われ出るのであるが、このような段階にまで到達することは、ほとんど見られない。これまでにも人類に対して本当に何らかの新しいことを言いえた人というのは稀にしか存在しなかったし、人類が実際にはほんのわずかな思想によって生きてきた、ということには驚かざるを得ない。とりわけ宗教史においては、どれが究極的なものであるのかを決定する際に、考慮しなければならないほどに沢山の宗教的な諸力が存在しているというわけではなく、むしろいくつかの偉大な形成物が存在しているだけなのである。未開の諸民族の数々の宗教と多神教は、より高度の宗教的な諸価値についての問いにとっては何の意味ももたない。逆に、存在しているものの物質的、あるいは霊的本性のためにより高次の世界を形成する偉大な倫理的、精神的諸宗教というものはわずかしか存在していない。このような事情であるから、ここで取り扱うのは、共通の由来から生み出されたユダヤ教[2]、キリスト教、そしてイスラム教と、東洋の大宗教であるバラモン教、〈とりわけ〉仏教である[3][4]。それと並んで、歴史的な基盤との結びつきを切断した哲学的な試みである理性宗教を〈取りあげる〉ことができる。その基本類型というのはきわめて単純で、それは一元論的汎神論、二元論的神秘主義、そして道徳主義的有神論[5]ということであり、これらを取り上げれば十分であろう。〈その場合ここで取り扱うのは、プラトン主義と共にはじまる古代後期の偉大なる倫理的・宗教的思弁、インドの宗教哲学、そしてそれと同じようにこのような諸哲学の現代における再生である。〉しかしこれらの諸形態は、宗教史的な考察によって、さらにより単純化することができる。理性宗教は、いずれの場合でも、まさに歴史的・実定的宗教の派生形態に過ぎず、それがどれほどに思想的に繊細なものであったとして、決して強力で、独自な宗教的衝撃を他に与えるようなものではない。理性宗教からは、プラトニズムやストア派のように、新しい宗教的な高揚を生み出すきっかけのようなものが生み出されたし、現代の学問的営みに影響を与えた宗教性のように、主流派の宗教に修正をもたらすようなものをも生み出すことがあったとしても、そこからは宗教的な力も、宗教的な共同体も生まれてはこなかった。宗教における創造的な力というのは、ただ歴史的な諸宗教の具体的な形態の中でだけ躍動するものである。〔それ故に〕人類の宗教的諸価値についてのあらゆる態度決定ということについても、それは第一には、歴史的な諸宗教においてなされるべきである。〈すなわち古代後期の宗教哲学自体もまた今日に至るまでキリスト教と不可分な仕方で結びついてきたのであるし、インドの思弁も、バラモン教や仏教によって支えられてきたのである。あらゆる近代の哲学的諸宗教もこのようなモティーフの内部で活動してきたのであるし、それは新しい、宗教的理念や力を含んでいるわけではない。〉それ故に、実は、三つ、四つの偉大なる主要形態の宗教的生の啓示〔これらの諸形態はまさにそれらの宗教によって生み出された精神的文化全体の担い手でもあるのだが〉の戦いが残っているだけなのである。〈まさにそれ故にひとは次のように言うことが許されるであろう。すなわち、本質的には、預言者的＝キリスト教的＝プラトン的＝ストア的な理念世界と、仏教的＝東洋的な理念世界の戦いだけが問題なのである。〉

［1］この行の左側に以下の書き込みがある。「1.)」

［2］この後に以下の書き込みがあり、さらにこの行の左側にもう一度以下の書き込みがある。「1.)」

［3］この後に以下の書き込みがある。「2.)」

［4］この後に矢印があり、この行の左側に以下の書き込みがある。「古代の後期の哲学的宗教、プラトン主義、ストア派、新プラトン主義。しかし最終的にそれらはキリスト教が吸収した。キリスト教が宗教的な運動としての力を失うことなしに。最終的には、近代の哲学的教養宗教。それは、同じように宗教的には力を失ったものとなった。総じて、宗教は強力に民族的なものによって特徴付けられている。そしてそこでは、特有の宗教的諸力が表現されている。他方でそれは単なる適応、社会運動にすぎない。

［5］この後に以下の書き込みがある。「教養宗教も」


〈第二に〉[1]あらゆる歴史的現象の相対性の認識は、歴史における〈代表的な〉現象は、それらが具体的に意味をもっていた時代にだけ一時的に有効なもので、その後は次第に消えて行く運命にあるというものだということを認識することではない。学問的、国家的、芸術的、社会的、宗教的生の偉大な重要な遺産を永続的なものとして取り扱うことを否定することはできない。しかし、特定の状態に規定された中で誕生したこれらのものは、いつまでも個別的形態としてのみ存続しえるのである。〔歴史の〕無限の発展を主張する立場、あるいは無限の変化の理論というのは、何によっても根拠付けることができない偏見に基づくものである。それは、現実の統一性と意味についての宗教的信仰だけではなく、歴史の超越論的な背景としての形而上学的な思想についても、それは幻想にすぎないと考え、放棄してしまった人々だけが信じているようなものにすぎない。歴史的な思想は、自らすすんでこのようなニヒリズムに追随するようなものではない。むしろそれとは逆に、このような方法による事柄の取り扱いからは、〔一方で〕これまでの歴史は、偉大な内容をほんのわずかに生み出したにすぎず、このわずかなものが、いかに広く、また強力にこの地上を支配したかということを明らかにしてくれるし、〔他方で〕将来において今までになかったような想定外の生産力が突然に生じるなどということもあり得ないということが明らかになる。またひとは、このような取り扱いによってより歴史の中の高度な段階への上昇が起こったあとには、しばらくは均衡状態とその思想の拡大が続くということ、また〈私たちの文化が一般的な意味で連続性をもっているとすれば〉将来には、既存の諸力との戦い、衝突、そしてその結果生じる形成や成熟ということが起こるであろうと予想するに違いない。ここでこそ、最高の価値の勝利ということが取り扱われるのであり、最終的にはあらゆる現実を、このような思想に組み込むということが問題となる。これは倫理的、宗教的な信仰で、ひとは常にこのように判断するのである。この倫理的、宗教的な信仰は、学問的な構想力によっては判断することができない終わりについての表象〔すなわち終末の問題〕を常に含んでいる。そしてこの信仰の確信は、歴史的な相対主義の成果などは何も恐れないのである。〈歴史の中で人間が生物学的な意味での確固たる種となったように、人間の精神的な本質も、その基本的な特徴が明らかになったのである。それ故にこれまでは予想もしていなかった超人の出現を待望することなどできないのである。〉

〔1〕この行の右側に以下の書き込みがある。「2.)」

最後に〔1〕、歴史的思考は、精神的な生の偉大な価値や内容を相互に比較すること、またそれをひとつの価値基準によって判断すること、またひとつの共通の目標という理念に従属させることを排除してはいない。この目標は、〔一方で〕歴史のこれ以上には変わることのない完成という超越的な目標であるにもかかわらず、他方で、歴史の内部で、歴史的諸前提と状況に適応した方法によって、より高次の生の内容へと上昇してゆくさまざまな段階でも明らかにされる。そしてこのさまざまな段階で明らかにされた啓示内容は、一方でその明快さ、力、深さに関して相互に測定され、比較されるが、他方でそれは神から示されるより高次で、超現世的な生をも開示する。この比較を〔一方で〕あらゆる高等宗教の中で生きている神信仰それ自体が要求するのである。

しかしこの比較は、〔他方で〕歴史的思惟の本質にも属しており、経験によっても推測可能なものでもある。歴史的思惟は、あらゆる歴史的な形態の中に何らかの理念が表現されていることを私たち自身が必ず見出すことができるとは限らず、また私たちが、それを追体験することによって自ら感知することができるわけではなく、対象の本質的な前提を常に仮説として実感しようするものであることを明らかにする。それ故に歴史的思惟は私たちがこのような能力をふつうは持っていないと考える。しかし私たちの経験が示していることは、実際にこの点について言えば、生の問題について、歴史的な諸展開とその帰結から知り得る現実だけではなく、それと同時に、指導的な宗教者によって明らかにされた、似たような現実問題についての解決とが両方存在するということである。さまざまなところで、超感覚的で、超現世的な目標をもった生の基盤に光があてられ、それらが単純に目の前に存在している自然的生の現実との闘いを挑んでいるのである。両者の違いはどこにあるのかといえば、個別的、歴史的な諸条件を除けば、ただ明らかにされる高次の生の深さ、力、そして明晰さという点だけである。〔しかしその場合でも〕この違いを評価することができる基準というのは、明らかに、どこからか、ア・プリオリに演繹さえ得るような宗教的な理論ではないし、これらの宗教的な形成物に事実上共通している類概念というわけでもない。純粋理性から引き出されるような出発点というのは、今日的な思惟においては失われてしまっている。それ故に、実際共通しているものを抽出しようとする類概念は、いたるところに見出される低次の諸特徴を集約するだけであって、全体に対する本体的で、際立った特徴を生み出すことはない。この基準は、ただ理念の相互に自由な戦いによって、初めて生み出されえるのである。偉大なる人間的な戦いを共になしながら、このさまざまな戦いの中で生み出される諸形態を仮説として追体験することによって、この基準は、実践的にも、人格的にも〈いつも新しく〉獲得され〈、体験され〉ねばならないのである。〈この基準は、もはや固有の文化圏を支配している理念の自明性、すなわち直接的に、神的なものと見なされるような理念の自明性の中には見出されない。そのようなものは、ただ中世が知っていただけである。この基準は、個別的なものを強制的に放棄させ、人間であれば生まれながらに持っているはずの共通な認識を生み出そうとする、時間も、歴史も失った自発的な理性の中にも見出されない。そのような考え方はこの基準の啓蒙主義的な理解である。今日では、宇宙が、くめども尽きせぬ生命の運動それ自体と理解されているように、この基準も、生の運動それ自体の中で展望され、それと共に生きることによって理解され、また歴史の偉大な方向性に自らの焦点も合わせることによって理解される。この基準は、それ自体、何よりもまず、特殊な、歴史的状況の産物なのであり、それ以後の歴史的な進行を生み出すための道具なのであり、その規則が歴史の諸過程を規定し、それを止めたり、完成させたりするような理念ではないのである。〉[2]この基準は、宗教が発展することによって、人格的で、始源における啓示の意義が増大し、個々の宗教的生産性の意義が減少するような場合には、私たちは、もはやその基準を歴史的な諸宗教から自立したものとは考えることができなくなり、それは歴史的諸宗教の中で〈より自由な自己形成を続けることによって〉決定されねばならない何らかのものだと考えざるを得なくなる。そのためのこの基準は、もっとも強力で、もっとも深い宗教が生み出し、他の宗教は、何らかの特別に印象深いものをそこから引き出して、自らに付け加えることでそれを作り上げる。この基準は歴史的・実定的宗教の中にこそその根を持っている。歴史的思惟はそれを比較する。このような比較によって、比較がなされる前まではその宗教の表面を強く支配していた、本来的ではないものを退けることを学び、その背後に退けられていたものをより強調するということを学ぶべきである。その場合、明らかにこの基準は、人格的な確信に属する事柄であり、究極的で主観的な事柄である。相互に戦い合う歴史的な価値の中から、何かを決断するための基準はこれ以外の方法では獲得しえない。それ故にこの基準それ自体は、比較と吟味によって獲得される人格的で、倫理的・宗教的確信である。それまで自明のこととされていた精神的な類型による素朴な支配が破壊されてしまい、さまざまな歴史的な諸力が、過去を思い出して構想上の戦いを始めたり、実際的な衝突を起こすようになってしまったような場合には、他の決断の方法は不可能である。この基準は、その客観的な根拠を、宗教についての注意深い観察、偏見のない感覚、良心的な評価に持っている。しかしその基準による究極的な決断は、主観的で人格的である内的な確信にある。それ故に、いいかげんな知ったかぶりをする者なら誰でもこのような仕事をすることができるというわけではなく、広く、豊かな知識を、とくにまじめな倫理性と敬虔さとに結び付けて取り扱うことができる思想家だけがそれをなし得るのである。だから全ての人がこの問題をさらに提起し、そして解決する必要はないのであり、この問題を、実際に、深く、また鋭く感じることができ、倫理的にまじめにこの問題の解決と取り組めるひとだけにそれは求められている。そのような人が試みる解決に内在している内的真理と必然性は、他の人にも説得力をもって理解されるであろう。それ故にこのような決断は、純粋な理論として、数人のヨーロッパの学者や思想家の頭の中でだけ取り扱い得るものではなく、諸宗教についてのたえず拡大してゆく範囲と実践的な戦いの中で勝ち取られるべきものなのである。そしてその場合、この理念が適切であるという判断は、実践によって実証されねばならない。それ故に、この基準は、まったく主体的なものであるのだが、古くからの、支配的な主要類型の単なる一般化によって偶然生み出された基準ではない。確かに人は、つねに自分の頭の中で新しい世界を構築し、それを評価することができるが、そのような仕方である特定の個人が生み出す数限りない種類のアイディアのことでもない。そのような考えは、生の問題についての従来のあらゆる解決は誤ったものだったので、個々人は、新たに、可能な限りにそれとは異なった、正反対の形態の中に、事柄の価値を見出さねばならないという考え方と同じくらい誤ったものである。あるいはまた、そのような考えは、自立という偉大なる理念に対する病的で、超個人主義的な誤解であり、それは、これまで理念的な力によって崇高な活動を続けてきた世界が、公平性の要求によって、突然生命力を失ってしまい、切れてしまいそうな手綱しか残されていないような世界になってしまうとか、あるいは頼りにならないカオス状態になってしまうかもしれないという予想が、正しい判断だとは言えないとの同じくらい誤ったものである。それに対して、歴史的思惟の本質というのは、歴史学を営むことによって得られる価値という私たちを支える岩盤を明らかな仕方で示し、その諸連関を概観するということにこそある。そして〔このような岩盤の上で〕さらに独自に築かれねばならないさらなる形成物とは、感情的な流砂によって、あらゆるものを押し流してしまおうというような安易な考え、すなわち、過去に存在したあらゆるもの、また過去に信じられていたあらゆることとは正反対の結論を引き出そうという、既存のものを軽々しく否定してしまうような安易さではなくて、より強い内的な力と自由に基づくものでなければならない。

〔1〕この行の左側に以下の書き込みがある。「3.)」

〔2〕この後に矢印で頁の下を指示したうえで、以下のような書き込みがある。「このような、それ自体実際にはまずア・プリオリには構成されない歴史的・個別的な創造物として生み出される理念の影響の程度について、たとえば〔ヴィルヘルム・フォン・〕フンボルトの場合について、〔エドゥアルト・〕シュプランガーの著作〔Eduard Spranger, *Wilhelm von Humboldt und die Humanitätsidee*, Berlin 1909〕四五〇頁以下。同時にこれとはまったく逆の経験論的な諸前提、すなわち〔ウィリアム・〕ジェームズがいうような、それ自体が歴史において、意志という基準によって引き出される理念の影響については以下の著作の一〇八～一〇九頁、三～三四頁〔William James, *Der Wille zum Glaube und andere popularphilosophische Essays*. Ins Deutsche übertragen von Dr. Th. Lorenz. Mit einem Geleitwort von Professor Dr. Fr. Paulsen, Stuttgart 1899.（『信ずる意志』）〕。この点は、先験主義と経験主義の中に見出されねばならない。

ところで〔1〕、もし比較によって判断基準が形成されるというのであれば、まさにそのこと自体が、宗教の伝統を比較することが可能なのだということ、そしてまさに比較されるものに内在する共通性と普遍妥当性とそれら比較されるものが何らかの関連をもっているのだということを明らかにしている。しかしこの共通性は、事実上の一致によって描き出されるような普遍概念ではなく、より限定された、歴史的な生に共通する法則というような意味でもないし、より高次の宗教的・倫理的思想形成に内在する法則でもない。そうではなくむしろ重要な問題というのは、その度ごとに前方へと目を向けさせるような目標であり、理想である。その目標も理想も、あらゆる生の形式の中に、個別的な性格をもつものとして現実化している姿を見出すことはできるが、どのような生の形式の中にも、完全な仕方では存在しておらず、むしろ最終的な目標の現実化の途上にある、もっとも最終的な目標に近いものとして認識されている。同時に並べてみて、また同時に比較することによって、このような目標に至るための基本線があぶり出され、さまざまな〔歴史における〕形成物が自分だけではなく相互に相手をも明らかにすることになる。しかしこれらの基本線が収斂してゆく方向は、〔全人類の歴史〕の前方に置かれている普遍妥当性をもった、規範的な目標を明らかに示している。そしてこの目標の本質は、それぞれ個別的にどのような方向性に向かっていようとも認識され得るものである。またさまざまなところで認識され得る理念によって実現化の可能性の強弱について判断することもできる。しかしこの目標は、全体としては、また完全したものとしては、歴史の彼岸に存在しているのであり、歴史の中では、ただ制約されたものとして、あるいは個別的な断片として把握されるだけなのである。前方に置かれている最終的な精神的目標の把握の仕方がそれぞれに異なるので、必然的に、そこにより高次の生の啓示の明晰さと強さの程度に基づいた段階分けということが起こるのである。そしてまたそこから、この目標へと向かう衝動が、原理的には、最終的で、究極的な啓示へと私たちを導いてゆくであろうという期待を生み出すのである。〔段階分けによって生じた〕これらの個々の新しい段階は、確かに、〔一方で〕歴史的な〔制約を受けた〕ものではあるが、〔他方で〕精神的な目標の何らかの実現であり、新しい段階に至っていなければならない。〈そのかぎりでこれは〔レーオポルト・フォン・〕ランケがしばしば言うように、神と直結しているのである。〉しかし、それぞれの段階は、同時に、それ以後のさらなる段階へと発展して行くために必要な原理的な基盤を提供しているのであり、重要なことは、その基盤の上で人類がそこへと向かおうとしている目標をより広く、より深く把握し、明らかにするという課題が、たとえ個別的で、一時的なものであるとしてもなされ続けるということである。〈このような歴史哲学は、明らかに、最終的には、究極的な終わりについての問い、そしてこの終わりに対する個別的なものの参与についての問い、すなわち現世的な歴史の彼岸という思想なしには答えることができないような問いへと私たちを導くことになる。この問いについては、確かに私たちがそれぞれに多くを語ることもできるし、逆にほとんど何も語ることを知らないような問題でもある。それ故に、この問いの一般的

な取り扱いとしては、個々人が、現在から将来の中で推論や要請として取り扱うということに留まらざるを得ない。〉

［1］この行の左側に以下の書き込みがある。「4.）」

これまでの検討によって私たちは［1］、これまで探求してきた規範的であり、普遍妥当性をもった概念に到達したのかもしれない。それは同時にひとつの共通な概念であり、〈その意味では絶対的な概念にも〉到達したということなのかもしれない。しかしそれは、人間によって現実化された普遍性ではなく、むしろ歴史の中ではくりかえしさまざまな仕方で強力に、そして明瞭な仕方で出現するのであるが、常に前方に置かれている目標として出現する概念である。このような目標は、確かに共通なものをもっているのであるが、個別的・歴史的な方法によってしか現実には把握され得ないものである。この目標は、歴史の中にあるあらゆる現象を、すべて一つの基本線へと収斂させることでまとめるので、大変強力な仕方で明らかにされるが、歴史の中では完全なものとしては出現しえず、それは常に、新しい形態を必要とする原理的な明晰性としてだけ見出され得るものである。この目標は、ひとつの共通の目標であるが、現象についての法則でも普遍概念でもない。この目標は、ひとつの原理的な方向性による究極的な突破を必要としているが、それはなお絶対的な仕方では実現していない。〈またこの究極的な突破は、それがどれほど小さな、一回限りのものであるとしても概念的必然には制約されておらず、むしろ、突破することによって生じる諸力が結び合わされて目標をめざそうとするものである。〉この目標は、宗教の問題に適応される場合には、一般的には、人間的なものとして、実現可能な、〈そして〉あらゆるものを表現し得るような宗教の「概念」として把握されることはなく、むしろ、その基本線と概要については認識し得るが、そのすべての内容は、つねに超越的な目標としてしか、しかも歴史の中では個別的なものとしての制約を常に受けることになるようなものとしてしか把握されない。

［1］この行の右側に以下の書き込みがある。「5.)」

規範的なもの、そして普遍妥当性をもったものを、心理学的、認識論的に取り扱うと、さしあたりは、それが人類の前方に置かれた価値ある目標という概念であるかのように思われるかもしれない。しかしこのような仕方で導き出された目標というのは、それ自体としては、ひとつのより高次の現実として、あるいは単に心的な生から生み出される精神的・人格的な現実として、すなわち内的な人間に基礎付けられた無限の価値に拠り所をもつ現実として、人間には隠されているものに過ぎない。このような現実は、目標設定という考えの中に、あるいは人間の前へと向かうように駆り立てる不安や憧れの中に、そして単なる自然的な世界と対峙する際の生産的な諸力の中にだけある。このような思想は、形而上学的転回を求める〈。〉すなわちこの思想は、現実の精神的な核と関わるものであり、それと一緒になって、私たちが前方へと向かおうとする衝動を引き起こす超感覚的な実在へと向かうことを、人間の目標、すべての目標設定や諸力を用いて尋ねることを要求しているのである。より高次の精神的生の出現、突破、そして啓示は、自然の中にある所与のものとは反対の方向へと向かおうとする力に基づいている。この力は、さまざまな側面をもっており、あるところではより明瞭に、より深く、また別のところではより弱く、また曖昧な仕方でこの目標へと向かって努力して。そして最終的にはそれを全体的に把握できるような集約的な表現を見出し、それによってどのような知識にも、どのようなファンタジーにもよらない方法で私たちを目標へと向かわせるのである。これが発展思想の常に変わらない核になっている。発展思想はこのような意味においては、単に精神的な生へのさまざまな信仰の要請であるだけではなく、部分的には、明らかに既に示された経験的な事実を含んでいる。もちろん、このような目標に関する思想を、生産的な因果性の法則と同一視することは放棄されねばならないし、また絶対者の現実化を、〈現実の〉段階的な変化に基づく〈経験的〉系列から割り出そうとし、〈歴史学的に証明可能だと主張される〉諸概念から引き出そうとする試みもまた放棄しなければならない。〈また法則によってこれらの諸段階を割り出すことができるという説、あるいはそのような弁証論はきっぱりと放棄しなければならない。〉同様に、現象の中に理念が純粋に、また余すことなく出現しているのだという説も放棄されねばならない。なぜなら、このような説に従うならば、あらゆる個別的で、一時的な形態は、純粋に絶対的な思想を強力に隠蔽し、他方でそれを表現しているものとも理解されてしまうからである。そしてこの単なる逆説〈に過ぎない〉ものが、現実化の進展のプロセスにとって本質的なものになってしまうからである。〈実在的なものが汎論理的であり、一元論的だということがここで主張されるべきではない。〉なぜなら普遍妥当性が、全実在を生み出す法則ではないように、発展もまた、単なる理念の現実化の一過程ではないからである。それどころか、発展というのは、絶対的な精神的目標に向けられた諸力がさまざまな仕方で相互に出現してくる場所のことである。〈それ故に、〉これらの諸力は、自らがもつさまざまな豊かな内容を、まず自らに固有の領域においてこそ発展させる。さらにその次に、これらの諸力は相互的な接触を引き起こす。そしてこのような自由な精神的・倫理的な出会いを経験する中で、ひとは価値には段階があるのだということに気が付き、最終的に、それを結び付け、歴史哲学による秩序化を行い、判断の基盤を得ようとするのである。その場合でもこれらの諸力は、一時的で、制約された、個別的な現象であり、結局は理念内容を純粋に普遍的な概念として作り上げることはできない。従ってこれらの諸力は、常に新しく展開される状況の中で、その状況に応じて理念の内容を個別的なものとして形成し、〈その度ごとに、純粋に自然的な状態、偶然性をともなう状況、理念に対する憎悪に基づく反対などを考慮に入れて考えねばならないまったく個別的な形成物である。〉それ故に、もしそこにあらゆる宗教的な伝統に適応できるような原理的な進展があるのだとしても、それもまた、ひとつの個別的な歴史的出来事に過ぎない。なぜならそのような出来事において、自らの理念内容をその最初の形式や連関との関係を断ち切ろうとする時には、必ず再び個別的な連関に理念内容を引き込むことになるからである。〈ひとは確かに、際限のない、豊かで、そして活発な現実の全体から、個別的なものの諸側面を抽出することができるし、そこにある一般的な法則をもった何らかの要素を自然法則として取り出し、さらにこのような法則の網の目の中で生み出される質的、歴史的形成物を個別的なものとして取り出すこともできる。しかしひとは、これらを総合的に把握して、それを有機的な発展の全体として抽出すること、またこの全体の中で、発展の必然性、価値の段階付けまでも、この全体の統一的な法則から抽出することはできない。〔ゲオルク・ヴィルヘルム・フリードリヒ・〕ヘーゲルの影響のもとに、今日でもなお便利に使われているこの種の思想は、どのような形式であってもそれをもはや使うことはできない。発展概念というのは、ひとつの直観であり、また予感に留まる。しかし学問は、〔一方で〕ただ個別的なものから個別的なものへの因果関係を確立するものであるが、他方で、価値基準を形成するための諸条件を構成することもできる。そしてこのように構成された価値基準は、歴史的な要素による創造物なのであり、将来においてこの運動を持続するための手段である。この価値基準は、発展全体の法則からは確かなものとして取り出すことができない。それどころか逆に、この法則の予感も、現在の状況から形成される基準によって規定されている。〉

　このようなものとして理解された発展概念の使用において[1]、宗教史は、さらにひとつの特別な立場にある。(3) 国家、社会、芸術、学問のような文化内容は、本性的、主体的な欲望から生まれるだけではなく、その欲望によってひとつの新しいより高次の価値を明らかにし、それ自体が妥当性を持つ客観的な価値や理念を示している。そしてこれらの文化内容は、それによって、より高次の精神的な現実との関連の中で、世界の根拠と諸連関を明らかにしている。その意味ではこの文化内容も常に宗教的な要素をその中に含んでいるのであるが、それ自体は、永遠に変化するものであり、常に新しい関係を創造する自然的な現実性と結びついているのであり、そのことを通して根本的な思想はまったく単純であるにもかかわらず、常に、新しい複雑な問題に直面させられている。これに対して宗教、すなわち本来的な意味での狭義の宗教というのは、宗教的な体験によって神的なものへと高められるので、文化内容とは逆に、永遠で、持続的なものへと向けられており、それ故にあらゆる文化に対して相対的な緊張関係の中にある。そのために文化の方でも、宗教の中に、自らの究極的な前提と最後の砦を見出し、それ故に、直接的で、内的で、この世の現実性や人間的な行為によって必ずしも直観できるとは限らない神的なものの現臨にも参与することになるのである。宗教的な思想は、そのもっとも単純な形態においては、このような神的なものの直接的、内的な現臨やあらゆる精神的な生の永遠で持続的な基盤との関係の中にあるので、生のこのような意味での複雑さと単純さの形態が、激しい動揺や、さまざまな啓示によって危険にさらされるなどということはあり得ない。文化の内容のあらゆる主要な方向性でさえもどちらかといえば単純なもので、恒常的で、あまり変化のないものであるとすれば、ましてや宗教的な思想や宗教的な諸力というのは、ごく限られた偉大なる啓示においてしか明らかにされなかったのである。それ故に、宗教的な思想や諸力の原理的な意味は、人間の歴史が上昇して行くような時に啓示されるのであり、歴史が大きく波立つような時代に、任意の、おそらく認知されていないような地点で啓示されたのではない、という予想は当たっている。私たちは次のように言うことができるであろう。私たちが重要な文化の内容を創出しようとするその試みは、際限のない作業であることを自覚していなければならない。それに対して宗教に関していうならば、宗教はその原理的な内容が既に私たちに啓示されているし、宗教はその体系化が既になされているので、私たちが精神的な生の連関性と統一性を獲得しようとする場合でも、そのような期待を、先入観にとらわれた、素朴な議論だとみなされることはない。精神的な活動の高貴な主題が、歴史が上昇して行くような時に獲得されるように、宗教的な思想も、より高度な態度で思想の原理的明瞭性を獲得しようという期待か、やはり〔歴史が〕上昇してゆくような時に生まれる。それ故に宗教的な思想のほんのわずかな偉大なる突破によって期待されていることは、さまざまな種類の目標もないお遊びのようなものではなく、もっとも純粋で、もっとも深い[2a]神思想[2b]の勝利ということなのである[3]。


［1］この行の左側に以下の書き込みがある。「7.)」

［2a］–［2b］「神思想」は、初版では「目的思想」

［3］この後に以下の書き込みがある。「2.)この点でまったく一致できるものとしては以下を参照のこと。

〔Eduard〕Zeller, *Die Annahme einer Perfektibilität des Christentums, historisch und dogmatisch untersucht,* 〔in: ders., Eduard Zellers Kleine Schriften, unter Mitwirkung von H. Diels und K. Holl hg. von Otto Leuze, Bd.3, S.1-46〕の四五頁に次のように言われている。「キリスト教は、たとえ私たちが後にそれと同じようなものと出会うとしても、少なくとも私たちの時代においては、もっとも高次の宗教的な真理を保持している。それどころか、たとえ人類の発展が無限に続くのだとしてもこのような前提それ自体は変えることはできない。……また次のことが可能でなければならない。何らかの目標点においては、歴史のそれぞれの段階では十分に明らかにされていなかったがそれらを規定していた歴史の原理が明らかになる。そしてこの原理は、世界史の終わりに至って初めてその必要性が求められているのではない。それどころかその独自性は、精神的な生の原理の自然な展開によって、その特徴の普遍的な形態を比較的早い時期に獲得していたし、歴史の中で、意識のさまざまな形態は長い間変わらずにたもたれていたし、まさにより深い生の形態の中でこの原理は発展してきたのである。それ故にこのような歴史のもっとも遠くにある特徴に規定された原理は、もっとも最終的に出現するのを待たねばならないわけではないのである。」このような解釈のための諸前提は四三頁。「もし宗教における本質的なものが、理論的に教えられるものではなく、気質や特徴としての無媒介的な精神的生の要請であるのなら、宗教的意識、あるいは宗教についての客観的意識の性質は、相互に同質なものに依存しないということはありえない。しかし表象や思想の領域におけるさまざまな変化が、固有の宗教的領域内部から引き出されるものに依存してないということもあり得ない。この点についても〔Hermann〕Süskind,〔*Christentum und Geschichte bei*〕*Schleiermacher.*〔*Die geschichtsphilosophischen Grundlagen der Schleiermacheren Theologie, Teil 1: Die Absolutheit des Christentums und die Religionsphilosophie,* Tübingen 1911〕の一八八頁以下。」

しかし[1]、宗教史の現実が教えていることは、このような神思想の勝利それ自体を、何らかの宗教についての学問的な見方の中に、あるいは折衷化とでもいうべき、単に共通なものを抽象することで、個別的なものとの違いを見過ごしてしまうような宗教の普遍概念に求めることではなく、歴史的で、実定的で、宗教的な諸力と諸啓示の中に探求することである。文化においてさえ、偉大なる、新しい開示というのはまれなことであり、偉大なる根本的な方向性が示されることによって、個別的なもののニュアンスはより強くなるが、個々人の創造的行為は減少してしまうように、このような現象は宗教においてこそ、しばしば起こる。[4] 歴史が上昇するときには、個々人の宗教的な諸力の創造性は常に減少してゆく。なぜなら、〔その時〕宗教的な理念はより深く、強力なものとなり、個々人の宗教的な行動は、ますます偉大なる啓示を受け入れ、それに従うという方向へと傾き、個々人の宗教性が、単なるムードとか思想的なニュアンスのようなものになってしまうからである。あらゆる高等宗教における、宗教性の疲弊と衰退、あるいは解放への憧れや熱心さを回復しようという願望は、宗教のより高次の目標と諸力の負の側面なのであり、この事実が示していることは、高等宗教においてはもはや個々人が持続的に宗教的な諸力や思想を生み出せなくなっているということである。それ故に、歴史が上昇することによって、一般の精神的、文化的状態から、特別に宗教的な生がますます明確に分離するようになる。そしてその後エネルギーに満ちた、宗教的なものに特化した人物が、さまざまな宗教的諸力の源泉として出現し、それらの人々によって偉大なる宗教的な運動への尽きることのない力が生み出される。このことを、近代の相対主義者、そして個人主義者は明らかに見誤っている。相対主義者も個人主義者も、今日に至るまでのさまざまな宗教的な欺瞞が暴露されたことによって、人々が〔実際の宗教団体に所属するのではなく〕書物やパンフレットによって自らの宗教性を満足させようとようとするような時代が到来したと思い込んでいるのである。このような時代には、個々人は最終的には、歴史的な相対主義を利用しようとする。この歴史的相対主義はようやく発見されたばかりのもので、それによって自分で固有の宗教性を捏造したり、でっちあげたりすることもできる。しかしこのようなことをする人々こそ歴史が私たちに教えていることを理解しなかったのである。というのも歴史が私たちに示していることは、まさに高度に発展した宗教は、事柄の内的な根拠からして、歴史的なもの、実定的なものとの結びつきを持続しているのであり、その結びつきを破壊してしまうのではなく、[2a]むしろそれを拡大したり、分派を生み出したりして、形成を持続する[2b]方向へと進んで行くということである。使い古されていない、素朴なものでありながら、同時に偉大なる理念に満ちた深みをもって民衆の前に出現する、[3a]いわゆる「新しい宗教」は、確かに私たちの文化世界によって生み出されるようなものではないし、ましてやその本性上、ますます多様化してゆく私たちの学問の力によってそのようなことが起こるということもあり得ない。それ故に私たちは、既存の偉大な宗教的な諸力に頼らざるをえないのである。私たちは、一方において、この宗教的な諸力を懐疑、アナーキー、同時に自然主義的な無神論という文明病から守り、他方において、この諸力を新しい知性の地平に位置付け、その都度新しい倫理的・社会的課題に適応させてゆかねばならないのである(5)[3b]。

［1］この行の左側に以下の書き込みがある。「8.）」
［2a］-［2b］初版では「入念な考察と評価」
［3a］-［3b］初版では「宗教についての学問的な研究は、偉大な宗教的諸啓示の理解と評価に留まり続ける。すなわち、それによって宗教のさらなる歴史的展開へと接続させるために、私たちが超越的な目標へもっとも接近し得るものとしての諸啓示の評価であり続けるべきである。」

歴史学についてのこのような見立ては、私たちを次のような考察へと導くことになる。このような考察は明らかに歴史哲学であり、その点では厳密な意味での学問ではない。しかし単に精密な科学だけを学問というのではない。もしそうであるならば、学問というのは、数学と自然科学、〈あるいは厳格に心理学的な動機をもった歴史記述〉に限定しなければならなくなってしまう。〈内的生〉にとってもっとも重要な課題というのはむしろ次のような領域で見出される。すなわち、内的生というのは、そこではどのような場合でも実践的、主体的な価値付けや態度決定が相互に働いているので、既に述べたような意味での正確さ、あるいは厳格さを受け容れない領域でこそ見出されるのである。あるいは内的生は、このような意味での価値付けや態度決定が相互に機能することを排除して、自然科学的な方法や、〈あるいは精密で、歴史学的な方法〉を採用しようとすると、一方では、矛盾に陥ったり、他方で、日常性を超えてなされる認識を拒否することにならざるを得ないような領域において見出されるのである。しかしこの領域は、学問的な反省を放棄しようとするような実践に委ねられているわけでもない。なぜならこの実践自体は、長い間、学問的なものの影響のもとにあったのだが、学問から取り込んだものを無秩序に不徹底な仕方で使用するようになったために、素朴な偏見と懐疑に満ちた混乱状態の間で〈いったりきたりすることになってしまっているのである〉。そのために、可能な限り、歴史的な現実経験を包括的に把握し、それによって、慎重な比較と熟慮によって規範を獲得しようとする学問的な探求だけが残されることになった。歴史学の課題というのは、規範を押し通すというようなものではなく、規範が生み出されるための基盤のことである。歴史学的に記述され、また影響力を持つようになる規範というのは、すぐに有効なものとして、人々に容認され得るような規範ではなく、私たちがそこから有効な規範を発展させることになる原理の啓示のことである。次の二つの命題はいずれも歴史哲学の前提に属することであり、またそこから他の全てのものが生まれることになる歴史哲学の基盤を構成する主体的要素である。まず第一に人間的な精神が、〔人間に〕義務を課す、より高次な現実の規範に聞き従うということを容認するという意味で、一般的な規範に関する事柄についても態度決定すべきである。第二に啓示されるあらゆる規範は、最終的には、絶対的な必然性と価値に満ちたものである究極的に統一された思想の中で明らかになるのだけれども、それは歴史についての最終的な思想としては永遠に超越しているが〈、〉目的や理念としてはなお前方に位置付けられて成就していないものであり続ける。歴史というのは個別的なもの、一回的な領域のものなので、歴史学は固有の学問領域を持っている。しかし、この個別的、一回的なものの中に、〈さらに〉同時に、その度ごとに普遍妥当性をもったものが、あるいは普遍妥当性と関連したものが、そこで開示される。この両方の要素を常に相互に正しい関係の中に位置付けることは、難しい問題である。啓蒙主義が目を向けたものは、普遍的なもの、価値あるものであった。ドイツ観念論は、その詩的深まりと公平さによって、多様性ということに注目した。そしてそのドイツ観念論は、この多様性を彼らの形而上学的発展理論によって克服しようとしたのであるが、〔結局は〕〈今日の〉際限のない相対主義の扉を開いてしまった。おそらく啓蒙主義の〔歴史〕理解の方が、近代の歴史学の顕微鏡的な感覚よりも、より人間的なエートスの根源的な衝動により一層寄り添っており、歴史の主要な方向性を正しくみているに違いない。それにもかかわらず、近代の歴史学の諸発見は、私たちに、深く、豊かで、そして生き生きとした世界を、啓蒙主義の歴史記述よりも、より真実な仕方で、しかも生き生きとさせるような方法で再び示してくれたのである。それ故に近代の歴史学は、相対的で、個人的なものの領域をさらに厳密に規定することで、むしろ歴史の中で目的論的に働く普遍妥当性の認識を重視するようになった。それによって私たちが見たことは、相対的なものの中に、無制約的なものが暗示されているということ、そしてまた相対的なものの中に、歴史の彼岸にある絶対的なものが開示されているということであった。〈〔だからこそヨハン・ヴォルフガング・〕ゲーテは〔彼の『箴言』の中で〕次のように述べたのである。〉

「汝よ、理念の国に入るな。」
それどころか、私はその国の彼岸を知っている。
その島を占領することはできないと思う者であっても、
その島のほとりに錨を下ろすことならできるのである。〔5〕

第4章

〔歴史学的思惟によってキリスト教を価値ある最高の宗教として容認することができるのか〕

〈私たちのこのような対象についての取り扱いから与えられる結論を引き出してみよう。〉

†

歴史的な思惟方法は、キリスト教を、私たちにとって価値ある高次の宗教的真理として、すなわち宗教的信仰に基礎付けられた価値体系がそれによって組織化される高次の宗教的真理として容認することを排除したりはしない。〈このような言い方で結論は定式化されることになる。〉しかしそれでも次のような本来的な問いが〈まさに〉そこから引き続き残ることになるのである。すなわち[1a]逆に、歴史学的な思惟方法には、キリスト教を〈私たちにとって価値ある最高の宗教的理念世界と生活世界として〉、積極的に容認することが含まれているのか[1b]という問いである。これは実践的には決定的な問題であるが、そのことをここではさらに解明することが重要な課題となる。

［1a］－［1b］初版では「キリスト教のこのような取り扱いは、私たちにとって宗教的に十分なものたり

得るのか。」

この〔1〕問いへの答えは〔2〕、既に詳細に論じてきたとおり、事柄としては、人格的な確信の問題である。もちろん明らかにこのような確信は〔3〕、キリスト教だけを特別扱いするような考察からは生じないし、予め決定されているようなキリスト教に対する絶対視から生じるものでもなく、仮説的に追感された価値の比較に基づく展望と、内部の徹底的な研究によってはじめて生まれてくる。キリスト教を特別視し、絶対視する研究では、出来事の証言としては正しく、また実践的にも多くの点で満足できる確信を得ることができるに違いないが、しかしそのような確信では、一般的精神状況から生じる諸問題や、複雑で困難な現実の諸問題を取り扱うことができない。このような確信が、究極的な根拠に基づいているのだとしても、それは信仰の告白に過ぎない。そのためこのような確信は、数学の方法が証明した真理だけを認めたり、具体的に存在しているとしても、それが経験内容を超えてしまうようなものを、曖昧なファンタジー、あるいは利己的な幻想として取り扱う人々によって攻撃され、失笑をかうことになるであろう。しかし〔聖書の言葉であるが〕この世の子らに攻撃されたり、失笑をかわないような宗教的確信というのは一般には存在しないのであり、もしそんなものが存在しているというのであればそれは宗教的には浅はかなものということになる。もちろん、このようなことをする人々が学問的な思惟を占領してしまっているというわけではなく、このような人々の思惟では、実在性の一部が見過ごされてしまっているだけなのである。それでもこのような人々であっても、彼らが実際に持っている確信よりも、さらに大きな対象、より透明度が高く、またより十分な自己充足性を認識することができるはずである。信仰の告白は、既に述べたような、学問的意識や思考とよりよい折り合いをつけることができるはずである[4]。このような事柄について、決断することができるのは、内的生に基づいた信仰の告白の大いなる高揚に基づく追憶と追感以外のものではあり得ない。


［1］この行の左側に以下の書き込みがある。「I」

［2］この後に以下の書き込みがある。「最初に」

［3］この行の左側に以下の書き込みがある。「決断の確信という特性、学問的な演繹ではない。」

［4］この後に以下の書き込みがある。「信仰の告白に由来していなくても」


私の考えでは[1]、現在の宗教的な危機についてのさまざまな解決の難しい批判や問いに対しては、キリスト教のまったく穏やかで、喜びに満ちた信仰告白が答えられ得るだけである[2]。〈もっとそのことが可能になるのは、私たちがキリスト教の歴史現象の全体を理解している場合だけである。このような歴史的全体的現象としてのキリスト教というのは、イスラエルの預言者たち、イエスの説教、パウロの神秘主義、またプラトン主義やストアの観念論、ヨーロッパ的文化内容の宗教的思想としての中世的融合、〔マルティン・〕ルターのゲルマン的個人主義、プロテスタンティズムの良心と行動性のことである。このことは、私たちの文化全体の可能性と内的本質連関の豊かさを意味しているし、〔一方では〕もはやこれに付け加わるような何らかの宗教的な新しい創造が生じることはほとんどあり得ないのだということ、そして他方では将来には、多くの新しい総合の可能性があり得るのだということを意味している。(1)〉

［1］この行の左側に以下の書き込みがある。「いわゆる「キリスト教的なものを際立たせている」規定」

［2］この後に以下の書き込みがある。「後者については、キリスト教のまったく豊かな意義とキリスト教の単純な根本理念からただちに理解される。」「比較といわゆる普遍的な発展的な運動への回帰。」「まず何よりも、単純な比較。そこでは詩的・神話的、教義学的な装いの背後にある倫理的で宗教的理念が相互に対立して存在している。このような比較は、ただ次のような方法によってだけ可能になる。すなわち、普遍的で、無時間的で、現在的で、宗教的な理念を廃止し、神学的・神話的装いの背後にある直観によるときだけ可能になる。このような方法をとることは、まさに歴史的な思惟それ自体を学ぶことでもある。そして私たちに、本質的に、そして特別に、一回的で、教義学的な神話ではなく、宗教における根本的なものとして位置付けられている理念、あるいは宗教的なものを形成する理念を認識させるのである。しかしそれによって私たちが十分に理解すべき実践的な問題が単純化されてしまう。」

より低次の段階にあるアニミズムや多神教というのは、宗教的な問題の実践的な解決にとっては何の役にもたたない。アニミズムと多神教は、宗教的なものの起源についての問い、そして宗教を心理学的な方法によって解明することができるかどうかという問いに関して学問的な意味をもっている。最初の問いについては、私たちとは関係のない問題であるし、一般的には答えることができない問題である。第二の問いについては、ここではもう解決済みの問題だと言ってよいであろう。その意味は、〔心理学的な方法による〕曖昧で、不明瞭な宗教についての分析によって、高次で、特徴ある段階の宗教に見出される分析不可能なものについて批判的に取り扱うとすることは、思い違いもはなはだしいことであり、誤りだということである。他方で高次の多神教というのは、そこから出現した偉大なる世界宗教[1a]と哲学的・合理的宗教批判[1b]の歴史的理解のために重要な意味をもっている。しかし直接、実際に比較することが必要となるのは、彼岸における宗教的な財に基づく超現世的な世界が、明瞭な仕方でこの世において意識される世界に介入してくる偉大なる世界宗教だけである。このような世界宗教は、まさに宗教と、国家、血、そして大地との自然的な結びつきを、また自然的な力や自然的な現象と、神的なものとの結合を断絶する。このような宗教においてこそ、高次の、精神的、永遠的な世界が、この世において意識される世界と〔一方で〕結びつきつつ、〔他方で〕対立するものとして出現し、それによって、この世のあらゆるものを、十分に自らにひきつける力がこのような宗教からこそ生まれてくることになる。

[1a]-[1b] 改訂第二版では消去され、この行の右側に以下の書き込みがある。「一方でこのような制約を克服することによって生じ、他方でそれはその中で持続する。」

これらの世界宗教のうち、律法宗教[1]としての傾向が強いものは、深みへと向かう力が弱い。というのも律法宗教は、両方の世界〔すなわち彼岸と此岸〕とを並べて、人間の魂の本性のうちに働いている力に傾注することで、より高次の段階へと上昇しようとするものだからである。救済宗教[2]こそが、はじめて、この両方の世界の断絶を完成させ、この目の前にある現実全体からも、人間に固有の魂の本性からも人間を内的に解放し、神の力で満たすのである。そして救済宗教はそのことによって、人間を人間に固有の魂の本性やこの現実全体とも対峙させ、それによってこの世を克服すること、さらにはもっとも価値ある善を行うことを確かに示し、人間がより高次な世界に生きるために勝利と生命力とを与えるのである。ユダヤ教とイスラム教、すなわちイスラエルの預言者的宗教から生み出されたこの二つの宗教は、その主たる点において律法宗教であり、そこでは本性的なものと個別的なものとの結びつきが完全には克服されていない。救済宗教においては、本来的には預言者宗教に基づいてはいるが、キリスト教を見れば明らかな通り、核心部分ではそれは克服されている。〈すなわち〉キリスト教においては、神と人間の魂は完全に、また原理的に世界から分離されているし、両者は、人間本性を形成し、さらにそれを克服し、無制約的な価値を現実化する人格性という領域の中へと高められている。そしてキリスト教においては、世界の深淵から生み出される必然的で、その都度の出来事によって自らを現実化する、無限の価値によって、あらゆる存在するもの、所与のものは克服される。〈これと並ぶものとしては、インドの救済宗教の諸類型がある。それは多くの点で新プラトン主義と、古代後期のさまざまな教養宗教の集合体であるいわゆるグノーシス主義に似ている。インドの救済宗教の諸類型では、神性の思想は、自然宗教という古い基盤から生み出されており、既に文化的多神教においては到達していた倫理化や人格化に反撃を加えている。すなわち神性は純粋で、至高の存在であり、最高位の世界秩序であるが、この世の営みは、穢れており、有限なものなのである。それ故に救済というのは、この世の営みの破棄であり、純粋な存在の中にあらゆる人格的なものが解消されてゆくことである。そのためこの宗教では、人格的なものの存在と価値は、宗教的な感情にとって問題とはならない。〉

［1］この行の右側に以下の書き込みがある。「ユダヤ教とイスラム教、ストア派」
［2］この行の右側に以下の書き込みがある。「キリスト教、仏教、新プラトン主義」

律法宗教［1］、〈すなわちユダヤ教やイスラム教〉も、約束という点では救済宗教とつながっているし、高次の多神教からも、救済についての神秘的な要求や告知というものが持ち込まれている。しかし律法という基盤の上では、救済は、つねに、自ら生み出す魂の本性の働きに拘束されている。また起源的な自然宗教という基盤の上では、救済のためにはたらく神的なものは、つねに物体的な存在であり、それは［人間の］魂を世界から切り離し、世界と対峙させる生き生きとした力も影響力ももっていないだけではなく、むしろ人間が自らなす魂の自己放棄と思考的努力の中で、非人格的で、永遠で、ただそれ自体として存在しているものとして、あるいはまた所与のものや事実性の究極的な抽象物として把握されねばならないようなものに過ぎない。このような状態は、キリスト教が登場する前段階のプラトン的な救済理念や怪しげな混合宗教的な救済理念との関係を示しているだけではなく、インド的な救済宗教とキリスト教との関係を規定しても いる。これらの諸宗教は、預言者的な宗教が示している救済理念である人格的な生の経験というものを経ていない。実際にはブラフマニズム的な無世界論と仏教的な静寂主義は、自然宗教の基盤の上で、宗教的で、倫理的な自己神化が弁証論的な批判と結びつくことによって生み出された救済理念のふたつの形態に過ぎないのである。そこでは、神性は絶対的な一者、永遠なもの、そして普遍的なものであるのに対して、あらゆる痛みや喜びと結びつくこの世のあらゆる有限なもの、また過ぎ去り行くものはただ仮象に過ぎないものとされている。そして同時に神を知ることが世界からの解脱である。神と魂は融合してひとつとなり、絶対に分裂することのない統一体になる。あるいはまたこの神性は、完全に、世界の経過の単なる秩序、世界の背後に立つ祝福された無になってしまう。そしてこの無へと導くものは、思弁ではなく、あらゆる有限的なものは仮象的なもので、本質がないということを認識すること、そして訓練に基づく意志の制御である。それはいずれの場合も、自己と世界の克服のための倫理的思想であり、また仮象的な世界に対する真の世界の対立という宗教的な感覚によって支配されている。神性は、一方で、存在するものの究極的な抽象物、すなわち、むきだしの一者である。それ故に〔この宗教では〕瞑想と禁欲による自己救済だけが人間を救う。他方で、この神性は、結局は単なる秩序であり、運命に過ぎない。それ故に〔この宗教では〕意志の制御と正しい認識によってそのような秩序や運命からの自己救済が可能になるのであり、救済はそれによって自らが固有の無の中に受け入れられることによって完結する。しかしここには、〔彼岸と此岸という〕ふたつの世界の対立があるので、より高次の世界の真理、諸力、生ということが欠落してしまっている。それ故にこの高次の世界は人間をこの世から切り離し、人間を変えるということはできず、救済は、ただ悟りをひらいた人だけが、まったく個人的な修行や本性的な魂の力に傾注することによって試みることができるものなのである。

〔1〕この行の左側に以下の書き込みがある。「イスラム教、ユダヤ教、プラトン主義」

これらの大宗教の中で、キリスト教は[1]、[2a]人格的な宗教性[2b]をもっとも強調し、また集約的に啓示している宗教である。もちろんそれ以上のものであるかもしれない。この点でキリスト教はまったく固有の立場を得ているのではないか。[3]なぜならただキリスト教だけが、高次の世界と低次の世界の断絶をあらゆる点で徹底化させたからである。行動や内的必然性に規定されたより高次の世界よって、具体的に出来事として与えられ、この世にもたらされている現実性を超える〔より高次の世界という〕建物をその上に増築し、このより高次の世界によって、低次の世界を変化させ、最後には、低次の世界を高めることになった。すなわちキリスト教は、この世とそこにおける過ちに巻き込まれてしまった魂を、そこへと到来する神の愛と結びつけることで救済する能力を人々に与えたのである。この点でキリスト教は、自然宗教の限界や制約性から完全に切り離された唯一の宗教であり、高次の世界を究極的に価値のあるものとして提示し、あらゆるものをまず何にもまして制約し、形成する人格的生というものを示した宗教なのである。キリスト教はその意味でこの世を否定する。もっともその場合でも、キリスト教は、この世を自然的なものが覆うようになったり、悪が力をもって支配するようになった場合に限って、この世を拒否する。またキリスト教はこの世を肯定するが、それは神と敬虔な人々によって、この世は神に由来し、神に帰るものだということが感じられている場合においてだけである。そしてこの否定と肯定とがひとつに結び付けられることによって、キリスト教では、他の宗教では決して経験され得ないような力と自立性の中にある真により高次の世界がもたらされるのである。

〔1〕この行の右側に以下の書き込みがある。「3.）これに特別な位置」
〔2a〕–〔2b〕は、初版では「宗教的な力」。それは削除され、この行の左側に以下の書き込みがある。「人格主義」
〔3〕この後に以下の書き込みがある。「NB！〔注意せよ〕」

〈救済には、超越的な存在や非存在について瞑想することで救済されるという考えと、信仰的な信頼によって神の人格性、生けるものすべての適切な価値の根拠に参与するという考えとが存在しているのであるが、どちらかを選ばねばならない。その場合その選択は、宗教的な自己意識に基づく決断であり、学問的な証明によるものではない。より深遠な人生の深みとより高度な人生の目標は、人格的な宗教のほうに見出される。〉

〔人格的な〕[1]宗教の方を選択することによって、事柄の本質からして、具体的な世界像の構成に関する困難な問題を引き受けねばならなくなる。さらに言えばこの決断は、純粋に、宗教的な確信に基づく事柄である〈が、しかし他方でこの決断は恣意的なものに過ぎないという見方を回避するための普遍的な根拠を欠いているわけではないということを証明しなければならなくなる。〉宗教史的な考察が明らかに〈示していることは〉、キリスト教は、単に原理的に特殊な立場にあるというわけではない、ということである。もし私たちが諸宗教のことを思い浮かべながら、それぞれの宗教に啓示された諸力を検証し、それぞれの確信の内的必然性に導かれて至るより高次で深い段階について語ろうとするならば、そこに共通の目標への萌芽や、隠されていた意味などを見出すことができるであろうし、そこに向けてすべてを総合的に解釈することができるようになるであろう。このことは、これまでの考察において、基準ということについて詳細に論じた際に、宗教史の発展の理念について述べたことと深く関係している。つまり私たちは、すべての大宗教の中に、経験的に、似たような根本思想や、諸力、あるいは衝動を見出す。そしてこれらの諸宗教の内的活動が積極的に追求する方向や、もっとも深いところに働く宗教的力の何らかの共通性というものを見出す。しかしこの共通性は、あらゆるところで見出され、時には大変強力な仕方で現われるのだが、次の瞬間には再び厚い壁によって遮断され見えなくなってしまう。このような中でより高次の宗教的な生を働かせているものは次の四つの思想群である。すなわち、神、世界、魂、そしてこれらのものとの関係の中で実現化されるより高次の、超現世的な生、すなわち超越的な世界である。確かにこれらのものは、何らかの影響力や高尚さを示すことによって普遍的な文化を前提にしているのであるが、学問的な省察を経た概念とはまれにしか結びつかない、その意味では特別に宗教的な思想である。これらの個々の諸思想それ自体においても、またその相互の関係においても明らかに示されていることは、ここで追求されている目標はキリスト教において完全な仕方でその自立性と力を得たということである。神概念には、つねに、統一化、精神化、倫理化、そしてこの世のさまざまなものや魂と対立する傾向が含まれる。また世界と魂についての概念は、相互に鋭く対立するだけではなく、神についての概念とも対立する。しかしこのような対立が深刻化する中で、同時にこのような対立を意識的な世界の彼岸で克服しようとするより高次の生の感覚、すなわち救済への参与という考えが生じてくる。さまざまな場所に出現し、その度ごとに強力な宗教的な力として告知されるこのような感覚は、キリスト教以外［の宗教］では、神を自然的存在や自然的働きの中で始源的なものとして具象化することによって、あるいは人間を帰依や倫理的行動があってこそ人間となるのだと考えるのではなく、人間はただ人間に過ぎないと理解することによって、阻害され、また妨害されている。律法宗教は、神的な精神的意志を告知する。しかし律法宗教は、人間の本性それ自体によって世界を克服させようとする。〈キリスト教以外の〉救済宗教は、世界と人間を神の実在の中にすっかり解消してしまっている。それによって神の本質の中にある内容や積極的な意味は逆に失われてしまっているのである。しかしただキリスト教だけが、自然宗教的な感覚の残滓を克服しているのであり、生ける神性を啓示した。すなわち、キリスト教だけがあらゆるただそのままに存在するものに対して働きかけ、魂をただそのままに存在するものから分離させ、さらにそのようにして分離されたものを自らと結びつけ、それによって魂に安らぎを与え、慰め、さらに過ちや反逆からその魂を清め、この世界に、純粋に人格的な価値の国、〈あるいは神の国〉を建設するために働かせる生ける神性を啓示したのである。(2)

［1］この行の左側に以下の書き込みがある。「4.）集約点と収斂点」

キリスト教は、単に宗教の頂点にあるだけではなく、宗教のあらゆる認識可能な発展方向の収斂点として取り扱われねばならない。それ故に、キリスト教は、〔他宗教との〕比較においては、中心的な統合点として、原理的には新しい生の開示をもたらしたものとして取り扱われねばならない。それが宗教についての普遍的なものとして創出された概念の現実化と同じ意味ではないことを、もう一度ここで繰り返し語る必要はないであろう。そうではなくて、キリスト教は、まさにその特殊性において、また宗教としての目標を〈そこから〉まさに新しく決定的に規定する[1]という特性をもっていることにおいて、頂点に立つのである。しかしそれと同時に忘れられてはならないことは、この最高度の、もっとも単純な、そしてもっとも強力な宗教的生の啓示は歴史的な事実であり、また歴史的な現象としてはあらゆる個別的で、暫定的なものとしての制約を〈も〉受けているということである。またキリスト教は、この地上においてどのような形態をとる可能性があるのだとしても、この制約を受け続けることも忘れられてはならない。それ故に、キリスト教は常に究極的な頂点であり続けねばならないとか、キリスト教を凌駕するようなものはあり得ないのだということを決定的に確かなことだと証明することなどはできない。それ故にひとがキリスト教の中に人間的な本質のもっとも深い要求を満たすものを見出したとしても、大部分はたしかにキリスト教が人々に気づかせた要求なのであるが、より高次の他の啓示がさらにより深い要求を明らかにするという可能性を決して排除することはできない。これまでのところは、実際には「キリスト教を」凌駕するものについて語る可能性はほとんどなかったし、それどころか、最高度の宗教的な力は、ただキリスト教からだけ獲得しなければならなかったのだとしても、そのことから「キリスト教が今後もそのようなものであり続けるということの」確かさの証明を引き出すことはできない。ここにおいて証明は中断されるのであり、そこにあるのはもはやキリスト教それ自体の信仰の確かさだけである。すなわち、そのように考えられる場合には、そこには新しいより高度な宗教が誕生するなどということは絶対に信じられないという確信、あるいはキリスト教自体が実際には、従来の諸段階に対する新しい段階として原理上は登場したように、あらゆる生の拡大や深化もこれまでキリスト教という基盤の上でなされてきたということを信じる信仰の確かさが存在しているだけなのである。それ故にキリスト教が、人類の内的生がさらに発展し得る最高度の水準にまで高められた宗教であるということは、その信仰によって確認される。しかし私たちは、キリスト教をひとつの絶対的で、もう変化しない、完成した真理としてみなすことはできないし、またそのようなものとして取り扱う必要もない。そのようなことをしないということは、歴史的思惟が要求するだけではなく、キリスト教それ自体からも求められているのである。なぜなら、キリスト教に固有の、中心的な根本思想は、キリスト教は確かに神的生への関与をもっとも明らかに示しているということを確信させ、その確信に力を与えてくれるのであるが、絶対的な真理は将来においてはじめてもたらされるものなのであり、それは神の審判がなされ、この世の時間が止まる時に起こるものだからである。キリスト教に固有な考え方によれば、絶対的なものというのは歴史の彼岸にあり、それはキリスト教それ自体においてはまだなおさまざまな仕方で隠された真理としてのみ存在しているのである[2]。

［1］この行の右側に以下の書き込みがある。「5.）個人的、歴史的・具体的形態の主張」
［2］この後に以下の書き込みがある。「それはまさにキリスト教の歴史的な具体的形態それ自体が持って

いるものであり、歴史の中でそのようなキリスト教的な理念の諸形態は神話や儀礼などに対して、その特性を少しずつ明らかにしてきたのである。またそれはストア派や新プラトニズムから引き出されてきたものであり、またそれらとの結びつきによって普遍的、理念的、倫理的、宗教的な形態を明らかにすること、またよりはっきりと提示することを学び、また定式化することを学んだのである。近代の哲学との関係の中で、さらに、倫理的・宗教的理念を概念化することを徹底させ、歴史的偶然性によってそれはよりはっきりと提示されるようになった。そして仏教との討論を通して、また現代の汎神論、さらには現代の宗教的主要理念との討論によってさまざまに規定されてきた。(改行)キリスト教の将来は、近代の理念世界との討論、そして東洋的な諸宗教との討論と深く結びついている。キリスト教の根本的な特徴が、その主要な点で、これらのものの影響を受けるようになるであろう。すなわち、倫理的な意志としての神と神の恩寵、創造主の世界との断絶、神的な愛の意志と結びついた倫理的意志の交わりと罪の関係、神において創造者の意志と結びつくことによる愛の交わりにおける罪と罪の赦しの問題、彼岸における絶対性の完成という問題などがそれである。自由と恩寵の宗教、自由による恩寵、恩寵による自由、これは理念が生み出すもの、しかしそれは現在的な意識の状況によって条件付けられている。すなわち現代の歴史的・個別的な形態に条件付けられている。特に問題であり、急務なことは、次の世代にはこの問題は存在しなくなっており、さらに後になればまったく異なったものになってしまっているかもしれない。それ故に次のことは明らかなことである。すなわち歴史哲学的に理解され、解明されたキリスト教の理念、それは現代においては強調され、そしてそれが「キリスト教の本質」についての議論と結び付けられるということは明らかなことであろう。そしてより神秘主義的な形態が人々の心を魅惑するようになるであろう。なぜならこの神秘主義的な形態は、宗教的意識一般がもつ思考の欲求とよりよく対応しており、それは明らかにひとつの歴史的な形態だからである。」

〈もし一度このようなことの可能性について考察してみるとするならば、その時には、ギリシア・ローマ的、キリスト教的、ヨーロッパ的な文明自体が再び野蛮〔な状態〕に逆行する可能性についても考えてみなければならないであろう。それは、確かに今日のような形態のキリスト教、すなわちイエスの人格とその他のあらゆる歴史的な出来事との基盤を結びつけて考えるような形態のキリスト教の終焉を意味することになるであろう。しかしそれによってキリスト教の人格主義的な救済思想の真理性と価値がもはや用済みのものになってしまうなどということはないだろう。もしひとが、人類はさらに長く何世紀にもわたって存在してゆくのだということを考えるならば、他の歴史的形態の中に、人格主義的な救済宗教が、古きものの残滓の中から再び生み出されるか、あるいはそれ自体まったく新しいものとして形成されるかはわからないが、いずれにしても再帰するということも考えねばならないであろう。これは極端な可能性なのであるが、しかしひとはそのことから目を背けてはならないであろう。さまざまな懐疑や不確かさの残滓を完全に破壊するためには、ひとはこのことに目を向けねばならない。私たちは、このような可能性があるにもかかわらず、人格的な救済宗教として存在しているキリスト教が、既に何か用済みになってしまったとか、もうこのような宗教は克服されてしまったのだとか、これは没落へと既に運命づけられているのだとみなす理由をもっているわけではない。

第5章〔1〕

〔歴史学的に引き出された「絶対性」の主張は信仰をもつ者にとって十分なものであり得るのか〕

†

次に私たちにとってのもうひとつの主要な問いについての結論を引き出してみたい。

預言者とイエスによって基礎がすえられ、聖書の中にその基礎の古典的な主要証言がきちんと保有され、ギリシア・ローマの古代文化とゲルマン文化との融合の中に、計り知れないほどに豊かに発展してきた人格主義的な救済宗教としてのキリスト教は、私たちが知っている宗教的な生活世界の中ではもっとも高次で、首尾一貫したものである。このような意味でもっとも真実な生は、考えられ得る今後のさらなる発展のどのような場合においても、同じように真実な生であり続けるであろうし、このような発展の中に飲み込まれ埋没することはあるかもしれないが、滅ぼされてしまうようなことはないであろう。あるいは、もし文化的な発展と精神的な発展が中断したり、後退してゆく可能性があることを考えねばならないのだとしても、それと同じ程度の可能性として、その場合でも真実な生が新たに出現し、それが従来知られていたキリスト教と同じ形態で開始されることを期待しなければならないであろう。

これが私たちの状況なのであり、ただこのような状況の中でだけ「キリスト教の絶対性」は主張され得るのである。このような考え方は現在における絶対的な決断と、判断をそこから引き出すことになる歴史的・相対的発展構造との結合に基づくものである。キリスト教の絶対性は、キリスト教自体を他から特別に分離させた上で、そこに絶対的で奇跡的なものを見出そうとするような仕方でその信憑性を確認することはできないし、このような発展構造の中から確実な証明を取り出したり、確かな法則を読み取ることができるものでもない。確かに対象に対するこの二つの考え方は何らかの正しさを含んでいるが、どちらもそれだけでは十分だとは言えず、両者は相互に助け合うことが必要である。このようなことの帰結として与えられる「絶対性」こそが、最高の価値や完全な真理の方向を目指してきたことの帰結として与えられる確かさに他ならない。

ということは、さらなる問いがここから生じることになる。それはこのような意味での「絶対性」は、〔逆に〕敬虔で、神を求め、神への信仰を告白する人々を、満足させられるのか、という問いである。このような解決を必要とする問いが存在しているのだということを意識していない人は、もちろんこのような問いと取り組む必要はない。このような人は、古いタイプの確信のための手段を持ち続けるであろうし、この問いに悩まされることもない。また、このような人にとっては、この確信は、教会という大きな組織をうまく御し、それを作り上げるために十分なものかという問い、あるいはこの確信が、ひとつの素朴であるが明瞭で、しかし大変不寛容で、決して妥協しない絶対性をともなう真理概念を要求していないか、ということも問題にはならない。

確かに後者のようなものが存在していることは事実である。たしかに既に教会は形成され、堅固なものとして存在しているが、このような宗教的生の入れ物が、今とはまったく異なった文化をもった時代に一度形成されてしまえばあとはそれを維持すればよいというわけではなく、教会を形成するために必要な情熱や厳格なドグマは、永遠に保持し続けねばならないというわけでもない。それ故に、まさに、「絶対性」の議論は、素朴に現代的な感覚と考え方をもった敬虔な者たち、とりわけギムナジウムや大学、さまざまな文献や生活体験を通して、近代文化のあらゆる問題の中にどっぷりと浸かってしまっている宗教家や神学者にとって、彼の仕事のための喜ばしい基盤として役に立つのかどうかということが問題なのである。宗教家や神学者は、彼ら自身がなす宗教的、倫理的な宣教活動、魂への配慮、教育という彼らにとって永遠に終ることのない、しかし栄光に満ちた彼らの天職のために役立つ力を手に入れるために、彼らを常に不安に陥れることになる〔キリスト教的な真理の〕弁証の確かさという心配から解放してくれるようなゆるがぬ確かさと喜びを必要としている。もちろん彼ら自身はこのような弁証論を説教すべきではない。また彼らはこのような基盤の上に成り立つどのような弁証論も説教の中で利用すべきではない。そうではなく、彼らは、具体的に感銘を与えるようなただひとつのもの、すなわち素朴で確信に満ちた力をもって、人間に対して自由に働きかけることができればよいのである。しかしそのような確信を引き出すことはここから〔、すなわちこのような絶対性の概念から〕可能であろうか。〉

[1a]この問いについても、確信をもって答える必要があるだろう[1b]。〔それが本章の課題である。〕

［1a］-［1b］初版では「それによって私たちは既にこの第二の問いについても取り扱ったのである。」
またこの行の左側に以下の書き込みがある。「II」

信仰深い人は真実を求め[1]、実際に神を見出そうとし、実際に神の啓示、神の告知にしがみつこうとする。ところで、この敬虔な人はそのために絶対的な宗教、すなわち宗教の本質や概念は完全にそこで見出され、さまざまな異変や不正とは無縁で、歴史的な制約を越えた神を認識させる絶対的な宗教を必要としているのだろうか。もしひとが絶対的な宗教という明らかにもう使い古され、適切さを失いかけ、色褪せてしまったこの言葉が、究極的なものへと到達し、もはや〔他の何かによっても〕凌駕されることはないような高次の宗教的な認識を意味しているのだと考えているとするなら、そのひとは彼自身の敬虔さを満たすために必要とした絶対性、すなわちこのようにして到達した神認識は、後世の誰によってももはや凌駕され得ないものだと確信しているのであろうか。このような要求は、生の限界や諸制約を素通りして、あまりにも早く、また素朴に完成された結論を想定してしまっていないだろうか。そのことによって、真理探究のための研究、戦い、努力などを放棄してしまうという人間の本性からくる早急さが前面に押し出されてはいないだろうか。本当に敬虔な人々は、むしろこのような早急さを拒否するのではないだろうか。彼らは、むしろ、子どものように無邪気な決着を気軽に受け入れ、それで満足するようなことはしないし、自らに固有の魂の苦しみ、自らの成長や力によってこの世の生の深淵に分け入ろうとする。実際の生き生きとした宗教的な諸力は、これらの具体的な歴史的な連関と歴史的考え方によって経験されねばならないのだということを知るときにはじめて、生き生きとした宗教的諸力は、完全に、そして確かなものとして実感されるのである。それ故にこのような性急さは、単純な不安、あるいは内的な不確実さを引き出すだけなのではないだろうか。ひとがなによりも必要とするものは、具体的に内的な確かさ、すなわち神との出会い、神に従い、彼の耳に響いたもっとも明瞭で、もっとも単純で、もっとも感化されたものに従い、さらに今後どのようにさらに進んでゆけばよいのかということについては神に委ねるという従順さではないだろうか。もしそうであるなら、ひとは次に、おそらく自らの生における真理として内的に感じたこと、またそのようなものとして確信したものが、永遠に真理ではないものになってしまわないということを確かめたいと思うのではないだろうか。もし〈少なくとも私たちの視野が届き、知り合える限りにおいては〉イエスにおける神の啓示を超える、より高次なものには到来しないのだということが単にひとつの信仰に過ぎないのであるとすれば、それはひとを不安に陥れることではないだろうか。[2a]確かにこの問いは、蓋然性の域を出ない命題に過ぎない。しかし[2b]この蓋然性に対して、お高くとまって蔑視したり、激しく馬鹿にするだけでよいのだろうか。なぜなら、私たちの認識は不明確で混乱しているので、精神の存在とその勝利を確かなものだと私たちに感じさせるものは、常に限られた部分的経験や体験だという意味では、それらはいつでも蓋然性に基づく判断に過ぎないからである。それ故に、どんなに大胆に弁証論的な性格をもった宗教理論であっても、神がこのような奇跡的な力やさまざまな介入をなすのだということを、今信じていること以上に主張することはできない。なぜならまさにそれは直観的で、蓋然的な判断の領域を出ないものだからである。

［1］この行の左側に以下の書き込みがある。「真理、しかし絶対的な真理ではなく」
［2a］–［2b］初版では「そしてそれは蓋然性を超えてゆくことになるのであろうか。そして」

〈このような表現をすることで、明らかに、私たちは学問的な言語から宗教的な言語へと移行してしまっている。すなわち普遍的な概念、法則、必然性による学問的基礎付けから、私たちの生や感情にとっての宗教的な思想の直接的な価値についての宗教的なとらえ方へと移行してしまっている。私たちはそれによって説教調の響きや黙想的な雰囲気をかもし出すことになってしまっている。しかし今私たちが取り扱っているのはそのようなものに他ならない。「学問性」というものを熱狂的に、無防備に受け入れ、自らの確信や価値を、確かさがあるかに見えるだけの学問的な命題と置き換えることができると考え、それを確信するが、それが不可能な場合にはあらゆる直接的な生の肯定を放棄してしまうという態度を取る者だけが、今ここで取り扱わねばならない問題について違った対応をしようとするのであろう。学問の問題性については、これまでの考察で十分に見てきた通りである。それ故にここで取り扱われるべきことは、生の肯定は学問によって可能になるのかどうかということ、また学問ととりくむことで獲得される生についての考え方が、生における直接的な判断や感覚にとって十分なものなのか、また学問性は具体的な生の肯定に対してどのような意味をもっているのか、ということであろう。しかしそれはただ宗教的な黙想や自己意識といった論調の中で、あるいは直接的に感情に訴えるような論調の中でこそ可能になる。そのことは、〔宗教的な世界観を否定し、進化論的な考え方のみを肯定する〕一元論者が自らの汎神論に満足したり、人文主義者がギリシア的な教養の素晴らしさを主張したり、預言者の将来予測が超人の魅力を語る場合の取り扱いと何も違っていない。それ故に私たちは、このような特別に宗教的な語り口の中にある熱狂的なものへの批判については気にせずに先に進んでゆきたいと思う。〉

信仰深い人たちには〔1〕、正しい道を歩んでおり、正しい星の導きに従っているという確信が必要である。神に至るさまざまな道が信仰深い人たちの前に提示されるときには、彼らの感情と良心に基づいて、自らにとってもっとも正しい道として示された道を歩んで行くであろうし、宗教とは何であるのか、ということについて同じような理解をする者、あるいはそのような理解へと導き得るような者たちをもその道に導いてゆくであろう。しかし〔その場合〕信仰をもつ人たちは、ただ自分たちだけが真理をもっており、他の人は誰も真理をもっていないと考える必要はないし、彼だけが究極的で、完成された真理をもっていると考える必要もない。彼には存在しているものの中でもっとも深く、最善のものが与えられている、ということ、それを超えるより高次なものを追い求めることは無意味であるということで、彼は十分に満足なのである。なぜなら彼に与えられているものを越えるより高次なものはどこにも存在していないし、彼自身がそのようなものを構想することもできないからである。このようにして彼はキリスト者になる。なぜなら、彼は〔キリスト教に〕こそ、高次な世界のもっとも強力でもっとも単純明快な啓示を見出すからである。そして彼はキリスト教信仰の中に、絶対的なものではなく、規範的なものを、すなわち彼にとってその時点でもっとも規範的な宗教を認識するようになる。しかしそのことによって彼は、同時に、キリスト教の比類なさ、あるいは原理的には新しい段階を意味するような立場を意識するようになるであろう。また彼は、キリスト教に内在するものによって、キリスト教においては他のどの宗教よりも、原理的に、最終的な新しい生を明らかに示す神の啓示へと導き、それによって信仰を得させるような確かさが、〔宗教の〕創始者である教祖の人格の印象と深く結びついていることを知るようになり、それによって信仰とは彼にとってはこの時点までだけ規範的であるような宗教の問題ではなく、将来においても規範的であり得る宗教の問題なのだということを知るようになるのであろう。彼は歴史の目的論的・発展史的な取り扱いによってこのような信仰を明確なものとして、確かなものとして獲得するであろう。そして彼はそれによってここで獲得されたことが蓋然性に基づく判断であることに特に注意を払うであろう。なぜならそれ以外の仕方でなされた判断はこの領域では、他の人によって拒否されてしまうからである。しかし彼は、彼自身にとってのキリスト教信仰それ自体をこの理論に依存させようとはしないであろう。〔なぜなら〕キリスト教信仰それ自体は、彼自身に固有の体験と、私たちの前と、また私たちに並んで存在している諸力との比較に基づくものだからである。それ故に彼にとっての決定的な決断の根拠というのは、彼は、預言者的・キリスト教的な生活世界以外のどこにも神を見出せなかったということ、そして彼は〈そこにこそ〉神を現実に見出したということ、神が人類に対して何をなしたとしても、それは偽りではないということにある。それ故に現在においては、彼は〈全生活世界の起源であり、その具現化でもあり、そのような中心点なしには、私たちの信仰の中に信仰を養生させるような宗教的な共同体が必要であると気付かせることができないような、イエスへの信仰という中心点へと向かうのである。〉また〈私たちにとって構想し得る限りの〉将来をイエスと結びつけるという行為が、このような信仰深い人たちにとってはまさにこの信仰の中心点との結びつきとなり、その帰結として生じるのが信仰なのである。しかしそれは教義学的な理論ではない。なぜなら、もしそれが教義学的な理論によって算定されるようなものであるとしたら、キリスト教の信仰がそこから生まれることになってしまうからである。

〔1〕この行の右側に以下の書き込みがある。「絶対性についての固有な意味。（改行）実際に要求された

絶対的なものへの関与はそれによって確かなものとなる。というのはこのような意味での絶対性というのは、敬虔な者たちにとっては実際に必要なものであり、彼らはこのような方法でそれに到達する。しかしこれは具体的な宗教の絶対性ではない。それは神の絶対性である。そしてそれは敬虔なものたちがとらえられた信仰において明らかになるものであり、またそのような信仰に基づくものである。」

信仰深い人は、絶対的なもの、そして無限な力と究極的な価値の世界への介入を必要とする。すなわちこのような人は神以外には他には何も必要としないのである。彼はそのような絶対的なものを、ただあらゆる歴史的な生の源泉である神の中に見出しているのであり、個々の歴史的な現象の中にそれを見ているのではない。彼はその絶対性を、ひとつの究極的で、無限で、価値に満ちた目標が与えられているということを確信することによって、また現在与えられている神認識によって将来に与えられるであろう神認識をも保証することによって確信している。しかし彼による、歴史の生のプロセスの中での絶対的なものへの関与というのは、その度ごとに起こる出来事の諸連関に制約された歴史的方法によって部分的になされるだけである。それはまた、ただ歴史的に個別化された将来を暗示するような啓示、すなわち歴史を超越した永遠で、無制約で価値に満ちた絶対的なものの啓示によって部分的に可能になるだけである。彼は、絶対的なものへの具体的な関与、あるいは絶対的なものとの具体的な内的な接触を求め、歴史的啓示の中に、もっとも強力で、深い神的生を探求しようとする。しかしそのような場合であっても、彼はこれまでと同じように、このような生をただ歴史的な手段によってのみ受け取るのであり、現在においても彼自身はこのような生を歴史的な手段によってのみ形成し得るのだということを自から認識してもいる。絶対的なものを、歴史の中で、すなわち歴史の中に存在するある一点で、絶対的な仕方で得ようとするのは妄想であり、そのことは実現不可能なことなので、不成功に終わるだけでなく、あらゆる歴史的な宗教性の本質と内的に矛盾することでもある。というのも、このような妄想が真剣に理論として強調されると、教条的な硬直化が起こり、宗教が死のように冷たいものとなり、疲弊してしまうからである。しかしこのようなことによってはじめて生き生きとした力は宗教という形式を通さず、直接伝達されるようになり、人間は自らがいかに小さく、狭い存在であるかを知らされ、またおぼろげな知識と信仰とによって、人間にとって本当に偉大なものとの感触を知ることができるようになるのである。〈もちろん〔逆に〕このことによって、謙虚さや寛容さが失われ、強引な仕方で自分は何でも確かに知っているし、すべてを所有しているかのように思い込んでしまう偏狭な狂信主義が生まれてしまうこともある。〉それ故に、神からもたらされる敬虔さを生き生きと語ろうとする者たちは、このような論理を持ち出さなかったのである。このような人々は、反対なのか、賛成なのか、という単純な決断を要求したが、絶対的な真理については、将来まで、すなわち歴史の終わりまで態度を保留したのである。

このようにキリスト教信者にとっては[1]、〈キリスト教的な生活世界における〉具体的な神の啓示の確かさだけが、そしてまたそれ以上に高次の啓示を他の宗教においては見ることはないということの確かさだけが必要とされる。このような確かさを、彼はキリスト教の純粋に歴史学的な取り扱いの中に見出すことができる。すなわち歴史学的な取り扱いによって、イエスとその共同体に生命を与えた神への信仰は、〔それを信じる者たちに〕大変強力な変化をもたらし、大きな衝撃を与え、強力な結合力をもって迫ってくるということを見出すことができる。絶対的な宗教においては、信仰はただ戦いであるだけではなく、真理についての変わることのない確かな認識の所有ということなのだが、キリスト教信者はそれをまったくの信頼をもって来るべき歴史の彼岸にゆだねることができる。この点についてキリスト教信者は、イエス自身の宣教を引き合いに出して説明することができるはずである。というのもイエスはいたるところで、彼に与えられた神の啓示と神認識について大変率直な仕方で語っている。それだけではなく、イエスは、この神の啓示と神認識が要求していること、またそこで約束されていること、すなわち彼が父〔なる神〕の究極的な言葉として、永遠の運命についての決定的な真理として宣べ伝えたことへと人々を招きいれているのである。それ故に人々は、素朴に、そして純真な心をもってこの真理を保ち続けるべきなのであり、そしてそのことによって与えられる神の力によって将来に備えるべきなのである。この将来においてこそはじめて、完全な救済、完全な認識、そして変わることのない勝利がもたらされるのである。この将来において、イエスによって人間の魂のすべてを揺り動かすような力としてもたらされるのが、まさにもっとも高次の、究極的で、持続する真理である。絶対的な宗教は、イエスにおいても、いやイエスにおいてこそ、歴史の彼岸に委ねられたのである。イエスは、将来とイエスの人格の結びつきについても、ただ信仰の確かさという形態の中でだけ語ったのである。すなわち、父〔なる神〕の意志と約束は、イエスの宣教においてその深みが明らかにされた。それ故に、既に最古の教団の弁証論の中で、〔イエスによって〕与えられた真理は、確かなものとして、他からは区別されたものとして受け止められたのであり、それによってイエスの光だけを輝かせるために、他の光は完全に消し去られてしまったのである。そしてイエスへの信仰とあらゆるものを完全に結びつけるために、将来における完全な救済を、イエスの苦難における死へと移動させたのである。イエスが唯一の、現実的な啓示であるならば、イエスこそが規範的で、変わることのない啓示であるということは自明のこととなる。そして救済はイエスの活動の中で、既に本質的には働きはじめているのだとすれば、あらゆる将来はいつでもイエスと関係付けられるということも自明のこととなる。歴史学は、確かにこのような他との関係の技巧的で、暴力的な断絶に基づく特殊化を破棄してしまったのである。しかし、イエスは、いぜんとして、歴史研究によっても、神からもたらされる生へと至るもっとも高次の力、あらゆる勝利への希望の源泉であり続けている。それ故に、キリスト教は、他の高次の宗教的な力が存在するということの証拠を今のところは見出せないので、キリスト教からだけ、人類のより高次の宗教的生が出現するはずだということを自ら確信し、そのようなことを要求する権利をもっている。

［1］この行の左側に以下の書き込みがある。「3.）このような絶対性は、歴史的な思惟方法に帰属する」

キリスト教についての歴史学的考察が〔1〕、このような主観的な敬虔さにとっては、自らの信仰に完全な力と確信を与えるのに十分なものであるように、このような考察は、キリスト教の全現象に対しても同様であり、それによって、キリスト教の価値を引き下げたり、無意味なものにしてしまうというようなことはない。もちろんこのような考察によって、キリスト教が宗教史の中であたかも過去の遺物のように取り扱われることになってしまうはずもない。もしそんなことが起こるのだとして、そうなれば、キリスト教信仰は、可能な限りの知的冷静さと中立性をもって取り扱われ、あらゆる伝承は検討に付され、そして破壊され、一般的でないもの、今まで接したことのないようなものすべてが、ごく一般的なもので、人々に共有可能なものへと矮小化されることになってしまうであろうか。〔そんなことはないであろう。〕キリスト教の歴史が、キリスト教信者自身の記憶の中で栄光化され、弁証論的に着色されることがあるのだが、それだからと言って、それをあたかも被告人の証言のように扱うべきではない。刑事被告人の証言というのは、たいてい、はじめから疑念をもって取り扱われ、語られることの蓋然性にははじめから疑念がもたれている。そうではなくて、キリスト教信仰は、私たちが人類における高次の宗教的啓示に対して感じるべき愛と献身とをもって研究されねばならない。なぜならキリスト教の成立とその発展という偉大なる奇跡は、他の宗教における大いなる奇跡と比較して見たとしても、それに劣るようなものだとはとても思えないからである。〔キリスト教信仰のうちに見出される〕不合理なもの、あるいは秘儀に満ちたもの、物質的なものに対するより高次の精神についての証示、とりわけ特に宗教的なものである人格性についての非凡な特徴については、もちろん他の宗教においてもそれと似たものに出会う。しかし、だからといってそれはメルヒェンのようなものだとは言わないはずである。伝説についての心理学的な分析を知っているからといって、宗教史にメルヒェン集の烙印を押す必要はないであろう。まったく逆である。歴史におけるもっとも力強い出来事、私たちのあらゆる精神的な生の基盤を、さまざまな歴史学的な技巧を用いて探求することは、もっとも困難な課題であるが、もっとも高貴で、崇高な課題となるはずである。というのも、私たちがこのようにして獲得するさまざまな像は、確かに不確実な伝承に基づいているのであるが、その主要な事柄に関して言えば、明らかに、畏敬の念や驚きを強く生み出すようなものとして私たちの目の前に現われ出るものばかりだからである。古代の民族宗教の廃墟の上に、ユダヤ民族という弱小民族から、この破壊された世界から人々を自由にするような力、そこから再起しようとする、意味深い宗教的には新しい形成物に満ちた宗教的な力が出現したのである。この宗教的な力は、完全にこのユダヤ民族の思想世界で生活し、比較が困難なほどに創造的な独創性を持ち、その生涯をもっとも困難で、もっとも偉大なもののために捧げ、もっとも単純なことをもっとも意義深いものにした、ただひとりの人間の魂から始まった。そしてそれらが名もなき人々の中に、すなわちいと小さき、しいたげられた人々、苦難と使役に耐えている隠れた英雄たち、哲学や文学というものからは無縁の人々へと流れ込み、そこからあの宗教的な力が引きこされ、疲弊した世界を刷新し、[2a]国家、家族や社会、学問や芸術[2b]に新しい力を注ぎこんだのである。さらに、このような出来事の中から、どのようにして、唯一の、真実で、持続する価値としての宗教と、たえず変化し、制約された価値である文化とは結びつけられ得るか、という大きな問題が将来に対して提起されたのである。それは実際に、畏敬の念を生み出し、また信仰の対象となったひとつの姿である。それは明らかに歴史的な制約という限界の中で生まれ、人間性に関するあらゆる欠点がそこには、他の場合と同じように少なからず見られるのであるが、この生の焦点から決して尽きることのない宗教的な力という光が生み出されてきたのである。敬虔な人々は、そのようなものの中に、彼自身の救いの歴史を見ること、そしてそこから彼の生をより高次なものへと高め、強め、そして集約する力を獲得することが許されているのである。〔しかし〕その際、ひとが合理的な必然性の欠如した、無制約的な真空状態の中につりさげられたような宗教を、自ら固有な心のありようから生みだそうとするなら、このような力はただちに失われてしまうのである。

［1］この行の左側に以下の書き込みがある。「より高次の宗教における集成文書の表現」
［2a］-［2b］初版では「学問と芸術、そして家族と社会」

他の宗教が、この世を、苦悩を、罪を超える力をもっていて、これもまた同じように神の啓示であると主張する場合であっても、また今後〔キリスト教における神の啓示を超えて〕さらなる諸啓示についての抽象的な可能性が、理論上は可能であったとしても、キリスト教はそれでも人間に対する神の大いなる啓示である。一般的にみて、どの宗教においても、人間の本性や人間の本性的な欲望から自由にする力こそが救済であり、またこのような人間の救済は、歴史の中では、弱い、罪に満ちた心の中に神への信仰を植えつけてゆくことによって実際には発展してゆくのだとしても、キリスト教こそが救済であり続ける。そしてキリスト教は、イエスとの関係の中でもっとも強い力を発揮してきたのであり、イエスの人格の中に神の恩寵の生き生きとした真の保証への信仰を生み出してきたのであるから、キリスト教というのは、まさにイエスの業であり続ける。私たちがたとえ他の宗教の英雄や預言者の中にも、神の力や神の働きを感じるのだとしても、キリスト教では、他の宗教よりも、神への信仰が、啓示される者、あるいはその証人の生涯や苦難とより深く結びついている。私たちはイエスを超えてゆくことは不可能なのだということを証明することはできない。しかし私たちはまったく非力なものなので、私たちの心の中に自ら何かのより高次の神の力を見出すことはできないにもかかわらず、真の安らぎと平安がイエスと〈イエスの精神的な王国〉に属することによって得られるということは事実であり続ける。それ故にキリスト教的な精神的共同体、またキリスト教的な現実の生の共同体は[1]、イエスから始まり、イエスを宣教することによって、自らを養い、確立してゆく、信仰と愛についての唯一の共同体として存続することになる。このようなキリスト教的共同体は、イエスにおいてもっとも高次な宗教的、倫理的な力を獲得したということ以外には確かさの基盤を必要としない。もちろんこの共同体は神の力と生が、キリスト教の外にある、あらゆるものからは奪いとられてしまったが、キリスト教の中でだけは、超自然的、絶対的な方法によって与えられており、それは変わることのない真理なのだ、とあえて主張するような弁証論も必要としないのである。

［1］この行の右側に以下の書き込みがある。「キリスト教的な生の共同体」

宗教的な人間は、キリスト教についてのごく単純で、素朴な歴史学的な取り扱いによって何かを失うということはない。他方でこのような宗教的人間は、技巧的な解決によっては、結局は安心を得ることはできずに、新しい技巧的な問題に巻き込まれてゆくことになる。そのような中で、このような歴史学的な取り扱いを知ることによってむしろさまざまな恐れや問題から自由になれるのである。たとえば宗教的な人間は、仏教やゾロアスター教の中にキリスト教と似た要素を見たとしても、あるいはプラトン、エピクテートス、あるいはプロティノスの中に具体的に、あるいは見せかけに過ぎないキリスト教との類似性や先取りを示すような宗教的思想や諸力を見出したとしても驚く必要はない。これらの宗教においても、またこれらの人々においても、神は生きていたし、啓示したのである。これら宗教的な諸力が、キリスト教的な神信仰の中に、あるいはキリスト教の人格性の理念に流れこみ、それを広げることに役立ったことは明らかである。また宗教的な人間は、たとえキリスト教に先行するものがあり、キリスト教を取り囲んでいた宗教的なものの発展がキリスト教を養ったのだということを見出したとしても、またアジア的な宗教混合主義やギリシア的な倫理や宗教哲学がキリスト教と結合し、キリスト教の中には流れ込んでいることを知ったとしても、びくびくしたり、身を引いたりする必要はない。これらのものはいずれも生き生きとした宗教的な運動なのであり、そこには神が存在しており、キリスト教はこれらのものの中にある類似した要素、あるいは妥協可能な要素によって養われてきたのである。人間の内的な世界で発見されたものが、キリスト教の卓越した力によって、吸い上げられ、補強され、もっとも高貴なもの、もっともよいものへと結晶化するということが、キリスト教の特徴であり、課題だったのである。もしひとが、イエス自身とイエスの最初の弟子たちが、今日の私たちとはまったく異質なユダヤ教の思想や一般的な古代思想の影響を強く受けているということを知ったとしても、ひとはそれに驚く必要はない。これらの思想は、それ自体、生き生きとした宗教的な感情から生まれてきたものである。原始キリスト教の人々は、まさにこれらの思想をあたり前のこととして生きてきたのであり、これらの思想が新しい宗教的な力の諸前提となったのである。彼らは古代の人間であり、ユダヤ人であり、庶民階級に属していた。ここでも他のあらゆる場合と同様に、宗教の刷新は庶民階級によってなされたのであり、高度に洗練され、懐疑的な教養層によるものでない。庶民の視点というのは、宗教的な思想の発展を妨げるようなものでなく、むしろ新しい宗教的な理念を生み出すものである。庶民の視点において支配的であった大衆的な敬虔性、大衆的な世界観に見出されるような根本的な考え方からこそ宗教的な思想は生まれてくるのである。〈別の面から見るならば、〉この大衆的な思考は、哲学や神学からは自由なのであり、意志の生き生きとした本質を無駄なものにしてしまうような技巧的な思考方法、律法的な文字の独善からも自由で、その批判は、常に純粋に倫理的で、宗教的である。すなわちこのような意味での宗教的な思想それ自体が、キリスト教においては、〈まさに〉初期の〈ユダヤ的な〉形態からの分離を可能にした反省察的な純粋さと強い力とを生み出したのである。ところが、キリスト教は、このような分離が生じたことによって、〈〔アイロニックなことに〕ギリシア的な宗教の要素によって〉境界線が新しく設定されてしまい、思考や諸力、あるいは宗教的な思考それ自体が元来もっていた高みからいっきに急落させられてしまうことになり、ごく平均的なものにまで低迷してしまったのである。しかしひとはそのことに驚く必要はないであろう。このような〈古代のキリスト教の〉平均化それ自体もまた、既に内的生の高揚を現しており、この内的生からさまざまな諸力が働いて、たえず〈さらなる〉新しい啓示をめざすようになったのであり、私たちは〈今日に至るまで〉、確かに歴史的なものと結びついた仕方であるが、この啓示によって、キリスト教的な思想から自由にされた大きな力を経験してきたのである。歴史的現存在はあらゆる瞬間において必然的に相対的なものであるという認識は、原初の段階であっても、あるいは現在の瞬間であっても、あるいはまたその間におかれたどのような瞬間であっても啓示を無意味なものにしてしまうことはない。私たちの倫理的、宗教的な判断が、他の諸宗教に対するキリスト教の価値を判断するために用いられているように、これらの瞬間におけるさまざまな意義を相互に比較することで、同じようにキリスト教や他の宗教の価値をも評価することができる。そのことによって私たちは、さまざまな相異にもかかわらず、歴史の目標への正しい道を知り、そしてそのような道への導きとそのような道の本質は神に委ねられているのだということを知るのである。〈私たちは、人格的な宗教の生活世界にその身を委ねており、またキリスト教の中に私たちの文化の諸連関と私たちの歴史的な瞬間とが具現化されていることを知っているので、それによって私たちは絶対的なものへと向かい、その生の運動の中に置かれている。〔キリスト教ではない〕他のあらゆる宗教は、人格主義へと突破することができずに、〔壁の〕こちら側に留まっており、私たちの背後に、あるいは横に留まったままである。それ故に私たちが必要とし、また私たちにとって一般的に到達しえる絶対性への感情が私たちに与えられているのであれば、それで十分なのである。〉

第6章〔1〕

〔宗教史的・宗教哲学的基盤の上でなおキリスト教の教会的形態と信仰は可能なのか〕

キリスト教は、これまでに出現したあらゆる宗教の頂点に位置しており[1]、〈私たちの歴史的な視野が届く限りにおいては、〉この頂点はこれからもキリスト教の歴史的基礎から離れたり、移されたりする可能性はほとんどなく、将来においても力ある、明晰な宗教性の基盤、あるいは前提として〔存在しているに違いない〕。これが、歴史的・相対的なものをすべて考慮に入れ、同時に神との交わりの確かさと救済の確かさを求める宗教的な要請をも満足させようと試みたこれまでの考察の結論である。

［1］この後に以下の書き込みがある。「宗教的発展の普遍的傾向の現実化としてのキリスト教が、普遍的な傾向に連れ戻す。」

†

このような単純で、しかし意義深い結論によって、あらゆることは果たし得たかのように思えるかもしれない。しかしこの問題の固有の根拠に関わる疑問が最後にひとつ残っている。それは、このような解決について、懐疑が生じることになる理由、そしてこのような解決に人が躓く理由とかかわる問題である。〈問題状況についてのこれまで示したような解釈は、単に正統主義神学と自由主義神学と矛盾するだけではなく、原始教団の形成とパウロ神学の勝利以来形成されたキリスト教の教会的な自己理解とも対立するものであることは明らかである。このような考え方で、私たちはなおもキリスト教の内部に留まっていられるのであろうか。あるいはまた、このような考え方、すなわちキリスト教的な絶対性理論はさまざまな宗教の自己理解があるなかのひとつの特殊な事例であるという考え方によって、キリスト教の特別な意義を一般的な仕方でも担保できるのであろうか。〉このような見方は、キリスト教の中に植えつけられてきたような、キリスト教自体は完成した、唯一の真理であるというキリスト教の評価や解釈の傾向と矛盾しないのであろうか。他方で、このような傾向が実際に理解さえ得るのだとしても、〈その後になって〉、他の世界宗教においてもそれに対応するような似た傾向が存在していることを知ることによって、それが幻想だという疑いをかけられることはないのだろうか。別の言い方をしてみよう。もしそうであるというのであれば、これまで取り扱ってきたような、単純で、明解なキリスト教の最高の価値が、「絶対性」なのだろうか。あるいは、もしそうであるならば、一方で、このような意味での最高の価値というのは、従来の信仰に固有の内的本質を放棄することなしに、〈しかし依然として教会的な奇跡の教説と同じように〉特別な価値理論に支えられて、キリスト教の価値を正真正銘の、ただひとつの、必然的なものとして固定化することから解放しようとしていないだろうか。また他方で、このような意味での最高の価値は、さまざまな普遍妥当性をもった価値という考え方は放棄しないで、具体的、歴史学的なものとして考えられていないだろうか[1]。

［1］この後に、さらに両側にわたって以下の書き込みがある。「いずれにせよ、この問題の定式化は、今日では、とりわけこの側面からなされている。ひとはもはや、古代のように、素朴に、聖書や教会によって神的なものの根本的な証明をなすことが終ってしまったとは考えてはいないのであり、そうではなくてひとは出来事の普遍的容認という問題を考えている。それ故にそこでの唯一の問題というのは、教義学的な事柄それ自体の出現と形成ということであり、またあらゆる異端やこのように集められた共通の集団内部との戦いの終わりということである。ひとはそれどころか、歴史的・客観的な「出来事」、すなわちさしあたりはそのことを明らかに解明できる方向へと向かった。しかし根本的な事柄は、救済概念と啓示概念におけるキリスト教の絶対性(2)の要求であった。この要求は弁証論となった。そしてその後はそれによって宗教的真理探究者たちに対応した。このような弁証論なしにはキリスト教は存在しえなかった。なぜなら真理探究はキリスト教に属することだからである。そしてこの歴史的・事実的なものの探求は弁証論と同一視されるようになった。そのことを望む者は誰でも、この要求を受け容れねばならないのである。この要求を受け容れない者は誰でも、自らのキリスト教性を放棄しなければならない。それとは逆に、近代の懐疑主義者とキリスト教と敵対する者たちは次のように主張しだしたのである。確かにこのような要求によってキリスト教を持つべきなのであるが、しかしこの要求は他のあらゆる〔宗教における〕絶対性要求のための啓示や救済の要求と並行して存

在するひとつの要求に過ぎないのである。そして近代の懐疑主義とキリスト教に敵対する者たちは、キリスト教とその歴史的出来事に基づいた要請をそのような視点から見るので、キリスト教の側からすると十分に納得できないような過小評価がなされるのである。しかしこの問題は歴史的出来事が自明で、優先すべきことかどうか、ということをいかにして取り扱うかということであるように思う。この問題は、私たちに、決断を強要するために、いかにして胸にピストルをあて無理やりそれを迫るかという問題になってしまった。しかしこの歴史的な出来事はまったく単純に、自明な出来事ではあり得ないのである。いかにして無理やりにこの決断をさせたりぜず、また脅迫して撃ち殺したりさせないようにすべきか、ということなのであろう。」

この問いに答えることは問題の核心へと〔私たちを〕導くことになる。[1]〈すなわちキリスト教を、その教会的・歴史的形態から切り離すことが可能かどうかという問題へと導くことになる。それと同時に私たちは、再び、学問的研究と言語に固有なものとは何であるかという問題に立ち返ることになる。〉

［1］この後に、以下の書き込みがある。「絶対的なものの概念の刷新された研究、そしてとりわけ歴史的発生や意識についての研究、歴史的な事実としての絶対性要求を理解すること。」

それは[1]単に宗教の問題であるだけではなく、より高次の精神生活のあらゆる価値類型ともかかわる、普遍的な問題である。あらゆるもっとも単純な知覚判断、あらゆるもっとも本性的な意志の高揚、あらゆる既存の規則や倫理は、素朴な人間には絶対的なものとみなされる。高次の精神生活のさまざまな形態、すなわち国家、法、社会、芸術、道徳、そして学問も、その発生段階や〔まだ制度化されずに〕慣習的なものが支配しているような素朴な発展段階では絶対的なものとして感じられている。それと同様に、あらゆる宗教的な崇拝も、そのような行為が行われている領域では、いずれの場合も、元来、自明のこととして絶対的なものとみなされていたし、あらゆる世界宗教も、一般的に知られている限りでは事情は同じである。絶対性というのは、素朴な思考方法につきものの一般的な特徴である。しかし、この素朴な確信を制限し、破壊しようとするようなプロセスが生じることもまた同じように一般的なことである。比較し、最初からあった素朴な意見を修正する必要性を感じることは、まさに絶対性の破壊である。しかしそれは同時に、思考を開始することでもある。〈この最初からあった素朴な絶対性から離れることは、文化の本質であるが、それを分離することによって、ひとは生まれながらの自然な力の一部を失うと感じるので、この分離は、ふつうはさまざまな戦いを引き起こすことになるし、さまざまな隠蔽も行われることになる。〉ひとは、それによって直接的な意見を修正し、より確かな方向へと確信を導くために、さまざまな具体的連関を探求する。ひとは、普遍的なものを探求するためにまずはじめに特殊なものを正しく理解し、その後でそれを諸連関の中に位置づけようとする。それは、もっとも身近な感覚的な視検という大変素朴な修正から始まるのであるが、それに続いて、分解、比較、新しい秩序付け、組み合わせという切れ目のない連鎖を経て、現実についての従来の思考を変更するだけではなく、少なくともそれをより明瞭なものにする。そこでは、特殊なものではなく、もっとも普遍的な秩序原理こそが絶対的である。精神的な諸価値と宗教についてもまったく同じことが言える。出来事についても思ってもみなかったような理解、宗教によって主張される物事の姿と、他の方法によって理解される物事の姿との比較、思想の相互的なぶつかり合い、あるいは矛盾、とりわけさまざまな具体的な宗教の相互的な衝突、これらのものが比較と修正へと人々を導くことになる。それによって、最初からの素朴な段階は変更され、もはや平安はなくなり、あらゆるさまざまな類型が相互に対立し合い、矛盾するようになる。しかししばらくするとこれらの諸連関の中に、解釈と判断を最終的に統一し、関連性を明らかにすることを可能にするような原理を見出すことになるのである。〔そしてそれによって〕素朴な世界像は、学問的な世界像となる。学問的な世界像というのは、直接的な知覚と判断を、比較し、組み合わせることで、より広範囲にわたって問題を取扱い、それによって抽象された普遍的、必然的な思想から、激しく揺れ動いてしまったものの基礎を新しくもう一度確かなものにしようとする試みである。あるいは学問的な世界像は、不安定なものになってしまった基礎を、より持続可能な、より優れた、より真実な思想へと高めたり、あるいはその逆に貶めたりする。このような素朴な世界像から学問的な世界像への転換は、〔従来の人間の素朴な観察による世界観を転換させ、〕地球に太陽の周りを回らせ、さらに太陽も肉眼では確認できないようなより巨大な星雲の中に位置づけ、認識をただ単純に事実に適応させるのではなく、意識の法則と必然性に正しく適応させ、客観的な文化価値を、矛盾に満ちた人間的な生成物にしたのである。同じように、このような転換が、宗教の素朴な自己確信にも、学問的な基礎づけや学問的な取り組みを強いたのであった。それによって最後には、宗教は、心理学的には、何重にも制約を受けた主観的な現象として取り扱われ、歴史学的には、大部分の宗教というのは、いずれも同じような要求を提示するが、個々の宗教は何にも制約されていない王国ということになる。

［1］この行の左側に以下の書き込みがある。「一般的には、素朴な思考における絶対性概念」

問題は［1］、まさに、素朴な世界像と学問的な世界像という一般的な関係を、宗教にも適応するということの可能性に他ならない。学問〔的な方法〕を宗教に適応することによってもたらされる苦痛、懐疑、恐れ、不安は、学問的な世界像が素朴な思考の習慣や価値感覚に根差して生活していた人間に対して、これまでにももたらしてきたものであり、そしていまももたらされているものである。しかしそれは同時にこのような不安定な状況の解決の試みなのであり、そのような方法は、学問が個別的な出来事の確かさを動揺させる中で、その動揺してしまったものを、認識された全体との連関に基づいて、変化して行く状況の中で再建しようという試みに他ならない。他の領域での場合と同じように、学問的な思考を宗教に適応することで、深い、変化をともなうような影響を受けないなどということはありえない。それ故に、ここでも他の領域の場合と同じことなのであるが、多くの神学者たちによって試みられる、丸いものを四角にするような技巧、毛皮を水なしで洗うような技巧を用いることなどはできないのである。いたるところで見られる、素朴な思惟から学問的な思惟への移行が生み出すパニックや痛みは、ここでも避けがたい。しかし他方で、学問的な思惟への移行によってその他の領域においてももたらされることは、宗教においても意味ある働きをしている。すなわち、学問的な思惟への移行は、直接的な像を変更するが、素朴な現実を放棄するのではなく、素朴な現実に対して、ただこれまでと異なった関係と解釈を与えるだけなのである。絶対性への確信が、従来のように、孤立した個別的なものから理解されていたものから、これらの個別的なものを理解させる諸連関の中へと移されただけなのである。もっとも過激な原理主義的な懐疑家が、疑うことの必然性を主張するときに、現実には素朴な思考の残滓がその主張の中には隠されているように、もっとも過激な宗教否定論者も、彼らの立場からの宗教的な現象の解明を試みる時には、現実には素朴な宗教についての確信の残滓をもったままなのである。それに対して学問の目標というのは、それとは異なって、素朴な像の変更の行過ぎを回避することを通して、また素朴な現実性をより高次の段階で、可能な限り包括的な現実連関の領域において再建することを通して、はじめて正しくもちいられる。このような過激な思想は、素朴な思考と学問的な思考との違いを明確に示さねばならないのに、あたかも現実についての真実な思考と、説明された仮想的な現実との間には完全な矛盾があるのだというようなまやかしの議論を展開したり、現実のごく一部から獲得された普遍的な概念を、抽象的な結論として全体に適応するようなところには、どうしても生き残ってしまうのである。それとは逆に、十分に成熟し、知恵に満ちた思考というのは、素朴な仕方で存続している現実についての理解を破棄してしまわないで、より高次の諸連関の中でそれを取り扱う。またそのような思考は、人間には克服することができない不統一なものである素朴な現実が示しているさまざまな秩序や諸領域を、より高次の思考の領域の中で、現実にはそれを統一することは不可能であることを証明するだけではなく、それを保持する可能性を追求するのである。〈それをひとは認識論と呼ぶのである。〉

［1］この行の右側に以下の書き込みがある。「絶対性概念の宗教への適応」

しかし、〔素朴な思考に対して学問的な思考を適応するということを〕実際に行うことで、一方で、学問による転換が、単に痛み、不安、破壊をもたらすだけではなく、他方で、意識を高め、解放するという働きをもたらすものである。すなわち学問による転換が、最初につくられた素朴な像の狭さ、小ささ、不寛容、不確かさ、不明瞭さ、一面的な性格から、より広い、安心できる展望、寛大でマイルドな意識、許容力と包容力、堅固で明瞭な確かさへと人を解放するのである。〈ただひとつだと思っていた価値を否定されることによって、他のあらゆるものも動揺し、崩壊するのではないかと考える激情的でファナティックな立場が、より広い領域でこそ、現実についてのまさに正しい諸力が働き得るのであり、そこでは技巧的なものや、偶然的なものに支配された力は崩壊するか、その力を制約され、後退することになるという、よりマイルドな確信にとってかわられるのである。〉このような学問による転換が、宗教にも影響を及ぼすことになる。このような転換によって、人間に特有の懐疑、恐れ、戦い、痛みを、本質的なものへと向かう冷静で確かな判断、個別的で、一時的な形成物に対する許容力と包容力、そしてより広い領域で、より大きく、豊かな展望をもって深い洞察を行うことができるようなものへと転換することができるのであれば、宗教をよりよいものへと再び転換させることができる。宗教は明らかにこのような課題の中では特別な立場を占めるはずである。なぜなら宗教は、より高次の精神的生活におけるあらゆる価値評価の中心であり、核だからである。それ故に学問によるこのような転換が生み出す不可避的な衝撃は、他の領域の場合よりもいっそう痛みをともなったものになってしまうし、またわずらわしい出来事のように感じられるはずである。だからこそ、〔宗教においては〕、徹底的になされた学問的な研究による、より高次な段階へと高められた素朴な立場の回復は、生の全体をより祝福に満ちた、意味深いものへともたらすはずである。このような転換による回復は、コントロールできないような素朴な考え方をもったごく一般的な人が引き起こす独善的な行動や争い、また宗教の領域で起こる戦慄を引き起こすような偏狭な考え、あるいは唾棄すべきような自己中心的な独善から人々を回復させる。ところがこのような転換による回復がなされても、偉大なる、高貴なものは、そこからしか生まれてこないので、〈再び〉素朴な確信から生まれる純粋な諸力を求めて努力するようになる。〈確かに、あらゆる高度に発展した文化においては、素朴で絶対的な評価を生み出すような意識は破壊されてしまい、病的な思想に感染してしまったのであるが、それでも生は破壊と同じくらいに豊かにされ、洗練されたものとなり、公正なものになった。巨大な教会組織を形成するためには、自らがただ一つの救済を保持しており、この救済を完全に実現させるための義務を負っていると信じる、もはやうしろを振り向くことのないような熱情が必要だったはずである。しかし、その形成が終ったならば、その後では、よりマイルドで、自由で、公正な精神、すなわち相対的な判断をすることができ、思慮分別もない独善によって失ったものを、よりマイルドで、より良い仕方で獲得できる精神を持つことができるようになるはずである。

それ故に、最後に、宗教にとって、このような素朴な世界像と学問的世界像の区別がもっている意義をもう一度取り上げることは価値あることである。すなわち、諸宗教の絶対性要求に対して、学問的になされる諸連関の序列化や比較がどのような影響を及ぼすのかということを特に取り扱いたい(2)。

言葉のもっとも単純で、素朴な意味における絶対性、すなわち、相対的なものの対概念として意識されず[1]、とりあえずの克服手段を提示することでこのような問題を考慮する視点をまだ手に入れていないような絶対性は、あらゆる素朴な生に共通した特徴である。あらゆる瞬間的な直感というのは絶対的であり、あらゆる価値付けと肯定は、低次の類のものであれ、高次の類のものであれ、それが発生した瞬間には絶対的なものである。すなわちそれらは、無制約に、無条件に妥当性を持ち、それ自体が決定的な意味を持っている。自己欺瞞、矛盾した経験、さまざまな意見や価値観の対立が、少しずつこの絶対性を揺り動かしてゆくことになる。個々の人間的な個性というのは、本性的な素質、欲望、習慣などと結びついているものであるが、ひとはそれ自体を、はじめは絶対的なもの、すなわち他のあらゆるものを判断する場合の規範であり、基準であると考える。しかし教育、交わり、あるいは争い、倫理的な自己訓練や、経験の拡大が、このような意味での絶対性を制約するようになる。それぞれの社会全体も、独自な伝承、倫理、生の諸関係、共同体の形態と結びついているので、やはり最初は自らを絶対的なもの、すなわちそれ以外のものは存在しないし、それ以外のものは必要ないかのように考える。社会のこのような諸関係から生じる困難な状態、またこれまで知らなかった諸関係を知るようになること、歴史的なものから得る感覚がこのような本性的なものに基づく見方を破棄することになる。それでも、このような制約にもかかわらず、あらゆる人間の魂は同質であり、また連関しているという根本的な感覚と素朴な前提は存続しているので、そこから一致が再び生じなければならなくなる。この前提こそが〈まさに〉、目覚めた精神をもって比較し、諸関係を明らかにする思考の公理となる根本思想である。それ故に、最終的には、この根本思想は、自らがもつこのような前提の上に、新しい方向付けを獲得しなければならない。このことは、理念的な精神内容を取り扱う場合には、かなり高い程度において真実である。というのも、理念的な精神内容は、それだけが現実的なものだという自明性の主張を常にともなっているだけではなく、ただそれだけが価値あるものだという必然性の主張をもともなっているからである。あらゆる芸術、国家形成、階級秩序、道徳、そして特に宗教は、その誕生期には、自らの内的必然性と、ただ唯一の正当性を持つ存在だということについての、完全で、何らの証明の必要のない確信を持っている。そのような確信において、人間は必然的なもの、存在すべきもの、そしてそれ自体が必然性をもっており、客観的な価値を具現化するより高次の生を保持することができるのである。宗教は学問や省察から発生することはないし、ヒポクラテス的な懐疑の傾向をもっているわけではないし、可能性にかけることに疲れてしまったりもしない。逆にあらゆる生命力に満ちた、真の宗教は弁証も、証明も行わない。むしろ宗教は、ただ自らに固有な内的必然性や直接与えられる神的な使命の強制と召命に基づいて活動しているので、純粋に自己自身の絶対的な力によって、より高次の世界を開示するものなのである。あらゆる諸宗教は絶対的なものとして生まれたのである。なぜならあらゆる宗教は、省察という段階をふまえていない神的な使命の強制に聴き従い、そこに自らの実在を表現しようとするからである。そしてこの実在性は、単にそれが現実的であるということだけではなく、その価値の故に、認められ、信仰されることを要求する。すべての純真で、子どものような信仰を持つ者たちは、自らの敬虔な思いのはじまりにおいても、最高潮の時においても、宗教の発生時と同じような感情を抱き続ける。彼らにとって絶対性は自明なことである。なぜなら、彼らは自らに働きかけるあの実在性と関わらねばならないからであり、またこの実在性においてこそ、絶対的な必然性と価値あるものへの通路を知り得るのであるから。そのような人は信仰についての他の形態が存在するということなどは考えることなく、事柄の必然性の中に、すなわち固有の現実的な真理の中にだけ生きる。

［1］この行の左側に以下の書き込みがある。「宗教への学問の影響。宗教哲学における素朴な絶対性」

このような素朴な絶対性は、自らが置かれた地平が拡大され、他のさまざまな文化価値や宗教が同じような要求をもって登場し、自らと並立して存在するようになると、あるいは、倫理的、宗教的な価値付けが、理想的な価値に無関心な人間の本性的な要求や平均的な人間性が持っている理想的なものへの無関心というショッキングな現象に直面すると妄想や幻想だとみなされて、退散しなければならないようなものなのだろうか。素朴な絶対性の主張が、〈単に〉妄想や幻想でないのは、素朴な認識や欲望という本性的なものの絶対性が妄想ではないのと同じことである。見るということについての条件や可能性の境界線を決定する理論が、見えるということを見えないということに変えてしまうことなどないのと同じように、これらの絶対性の要求の制約性や特性を比較してみることは、絶対的な価値、秩序、現実性の根拠への宗教的信仰をまったく逆のもの、すなわち過度な利己心による高慢な妄想、本性をもろ出しにするような独善性や周囲への配慮ができないような空虚な論理に変えてしまうようなことではない。人間の本性的な知覚には、客観性による強制と、あらゆる人間が感じている同質性や同一性が存在していることへの否定できないような本性的確かさとの両方が存在しているのと同じように、素朴な絶対性の中には、心の中に与えられた対象から受ける具体的な強制力と、必然的で、普遍妥当性をもった高次の生への消しがたい感覚が存在している。〈それはただの錯覚ではない。それは展望が拡大されたことによって、新しい諸連関と従来と異なった意義を素朴な絶対性が新たに与えられたということなのである。〉比較が示すことは、ただその度ごとの要求の特別な性格と特殊な制約性ということである。しかしその要求の中では、〈一般的には、〉客観的な精神世界の姿が、すなわち存在すべきはずの価値の力が、そこでこそ可能な方法で、あるいは個別的、特殊な方法で明らかにされている。このような確かさは、対象〈それ自体に〉付随している係数であり、対象それ自体が自ら充実した力であること、また〈個別的なものとしても〉この要求の中で感じられるものであることを主張しているのである。それ故にまさにこの確かさは対象とともに消滅してしまう。しかしこの対象それ自体は、現世的なものに制約された苦しみとの葛藤の中で、その重みや力を倍増させることになる。〈すなわち、まさにこの葛藤の中で、熱情的な生の意志は、自らを再び絶対的なものの力によって強化するために、さまざまな混乱の中から、再び強力な生の内容を引き出し、それを高める方向へと立ち返る。〉宗教の創設の時代が、まさにこのような素朴な絶対性の感情によって支えられていたように、懐疑や無神論に対するリアクションもまた、第一義的には、人間の中に深く根差している絶対的な感情への情熱的な高揚のひとつなのである。ここに、始原的なものから新しく流れ出てくる力の源泉がある。これらの本性的な絶対性は、始原的においてもまったく素朴なものなので、ある制約を受けていたのだが、この絶対性は、本性的で、素朴な知覚と同じように、その中に真理の要素を保持してもいる。〈そしてまさに、始原的で、素朴な絶対性の内容が有意義なものであればあるほど、ますますその内容を相対性の中でも強力に主張することができるし、相対性によって疲弊させられた意志は、迷うことなくもう一度この素朴な絶対性に立ち返ることができる。(3)〉

しかし[1]、諸宗教がもっている本性的な絶対性が、まさにそれぞれの宗教が自らのうちに感じている諸事実や価値観を素朴に表現していることに他ならないのだとすれば、この本性的な絶対性それ自体を表現するための種類や方法も、個々の宗教においてより高次の世界が啓示される程度と状態に応じて異なってくるはずである。この種の諸宗教がもっている本性的な絶対性は、体験した現実についての素朴な省察に過ぎないので、それは〈その度ごとに〉体験された現実それ自体とは異なったものである。そして、もしその度ごとに体験された現実それ自体が、その明晰性や深さにおいてさまざまに異なったレヴェルの中で明らかにされるのだとすれば、本性的な絶対性の表象も、それぞれのレヴェルにおいて異なったものとなるはずである。たとえば、休眠状態に至った宗教運動が、もし、ただひとつの真理性を自らが所持しているという理論や証明を行っているとすれば、そこにはあの本性的な絶対性の代替品を見出すことができる。しかしその場合には事柄それ自体から生じるはずの内的必然性を感じることができず、むしろそこでは技巧的で、暴力的でさえある内的な強制力という代替品が支配しているのであり、絶対性へと向かわせることになるはずの真の意味での内的強制力が機能していないことは明らかなことである。〈このように絶対性の要求というのは、まさに形式と内容においてさまざまなものがあり、それらに類似性が見出せると感じるのは、ただそれらを外面的に取り扱う場合だけである。〉このような違いは、実はまったく明瞭なことである。それ故に文化や教養に乏しい時代、あるいはそのような民族にはいずれもまったく同じような制約が共通に存在しているかのような主張は、もっともおろかな思慮のない見解であることは明らかである。

［1］この行の左側に以下の書き込みがある。「要求ではなく、要求に含まれる内容。しかし内容によって、絶対性の要求の形態も区別される。」

小さな精霊崇拝的な種族や部族の宗教にも、また古代の文化的な諸民族の偉大なる多神教の中にも見出される本性的なものに基づく絶対性は、種族、部族、民族などを支配する神性それ自体の本質と同じように、制約性と限界性を帯びている。血と大地、故郷の土、聖なる神殿と、神性の現臨と働きとは結び付いている。それ故に、この絶対性は、民族的同胞と血縁的な意味での同胞、すなわち神の力が及ぶ範囲の住民にのみ有効なものである。それ以外のところでは、別の神々が支配することになり、同じようにそれぞれの神々が自らの支配下においてだけ絶対的なものとして有効なのである。〈しかし次第に〉これら全てのものを、知られざる、より大いなる天の運命が覆うようになり、これらを支配している天の運命が、すべてのそれらの神々をそのもとにおき、所与の世界と自然を、神々によって作り変えられ、生み出されたものの素材や基盤として説明するようになってゆく。時間や空間を越えた無限の絶対性というのは、倫理的、神秘主義的な世界宗教においてはじめて要求されるものである。そのような世界宗教は、世界の創造者であり支配者、この世のあらゆるものを根拠付ける秩序と運命の諸系列、あるいはあらゆるものを養い、育てる事物の根源を告知し、それによってこのような宇宙的秩序を、人間の魂への普遍的な要求、すなわち精神的な法則と結合する。それ故にこのような世界宗教は、その力を神顕現の場所や神託の場所、あるいは古くからの伝承や祭司的な箴言に遡って得ているのではなく、今このときの、真理の力にとらえられた心が生み出す生き生きとした確信から得ている。〈確かに普遍的な諸宗教は預言者的な宗教でもあり、その創始者を絶対的な権威とみなしている。しかしこの唯一の真理性の有効性の範囲が広いか、狭いかはまた別の問題である。〉しかしその場合でも、既に述べた〔素朴な絶対性と学問的絶対性の〕区別は放棄されるのではなく、より洗練され、より深いものとなる。

さまざまな場所で発生した脱自的な神秘主義や神学的汎神論は、宗教にとっての唯一のものへの突破、必然的なものへの突破、あるいは神性の統一と人間性の統一への突破である。この突破は、民族宗教の素朴な絶対性の破壊、またその宗教のイメージ、特定の人物の神聖化、神話への部分的な批判という帰結をもたらし、この突破によって、究極的で、絶対的な確かさの根拠として、漠然として、浮き沈みがあり、起伏にとんだ理念であるが、ひとつの神性という理念を見出すことになる。そして人間は、この理念を、思考すること、または熟考することの中に見出すか、あるいは禁欲によってその度ごとにあたえられる悟りを通して見出すことになる。絶対性は、ここでは、人間を発展や前進へと駆り立てる神の意志と結びつくのではなく、どのような場所でも同じである人間の必然的な行為や思索と結びついている。〈それ故にそこでは、始原的な悟りを開かせる思想家や霊的指導者の意義や権威も衰退してしまう。絶対性は、認識能力をもった者たちに対しては常に決まって同じ認識へと至らせ、それが絶対性を語る魂の必然的な根拠となる。〉しかし同時に、ここでも絶対性は、人間的なものの偶然性、すなわちより深い、神学的な思想の能力や学習、あるいは脱自的なものや偶発的なものとも結びつく。

このような機能によって偉大なる宗教的共同体が形成されている場合には、〈明らかにさまざまな人格性がその前段階に存在していたが、他方で〉この宗教的共同体が持つ絶対性の固有性も明らかに感じることができる。〔たとえば〕バラモン教は、ひとつの神学的学派であり、ひとつの祭司的カーストである。東洋の諸宗教の汎神論は祭司の知恵である。仏教は、全ての悟りを開いた人は、仏陀がかつて見出したのと同じ知恵を自らも認識するのであるが、その場合でも、多数のまだ悟りを開いていない人がいることを前提としている。〈もちろん、それは仏教が多神教へと後退したり、あるいは半有神論的な救済宗教にならなかったということが前提となっている。〉〈ギリシア的な〉偉大な諸宗教の転換期に起こった宗教混合は、脱自的な経験によって支えられた省察によって生み出されたものであり、それはひとつの密儀である。新プラトン主義は、俗世を遠くはなれた、表現しがたい神性の意志や力ではなく、人間が思惟することの必然性と普遍妥当性に依存している。そしてこの思惟というのは、人間を、神性のさまざまな段階によって高め、最終的には目標へと到達するための脱自的な希望へと導くものである。

ここではただ曖昧で、宗教的な雰囲気が生み出すものに絶対性の主張が結びついていて、他のあらゆるものは、人間的な意志や技巧に過ぎない。またここでは宗教的なものを生み出す力は、確かに変わることなく、そのままの姿で存続しており、それこそが自然宗教的な意識の究極的な根拠に他ならないのだが、ここから全世界を形成し、掌握し、ひとつの目標へと集約してゆく力は生み出されることはない。そのような力は、神性が倫理的意志として、自然的な意志と対立し、神性の内的本質を表現する倫理的目標に向けて人類を統一するところでしか生み出されないのである。そこでこそ、倫理的で、必然的で、素朴な絶対性が成立するのだが、そこでは、このような素朴な絶対性と、預言者の魂の中にただ一度の目標を告知する神の啓示との普遍的な結合も起こった。しかしもちろん両者には見過ごすことの出来ない相違点も存在している。ゾロアスター教の預言は、明らかに、宗教の倫理的普遍主義への力強い突破を意味している。そしてこのような善と悪との戦い、またこのような戦いを終らせる終末論的な希望という根本思想を持った倫理的普遍主義は、〔キリスト教の〕福音が形成される前段階で重要な影響を及ぼすことになった。しかし、ゾロアスター教の神性は、他の全ての下位の神々を倫理的意志の統一の中に含めようとしなかったし、神的なもののこの世とのかかわりは、悪の原理とそれを分かち合わねばならなかった。さらにゾロアスター教の倫理は、純粋に倫理的な命令を、物化された祭儀や儀式、ある特定の局地的な色彩を帯びた法規定や倫理と切り離しがたく結びつけてしまっているので、万物を生み出し、それを支えている普遍妥当性をもった善という全体的な原理を完成することが出来なかった。それどころかゾロアスター教では、律法と救済告知は、はじめから、悪い精神に支配されていない人に限定されており、そのことを前提として、ペルシア人こそが最初から選ばれた善の神の唯一の友であり、協力者となるために、あらゆる宗教的表象はペルシアの山々や草原といった場所やそのイメージと密接に結びついており、実際この宗教は全体として、民族宗教としての性格をとどめている。それに対してイスラエルの預言者は、選びにおいても、滅びにおいてヤハウェの任意の意志に徹底的に従っており、オリエントの紛争の中に生きていた、滅びるはずであった民族を解放へと導き、ヤハウェを倫理的な意志として、この世とそこにいる異邦の神々全体の上に位置づけ、同時に人々の内的な生活についても、この世から自立した魂という個々人の敬虔さを生み出している。しかしイスラエルの預言者は、自由な意志で契約を締結し、また他方で敵意を〔イスラエルに対しても示す〕ヤハウェを、最終的には、その契約の民の中でも新たにされた残り者とだけ結びつけ、すべての人を血と祭儀の契約から完全に解放することはなかった。

それ故にイスラエルの預言者は、倫理的普遍主義を、神的なものの本質に基礎付けられた確かな基盤と完全に結びつけたわけではなく、実際にはここでも、外面的には、倫理的普遍主義を、さらに拡大してゆくべきユダヤ教の信仰とだけ結び付けている。このようにして、預言者の大いなる倫理的な福音は、倫理的普遍主義の内的妥当性に対して最大の障害となる儀式的で、愛国主義的な律法へと変質してしまった。これとは異なった方法ではあるが、ユダヤ教の宗教的倫理思想からその出発点において強い影響を受けつつも、事柄をより狭くとらえているのがイスラム教の普遍主義である。イスラム教は、ユダヤ教から、唯一神教、倫理の根本問題、そして同時に内的に基礎付けられた絶対性を受け継いでいる。この絶対性はとりわけムハンマドの最初の告知の中でも、まさに真に預言者的なものとして表現されている。イスラムの神は、しかし、不可思議な、運命論的で自由な意志を多く保持しているので、律法や人間の魂との内的な関係を持たない。またイスラムの律法においては、預言者のまったく個人的な着想、あるいはまったく偶然的なことなのであるがアラビアの法や習慣とあまりにも多く結びつき、それを採用したので、真に内的な必然性をもった普遍主義が成立しなかったのである。ムハンマドは、それが彼の特徴であったのだが、具体的には素朴な帰依ではなく、それを放棄させ技巧的な手段を採用し、ユダヤ教徒やキリスト教徒の間では二義的なものであった聖なる律法という思想を、彼の著作の中に取り込んだのである。それによってムハンマドは、彼を信じる者たちを、巨大であるが、しかし貧しく、混乱をともなったさまざまなアラビアの特殊性を永遠化するための文字と永久に結びつけることになった。

これらのあらゆることとは異なって、イエスの宣教においては、宗教的な生の内面性と純粋な人間性と同時に、純粋に内的な絶対性も主張されている。ここでは、普遍的な価値〈の要求と約束〉がこの偉大な人物自身の人格的な特徴とより密接に結び付けられている。そしてこの偉大な人物は自らの魂において、無制約的に価値あるものとして経験された神の聖なる、恩寵に満ちた意志だけを宣べ伝え、悔い改めを勧告した〔預言者〕ヨナの説教にも含まれていたような、内的正当性と必然性をその宣教に与えたのであった。この絶対性と普遍性は、まったく単純で素朴なものであり、事柄それ自体から生み出されたことの帰結であり、それは先祖たちにも語られ、始原の時代にも存在していたし、〔聖書に登場する〕あのよきサマリア人や徴税人たちが自らの心のなかに見出したような、あらゆる真理を疑うことなく受けいれる神の道徳的意志の本質そのものである。この偉大な人物は、人間の不遜や度量の小ささからくるような神的な意志の誤解や誤用についての論争以外はせず、自らに固有な召命の確かさと、幻想やこの世と結びついていない誠実な良心を打ち立てる以外には何らの証明もせずに、また他の教説や神学をあわせもっていて、それを用いたというわけでもなく、ただ事柄それ自体から、急を要する唯一つのこと、すなわち、この大変緊迫した時代の中で、これまでに他の使者や従者たちがなしてきたことを、まさにいまや〔神の〕子として宣教したのである。確かに〈イエスの〉宣教は、ユダヤ的な色彩を帯びていたし、大衆も知っていたユダヤ的な概念世界を前提としてなされている。しかしその全てのものは、彼との約束を成就し、真の生の場であるより高次の世界をもたらす神の中に、またこの世のあらゆる名誉や喜びよりも価値のある人間の魂の中に、そして〈神の国という〉より高次の世界の中にのみ、真実であり続ける宝を見出すような人間の魂の中にこそ見出される。そこでは、絶対性は、ただイエスに固有の信仰と体験、人間の魂へのイエスの要求の中に存在しているような、宗教の完全な個人主義化と人間性の中に、またより高次で、永遠で、必然的な世界と、この世の過ぎ行く世界との完全な分離の中にのみ存在している。この絶対性は、〔原始教団という〕共同体においてはじめて特定の信仰の命題となったが、イエスにおいては事柄それ自体に含まれていたものである。〈イエスの宣教においてメシアニズムがどのような役割を果たしていたにしても、全体としてみれば、人格は、神の国という事柄の背後に退いてしまった。ここでは、神の国は絶対的なものであり、魂のもっとも純粋で、内的な欲求に訴えかけることを通して、それ自体の絶対性を証明しようとする。またその絶対性は、父〔なる神〕によって、神の国がまもなく、奇跡的なものとしてもたらされ、世界についての父〔なる神〕の目的が成就するのだという確信によって証明される。〉それ故に、父〔なる神〕のさらに高次な啓示というのは存在しないのであり、それどころかあらゆることは、むしろこの世との大いなる戦いの終結へと向かってゆくことになる。[1]

[1] この後に以下の書き込みがある。「最終的で、究極的な完全に素朴な真理の感覚への直接的な接近を

もう一度説明する。」

[1]これらの考察によってなされたことは、これまでの研究の帰結を確認したにすぎない。キリスト教が〈人格的な〉宗教的思想とその救済力を、最高度の明晰性と強度を持ったものへと導いたように、素朴な本性的絶対性というのは、事柄についての内的で、もっとも単純な表現である。そしてそれが〈私たちが知っている中で〉もっとも自由で内的な絶対性についての思想の形態であるのならば、そこには、キリスト教宗教とその他の偉大なる敬虔の形態との事柄に即した関係が映し出されていることは明らかである。この素朴な絶対性は、ただ唯一のものとして基礎付けられ、正当性を与えられた真理についての理論ではなく、宗教的思想それ自体から流出してきたものなのである。素朴な絶対性は、それと伴う弁証論的な思想を欠いている場合には、〈完全に〉自らを最終的で、究極的な真理としなければならなくなる。しかしそのことによって、この素朴な絶対性は〔他の素朴な絶対性の主張と〕相互に排除し合うわけではない。むしろ、この矛盾と衝突が指し示しているのは、もちろんそれを全て体現しているわけではなく、その行く先を示しているに過ぎないようなものであるが、それらの根底にある究極的で絶対的な価値の普遍的な原理である。しかしそのような素朴な絶対性は、それが自立して働くならば、何らかの究極的で独自な方法で、この問題の行き着くところを指し示していると言うべきであろう。ごく簡単に、表面的な比較を行うならば、この矛盾の中に純粋な対立が存在していることを見出すことになる。

しかし学問的な思考がより深く問題を取り扱い、現象の背後にあるものを取り扱うなら、この現象それ自体が、ひとつの共通な原理から現われ出ているのだということを明らかにすることになるであろう。すなわちその原理というのは、あらゆる現象に相対的な権利を得させるものであり、すべての現象が究極性と正真正銘の唯一性という素朴な確信をもっているというものである。それ故に、このような原理に基づいて、絶対性についての要求を秩序付け、選別することができるようになるなら、それらを相互に段階付けることができるようになる。もっとも高位に位置づけられる宗教は、もっとも自由で、もっとも内的な絶対性の要求をもっている。そしてこの要求は、それ以上に高次の宗教的な生の痕跡を他には見出せないならば、それはどこまでも持続する。このような絶対性についての要求は、キリスト教が宗教の諸傾向の収斂点として、また宗教的な目標を原理的には新しい水準にまで高めるものであることがあきらかであることが証明されるようになればなるほど、それ自体は歴史的で、個別的な形態であるにもかかわらず、どこまでも持続し、もはや超えがたいものであることを認めざるをえなくなるであろう。ところが学問的な考察が、この素朴な要求に見出される素朴な枠を取り除くことになる。しかしそれは、学問的な考察が「キリスト教がもつ」一回的な特殊性を、より大きな連関の中で特別なものだと感じ、さしあたり感じられる対立を最終的なものとしてではなく、段階的な意味での対立として感じるからである。それによって学問的な考察は、初期のキリスト教の個別的で歴史的な形態を究極的なものとはみなさないし、それを新しい歴史的、個別的な形態の出発点とみなすのである。また学問的な考察は、諸時代に対して、学問的な思考を浸透させ、それらの諸時代の絶対性要求の中に、事柄が持っている力が素朴に反映されてしまうという事態を認識するように要請しなければならない。

［1］この行の右側に以下の書き込みがある。「NB！〔注意せよ〕」

〈これまで述べた通り〉学問にできることは、まさに、素朴に感じることができる絶対的なものとして、〈一般的な〉歴史現象〈となった啓示〉の解明ではない。むしろ学問がなし得ることとは、人間的な小さな信仰を、新しい啓示を通して、驚くような仕方で生の充足をもたらす、人間には計算しつくせないような神自身、あるいはあらゆる歴史的なものを超えたところにある無限性や彼岸性という人間の精神的な目標を明らかにすることだけである。神や精神生活の目標が強力に、また生き生きと魂の前に示されている場合には、神の絶対性は、まったく素朴な方法で、神についての体験、証言、意見などを、さらに拡張しなくても伝えることができる。〈このことは偉大な、崇高な宗教の形成にも、混乱の多い、矮小化されたような宗教の形成にも当てはまる。あらゆる宗教においては、独自の方法で絶対性を感じ、素朴な自己確信を喪失してしまわない限り、このようなことが許されているのである。〉歴史学はこのような素朴な確信を奪い去るのであるが、歴史学は、あらゆる宗教を、その背後にある、〈精神的発展の〉巨大な、〈より広い〉諸連関へとつれもどし、そこから、これらの素朴な諸要求の正しさの基準をその度ごとに再形成するのである。歴史的諸宗教が発生時に持つ素朴な絶対性とは、啓示を神から語られた啓示の担い手と神との深い内的結びつきに他ならない。この素朴な価値要求の正しさは、それによって信仰が生み出す救済と解放の力によって測られる。まさにイエスの素朴な絶対性は、天にいる父〔なる神〕が自分を〔この世に〕使わせたのだという彼の信仰、また父〔なる神〕の意志はただひとつの倫理的な真理であり、この父〔なる神〕の約束こそがただひとつの救いであるという確信に他ならない。そしてイエスの〔絶対性の〕要求の正しさは、もっとも強く、純粋な宗教的な理念が、もっとも内的で、明瞭な方法でそこから生み出されているということが示している。しかし人間的な生と、神性の確かさとがこのような仕方で結びついているという事実は、素朴な経験のようであるが、究極的で変わることのない現実性の要素であり、秘儀のようであるが、秘儀という現実性なのである。[1]

[1] この後に以下の書き込みがある。「このようにイエスの人格は現実の大いなる根本的な秘儀に属するものである。イエスの神への服従こそがまさにもっとも大いなる秘儀である。」

さて、〔イエスの〕福音は、もっとも純粋で、もっとも強力な宗教的力の表現なのであるから、〈福音の〉このもっとも純粋で、もっとも強力な要請に満足することで、信仰にとっては十分なのではないのだろうか。[1]もし私たちの宗教的な感覚が、その起源を最古の共同体の信仰と神学にもつ教会的神学や弁証論の深い影響を受けていないのであればこの問いに答えるのは簡単なことであろう。なぜならこの最古の共同体と教会はこの素朴な絶対性には満足しなかったのであり、新約聖書が既に、この素朴な確かさを、弁証法的な思考と結びつけて確立しようという試みに満ちているからである。まさにこの点にこそ、すなわちイエスの説教と、原始キリスト教団の信仰で語られた説教との間にこそ相違点がある。すなわち、イエスの偉大で、自由な素朴さは、事柄それ自体の絶対性なのであり、それは神の国の感覚にあったのだが、イエスをメシアとして、贖罪者として、天における長子として崇拝して集められた共同体では、絶対性の問題はメシアであり、主である〔イエスの〕人格へと移行している。それによって、人格が絶対化され、この救済者の人格の意義はさまざまな文書によって、あるいはグノーシス的な思弁によって証明されねばならなくなったのである。もちろんここでは、原理的な方法による懐疑、あるいはより詳細な議論を必要とするような理論と戦っていたわけではないし、生まれたばかりの共同体が既に固有の神学を持っていたとは思えない。しかし信仰者の共同体と、主であり、偉大な人物との間に当然距離が生み出され、同時に、この偉大な人物を可能な限りその他の者から切り離し、高貴なものとしたいという動き、この偉大な人だけを他の諸連関から切り離そうとすることからうまれる幼稚な、本能的な教義化の動き、自ら計り知れないような努力をし、また可能な限りの信仰をそこに向けようとする衝動、またこの固有の共同体全体に確かな基礎を与えねばならないという必要性、〈キリスト礼拝という新しい宗教による教団形成、洗礼と聖餐〔というサクラメントの制定〕〉、最終的にはユダヤ教との対立、さらには同じように間もなく発生した宗教混合主義との対立などがそこではすでに生じていたのである。これらすべてのものが、既にキリスト教の始初の時代に、イエスの素朴な主張を理論化し、根拠付けることを押し進めることになった。このような基礎付けなしには、生成途上の共同体が求心性をもって持続してゆくことは困難なことであったに違いない。原始教団のメシア信仰、パウロ的なキリスト神秘主義は、それ自体としては、まだ素朴な教義学的な思考のはじまりに過ぎず、〈〔この段階ではまだ〕教会的な教義と弁証論の胚芽であったに過ぎなかった。〉明らかに最終的に、この理論は、教養層たちの文字化された世界へと引き上げられることによって、また学問や哲学的宗教と対立したことによって、完成したのである。そこで完成させられた理論としては、三位一体論、そして原罪論の中にその究極的な形態を見ることができる。〈これらすべてのことと共に、奇跡の問題も、単純な自己理解の領域から、神学的論理の領域へと移されることになった。〉

［1］この行の左側に以下の書き込みがある。「技巧的、弁証論的絶対性」

このようにして、素朴な絶対性から、技巧的で、弁証論的な絶対性が生まれ、さらに、神の約束と神の要求の確かさから、まったく特別な前提と必然性に基づいたキリスト教の独自性という神学的な理論が生まれた。この理論は、錯誤やいいかげんな考えからではなく、まったく独自に、自ずから、さまざまな諸連関の結果として、またユダヤ教の神学と宗教混合主義的に改革された宗教の思弁を模範として、しかも歴史的、批判的な意識はまったくなしに、生まれてきた。このような歴史的、批判的意識の欠如は〔キリスト教だけではなく〕この時代全体に言い得ることであり、〔仮にそのようなものが存在していたとすれば〕このような弁証論が生み出されることを妨げる唯一のものであったであろう。しかしこの弁証論は、キリスト教の二千年に近い歴史の中で、宗教的感情それ自体と深く結びついてしまったので、この感情それ自体が技巧的な絶対性を要求しているかのように思えるほどである。すなわち技巧的な絶対性とは、キリスト教というのは、宗教としての起源の特殊で奇跡的な影響力と、その特殊性を確信させるそれに続く奇跡的な力の故に、他の歴史的な諸現象とは徹底的に異なった現象であると主張し、さらにはこのような特別な立場の故に、まさにキリスト教の救いは永遠であり、唯一のものであるという主張の根拠となっているもののことである。しかし近代以後の世界において、このような弁証論によって守られているキリスト教の教説の内容が、事柄のイメージの大きな変化や、手厳しい、過激な衝突にさらされているだけではなく、とりわけ歴史的な思考方法の台頭によって弁証論の根本思想に最大級の脅威が迫るという事態が発生している中では、この弁証論の純粋に感情に満ちた主張の思い切った逆説も、さまざまな他の宗教のあらゆる真理主張の無神論者風の拒否も、何らかの思弁に基づく中道的な立場も、問題の解決ためには何の役にもたっていない。解決はただ、あますところなく徹底的になされた歴史学的な解釈によってのみ導きだされる。歴史学的な解釈は、私たちに、素朴な技巧的な全体性の主張との違いを示してくれるのであり、この技巧的な絶対性が、まさに相対的なものと見なされるべき歴史的産物であることを認識させることによって、宗教的信仰それ自体を、技巧的な絶対性との内的な結びつきから解放してくれるのである。〔1〕

〔1〕この行の左側に以下の書き込みがある。「NB！〔注意せよ〕」

この技巧的な弁証論は、素朴な本性的絶対性を主張することと、そこまで行かずに四分の一、あるいは半分のところでとどまって比較したり、諸連関を考慮する思考を行うこととの中間的な立場にある。もちろんこの中間的な立場を構成する比較や諸連関を考慮する思考には、ファンタジーやイメージ形成、あるいは伝説などの大衆的な領域に属するものと、普遍的なものを目指して意識的な努力をして、概念化を試みるより高次の領域に属するものとがあるが、いずれの場合も同じことを目ざしている。この技巧的な弁証論は、他の諸連関からのいっさいの孤立化と、自らの固有な光のもとでだけ物事を考察するという従来の考え方から離れることができない。なぜならこの弁証論から生み出された本性的で素朴な絶対性の主張は、その出発点において既に、瞬間的で、歴史的な表現と切り離しがたく結びついているからである。技巧的な弁証論では、両者を分離することを考えない。というのも、一般的にはこれを分離することは、初期の魅惑的な熱狂の中では不可能なことであり、後代になり平静を得てからの思考の中でこそはじめて生まれてくるという考えだからである。それ故に最初の信者たちにとって、イエスの宣教したことの広さも、偉大さも、自由も〔理解することは〕不可能であった。なぜならそれらはイエス自身の魂が生み出したのであり、弟子たちの信仰の体験や信仰が生み出したのではなかったからである。宗教的理念の偉大さも力も、この偉大なる人物のさまざまな言葉や像と結びついているのであり、また直接的に、無意識のうちにこれらと結びついた思想が無制約的な権威にとって変わられたのである。信者たちの本性的な上昇志向と結びついた熱狂や愛が、この権威を、ごく一般的で、ごく人間的なものだと見なそうとする見解から遠ざけるために一役買っているのである。このような立場は、攻撃されたり、懐疑や疑念、さらにはまったく異なった、しかし感銘深い思想と直面する中で、それらを越えるものとして確立されるのではなく、むしろ内的な強制や熱狂的な高揚感などの力をより堅固なものにすることによって得られる権威によって確立されるのである。それ故にこの権威に、あらゆる事柄との関連の中で、攻撃や懐疑、あるいは何かを追加したり、何かを修正しようとするなど、想定され得るあらゆる可能性を与えることが重要なこととなったのである。それどころか最後的にはこの権威には、原理的にすべて排除するような立場さえも与えられたのである。このような仕方で、最初の、そして重要な根本思想が形成された。すなわちそれは神的なものの啓示という思想で、単に〈一般的に〉神的なものであるだけではなく、それに対するどのような人間的な攻撃も、またどのような人間的な追加も可能ではない神的なものという思想である。それ故に、そこでは異なった、対立している立場に対して相対的な正しさを容認する可能性は欠落している。このような相対性はいずれも悪魔や悪霊、あるいは人間的な悪、あるいは愚かさに規定されたものだと見なされている。そこではただ自らの立場だけが積極的に肯定され、他のあらゆるものは消極的に扱われた。それによって、決定的で、根源的にこれらの諸関係を定式化するものとして、超自然的な絶対性が生み出されたのである。すなわち、それは、部分的な内的融通のようなものである。その真理性をも部分的には否定できないような思弁、哲学、倫理的諸力、文化的な必然性と直面した場合、それらに対して相対的な価値を認めた上で関係性を持つことができそうなもの、同種だとみなし得る類似したもの、あるいは同化が可能だと思えるようなものについては、まったく簡単に、自らに固有の真理に属するものとして採用して、自らの真理に由来するものであり、神によってこの真理に向けて位置づけられたものとして採用するのである。しかしあらゆる混乱したものに対しては、同じような方法で、悪霊、あるいは人間的な偽りとして位置づけられるようになる。〈プラトンはモーセの思想を剽窃したものとなり、古代の儀式や伝説の中でもキリスト教と類似したものは、キリスト者をまどわす悪魔の誘惑ということになる。キリスト教がその深い意味を明解にした罪は、子孫へと遺伝する呪いであり、人類の運命となり、それがキリスト教以外の宗教の善と神認識を否定し、逆にキリスト教の側でも容認できるような倫理的・宗教的改革をなした場合には、それは原啓示の残滓とみなされる。それ故にこの原啓示は教会によって始めて真の理性に至ったのだと理解される。〉それによって、第二の大きな根本的な関係規定としての合理的な絶対性というものがうみだされる。この絶対的な合理性によって、キリスト教以外の、あるいはキリスト教以前のあらゆる真理は、すべてこの原啓示の残滓、あるいはキリストにおいて人となったロゴスを準備するための働きとなる。それはたとえ制約を受けているとしても、統一性と持続性とをもった真理であり、キリスト教においては、単にキリスト教という肉に属する肉、あるいはその肉と同一のものとして主張される。最初の思想〔である超自然的な絶対性〕が、社会の底辺で働く人々によって構成され、その後文字としての教養を必要とした共同体との根源的な戦いの中で再形成されてきたのに対して、後者の思想〔であるこの合理的な絶対性〕は、この共同体が教養層にまで拡大されてゆき、世界規模の形態で活動するようになり、世界規模の問題と取り組むようになった弁証論的な文章とともに育てられてきた。それと同時に、あらゆるこれらの思想を細工して概念化し、神学化する道も開かれることになった。それによって教義学と教義学に固有の思考というものが誕生した。教義学的な思考は、あらゆるコントロールや分析を拒否した出発点だけを考え、考えられ得るあらゆる思想と真理とをそれに無意識のうちに融合させ、適応させ、対立するものについては、その部分を単純に切り捨て、残った他の部分は単純に自らのものとして受け容れてしまう。このような教義学的思考から、普遍的な全体理解というものが構成されることになり、ここから、特殊で、奇跡の確かさに裏づけられた啓示と、あらゆるその他の人間的なものとの対立が必然的に生み出され、この特殊な啓示を取り囲むものを、あらゆる世俗的なものから切断して、保証し守るための体系が展開されることになる。日常的な出来事が起こる歴史全体は、単に混乱し、誤りの多い人間的な諸力に押し付け、超歴史、聖なる奇跡の領域、あるいは聖なる啓示の領域を、聖なる奇跡の管理編纂と聖なる教会制度を最終的に確立することで、それに対峙させたのである。キリスト教以外の倫理的、宗教的な力は、単なる本性的な働きに過ぎず、それは原罪に縛られた状態にある、単なるだまされやすい悪徳に過ぎないものとなってしまった。そしてこの絶対的な真理を囲むように、教会制度と教会法、教会の恩寵と真理の具体的で、確実な担い手であり、保証人でもあるサクラメント、聖書、教義、信条、典礼、そして道徳律というような壁が出来上がったのである。これによって全体は、理論的にも、実践的にも、あらゆる面で比較を拒否した、ただひとりの真理として守られることになった。それによって、一方では、絶対的なものと相対的なものの間の亀裂はますます深まり、相対的なものはますます罪に満ち、誤り多く、真理についてはほんのわずかなものが残されているに過ぎない火の粉のようなものとして取り扱われるようになった。ところが他方では、この火の粉は注意深く教会のかまどの隅にひそかに集められていたのである。そしてこの火の粉はある時この聖なるかまどの中で勢いよく燃え上がったのである。すなわち、教会は、自らが産み出したものではなく、かつてはそれを下位に位置付けた形而上学、宇宙論、心理学、倫理、国家学において重視され、あるいは真理とみなされてきたものを、今度は教会に独自な真理の一部として、またそれが生み出したものとして自らのもとにとどめ、それらを教会固有の所有物の本質的な要素として形成することになったのである。このようにして、あらゆる人間にとっての重要な問題とその問題を概念的な思考によって考察するための技巧は、教会の問題として移植され、教会の超自然的な基盤と関係付けられ、教会によってこそはじめて正しく結論へと導かれ、あるべき固有の悟りへと誘導されることになった。受肉についての理論、啓示についての理論、教会についての理論が超自然的な絶対性であるように、キリスト教の教会哲学は合理的な絶対性をもつものと見なされたのである。

素朴な絶対性の、技巧的で、学問的で、弁証論的な絶対性へのこのような転換によって、キリスト教は、他の宗教と比べてみても、その強大な宗教的なエネルギーに対応するような巨大な宗教につくりかえられていったのであるが、〔他方で〕他から切り離され、孤立したただひとつのものとなってしまった。多神教の民族宗教でも、素朴な絶対性の動揺が起こるときには、さまざまな思想との衝突が起こっても自らに固有な信仰が守られるように、普遍的な理論、学問的な神話理解、さまざまな民族の神々の宗教混合的な平均化というものを生み出すようになっていた。確かにその弁証論はキリスト教と類似しているのであるが、キリスト教の教会形成はそれとは異っており、より広範囲にわたる動機や諸動向に基づいて形成された普遍宗教から生み出されている[4]。いずれの場合でも、自らの主張に制約された本性的な絶対性は、素晴らしい、独自な神的なものの証明へと高められる。この教説は、他の諸宗教に対しては、ただひとつの真理として主張されるが、内部の個々人の信仰の逸脱に対しては正統信仰として提示されるし、高揚したり、深化したりする省察をともなう精神的な生に対しては、既に確定された神的な知恵として示される。

聖典、聖なる教義、聖なる律法、あるいは物質的なものとは一線を画し、確かなものとして保証された恩寵の手段は、いずれの宗教においてもそのような遺産の創始者である預言者と結びついている。そして、ある場合には神話化された神学の方に、また他の場合には、思弁化された神学の方に展開し、この唯一つの真理を取りかこみ、それに収斂されてゆく精神的生の内容との深い関係を確立する。まさにキリスト教の弁証論というのは、このような形成と、ただ類比関係にあるだけではなく、部分的にはそれを受容しているし、継承してもいる。キリスト教の弁証論は、そこでこそ歴史的出来事と、意味に満ちた書物と律法が結びついているユダヤ教的啓示神学と歴史神学とを継承し、ユダヤ教的な霊感説を受け継いでいる。キリスト教の弁証論は、〈特に〉、受肉理論の影響を少なからず他から受けてきた。それによって、宗教混合主義的な思弁と〈神秘主義〉が、秘儀の教説に弁証論的な支柱を与えることになった。〈中世では、キリスト教の弁証論は、ユダヤ教神学やイスラム神学を通して、教義の超自然的な権威への理性による自然的な補足を行うという、アリストテレスによって準備されてきた考え方を受容したのである。〉それによって、類比は、似たような宗教的絶対性の理論の領域をはるかに超えて行くようになった。類比という考え方が最初に発生した時には、まったく正しく、必然的なものとして感じられたあらゆる生の理念的な内容が、理論として確立されたのだと見なされた。すなわち、具体的で必然性のあるものだと感じられていたものが、概念として必要で、自立していて、永続するものに作り変えられ、社会教説、文化科学、論理学、形而上学、とりわけ倫理学では、〈言葉の哲学的な意味において〉教義学的な思考を根拠付けるものとなった。〈神学的な意味と哲学的な意味はお互いよく似ている。両者はおなじような魂の状況の中から生まれる。〉神学的な絶対性理論が形成された精神的な状況というのは、他の諸科学においても同じで、そこにも教義学的な考え方が存在していたので、この理論は、他の諸科学に対しても相互に確かな関係を実際には持つことができたのである。

この技巧的な絶対性は、ひとつの概念的な関係規定に他ならない。そして概念的な関係規定においてただひとつの確かな点というのは出発点、すなわち〔信じる者たちにとっては〕あらゆることがそこから取り扱われる、体験され、また遺伝のように継承されてきた信仰に他ならない。そして他のあらゆるものは、この出発点を受け容れるのか、それとも拒否するのかということによって、その立場が明らかにされる。この技巧的な絶対性は、連関を見出すこと、また比較することによってもたらされる。はじめは、あらゆるものを規定している素朴な絶対性の影響のもとにあるので、それ自体がまさに素朴なものである。すなわち、その連関性の範囲は大変狭く制約されているし、ファンタジーが生み出した単純で、生き生きとしたイメージで簡単に満足していたのであるが、しだいにその範囲は拡大され、あらゆるものを包括する理論にまで展開されてゆくようになった。この段階での技巧的な絶対性は比較、連関を見出すことであった。さらにさまざまな思考によって、最終的には学問によって確信を与えられた。〈このような技巧的な絶対性は、カトリシズムでは、教皇の無謬説によって実践的な面を補強されているトマスの体系を生み

出し、プロテスタントでは、聖書の霊感に実践的な支えを持つ、自然的な光と超自然的な光をひとつにした教養学を生み出した。〉

比較、結合、対立、統合という要素は、このような仕方で受容され、また〈神学的・教養学的な〉学問形成に寄与することになったのであるが、もちろんその程度であり続けたわけではない。これらの要素は、教養学的な前提が保持していたことを超えて、さらに刷新され、拡大され、より原理的に解釈された比較や分類へと向かった。それによって、比較し、連関を見出すべき項目はさらに増大して行き、複雑化する。しかしそれによって見出される共通する連関は、ますます以前は教養学的に確かさを得ていたものから遠くなり、むしろ全体を把握することができるような事柄の中心へと向かって行くようになった。それによって、超自然的な理論がより厳格に基礎付けられ、原理的な反理性主義が、合理的に引き出されたり、教養学的な理性が神学のあらゆる細胞に入り込んで、神学を合理化し、神学が本来もっていた性格とは正反対のものにしてしまうということが起こった。このようにして、新たな原理的な理論、形而上学的な理論、宇宙論的な理論、心理学的な理論がそこから生まれたのである。それによって、神学の主要な要塞をより堅固に守るための戦いを、これらの理論に委ねるようになったのであるが、同時にこれまでの思考の全体的な基盤と結びついた認識論的な研究が、神学的な問題の対象となる根本概念を脅かすことにもなった。〈そして最後には、自然科学から生み出された新しい世界像が、聖書や教会哲学の古代的な世界像とお互いに衝突することになってしまった。〉その一方で、弁証論的な超歴史は、世俗の歴史学が、自らの限界性を指摘し、攻撃してくるのを抑えられなくなった。それだけではなく、むしろ世俗の歴史学が、より多くの成果をあげるようになったのである。なぜなら、歴史学は、単に神学的な教説の内容を脅かしただけではなく、教義学的な神学の試みを支えている柱さえも、それを合理化することよって無意味なものにしてしまったからである。ここでは大変激しい戦いが交わされ、その結果大変悲惨な譲歩がなされたのである。つまり神学は、聖なる現象についての研究を、世俗の出来事の研究方法に、ひとつひとつ適応させてゆくようになった。神学はそれによって、単に現在の宗教と過去の宗教との類比、宗教の経典の成立と世俗的な著作の成立との類比、キリスト教宗教と他の宗教との類比だけではなく、最終的に〈神学は〉、揺籃期のキリスト教の周囲に位置づけられる、直接的、間接的にキリスト教に影響を与えた宗教史的な諸展開を展望することにまで手を出すことになり、そこからさらにそれらの問題を展開し、さまざまな諸宗教の絶対性、教会、教義、経典、啓示、そして神学等を取り扱え得るような普遍的な宗教史一般へと展開してゆかねばならなくなったのである。

このような状況の中で、古い手法であるが、奇跡についての教説と啓示についての教説との結合、あるいは自然的な神認識の理論と原罪の教説の結合によって、教会的弁証論の技巧的絶対性を獲得しようとする方法は終わりを告げることになる。そしてひとは、歴史学をその射程の広さや長さの故に、また類比や進歩についての考えの故に、神学的な思考の基盤として容認するようになり、歴史の思弁的な構成に着手した。最初のうちは、ためらいがちに、理神論のように古代教会の思想に依存していたのであるが、しだいに〈〔ゴットホルト・エフライム・〕レッシングや〔ヨハン・ゴットフリート・〕ヘルダー以来の〉ドイツ観念論の歴史哲学のように遠慮なく、そして独創的な試みをなすようになった。超自然的絶対性と合理的絶対性から進化論的絶対性が生まれた。進化論的絶対性は、克服されるべき対立を強く意識することで、問題をより明確に定式化したのであり、そのことを印象付けるために「絶対性」という表現を用いたのである。ここでは、これまで唯一つの固有で、超自然的なものとして啓示された真理であるキリスト教は、言葉の本来的な意味での絶対的な宗教、すなわち宗教の本質を完全に概念化し、宗教の理念を実在化した宗教となった。その際、正統主義の特殊な教義学的形態の犠牲になっていたものに対して、内容的なものが競り勝ったのである。キリスト教はもはや、単に受肉、奇跡、予言によって認識される真理、すなわち、確かなことなのであるが、はっきりと完全に示された真理ではない、などとは言われなくなる。キリスト教は、宗教の概念を完全に説明しつくしている完全な真理として、すなわち、永遠の概念を歴史的な実体や歴史的媒体を浄化することによって獲得した真理となる。このような過大化とイエスの説教との根本的な距離感、すなわちイエスはつねに究極的な救済を待望していたにもかかわらず、そこから離れてしまうということこそが、ここでまさに技巧的な絶対性ということで意味していることである。この技巧は、現実的な歴史に適応されることによって完全に明らかになる。それによって、今やただ個別的で、時間的なもので、その目標が絶対的なものに方向付けられた形成物だけが認識されることになる。それによってあらゆる関連する思想、限定条件、諸制約などが力を失ってしまうことになる。それらは、はじめはキリスト教的な超自然性によって既に解決済みの諸前提として、〈神学的・歴史的〉研究を助けたり、その営みを軽減したりしてきたものなのであるが、それらはもはや用済みとなる。そしてこのような技巧的な絶対性の最終的な構成も、現実の歴史学の手によって破壊されてしまったのである。私たちは、これによって、再び、私たちがここで取り扱いたいことの全ての出発点に立つことになる。私たちの主題についてさまざまな側面から徹底的に光をあてたが、それによってこの主題に含まれている問いに答え、同時にこれまでの議論を通して定式されることになった疑問にも応えることが、最終的に可能にならねばならない。

表面的に装っただけの上辺だけの学問は神から遠ざかろうとする。また表面的にだけ歴史にふれているに過ぎない歴史学は、さまざまな絶対性の矛盾の中にある宗教はこなごなになるまで破壊してしまわねばならないと信じている。しかし、単に事実に固着し立ち止まるだけではなく、それらの歴史的事実の諸連関をも探求する歴史学は、この絶対性の中に、まだ得ていないが歴史の目標として置かれている絶対性の表現を見出すことが出来る。もちろんそれは、事柄の内的必要性によって素朴に感じられたものであり、まさに素朴さに制約されている。しかしそれが制約されていて、限界性を持っていると見なされているのは、ただ他との比較が完全に欠如していて、そのために自らの高次の生についての固有の認識が、究極的で、ただ一つの立場であるかのように感じられているということだけがその理由である。むしろこの素朴な絶対性は、相互に異なったさまざまな明晰性や諸力によって意味深いものとして示されるし、宗教的な目標も、そのようにして示された明晰性や諸力によって、積極的に人間をこの世界から解放し、救済しようとするものとして、この世に対置される。キリスト教だけが、この対立関係を原理的に完成させたのであるが、キリスト教の絶対性の要求は、もっとも内的に自由で、普遍的なものであり、その要求はただ宗教の創設者の魂とだけ結びついており、死せる文字と結びついてはいない。もちろんキリスト教の絶対性の要求にも、自らを、キリスト教的思想の始原にある、個人的・歴史的形態と同一視し、他の諸真理については何らの考慮もせずに、自己の正しさをただ自己自身から受け取ろうとしている限りでは、具体的に言えば最後の審判の待望に強く表現されているような素朴さの制約がつねに付随していることになる。このような制約性は、〈もちろん〉歴史それ自体がこの制約を破壊した後では、克服することが可能になる。[1a]すなわち、歴史的な動向が、そのような制約を超えて行くことを完成させるだけではなく、歴史的な認識も発展の体系の中にそのような制約を克服する場所を見出すことによって、自らをただひとつの立場に固着させるような考えからは解放される。それ故に、決定的なことは、絶対性の要求ではなく、この要求に映し出される事柄の種類と強さ、すなわち宗教的・倫理的理念世界と生活世界それ自体なのである。それ故に、啓示の要求、救済の要求、そして価値妥当性の要求の種類や強さの研究ではなく、それによって要求されている事柄についての判断からこそ、キリスト教の価値妥当性は証明されるべきなのである。しかし事柄それ自体が要求に取って代わるということが起こるときに、さまざまな要求の相対性と類比もキリスト教に対して何も証明することができなくなる。それによって、まさにひとは、絶対性の要求の特殊な様式もまた実は事柄それ自体の特殊な様式に対応しているということを示されるのである。しかし本質的なものというのは、事柄それ自体の特殊な形態のことであり、要求の特殊な形態のことではない〈5〉[1b]。

[1a]-[1b] 初版では「そして、キリスト教的な救済信仰に近代の個人的・歴史学的形態を容認させることは、いかにしてそのような形態の中でキリスト教的な救済信仰が素朴な絶対性を十分に主張し得るかという問題なのである。またそれは、歴史についての偉大な理念的な力と、直接的で歴史的な最初の形態の放棄との間でどちらを決断することが意味を持つのかという問題である。要求自体はこれまで、いずれも否定されてはいないし、修正されてもいないし、人間の魂の救済にとってはイエス・キリストの他に根拠を置くことはできないということであり続けている。」

しかしこのことによって、単に学問に対するもはや避けがたい譲歩をするだけではなく、事柄に固有な内的要求として、宗教的な感情をも満足させねばならない。〈事柄それ自体を、最初の素朴な形で登場した絶対性を結びつけ、その後は技巧的に理論化された絶対性の形態から剥がしとることは可能である。預言者的・キリスト教的な人格主義が正しく存在している間は、この人格主義が絶対的なものへと焦点を合わせること、またその視点が他のものよりも優れていることは確かなこととされていた。キリスト教的な原理は、古い啓示理論、救済の理論、唯一の真理についての理論、原罪の理論から切り離され、この分離によって、自由になり、生き生きとして近代的な世界像という視点に足を踏み入れたとしても、なお確かなものとして維持される。〈6〉〉弁証論のこの技巧的な絶対性は、教義学的で、精神的な雰囲気の中で、単純に継続や発展を続けていた限りにおいては、事柄に慰めを与えたり、それを高揚させたりする力を持っていた。しかしその場合でも、この技巧的な絶対性に付随する、まったく人間的なもの、すなわちさまざまな戦い、ねたみ、傲慢、精神的な脅迫がしばしば脅威を与えるようなものであったために、批判的、歴史的な思考が支配する雰囲気を技巧的な絶対性がかもしだすことは、敬虔な感情にとっては重荷となったのであり、それに対する聖職者によるしめつけ、神学的に厳密な議論が強められることによってこのような重荷は逆に負担としてのしかかることとなった。確かにこの重荷は、歴史学が登場したことによってたいへん難しい課題になったのであるが、しかしここでも歴史学が最後までその思考を貫き通すことができるならば、その困難から自由になれるはずである。なぜならもしそうするならば、私たちはそこで、素朴な絶対性と、事柄の本質に基づきより高次の精神的生の普遍的な現象に基礎付けられた技巧的、弁証的な絶対性との違いを見出すことができるからである。この弁証法的な絶対性は、素朴な要求からの本性的な脱出によって、また比較や比較の成果として得られた要素を徹底させる仕方でなされる自己分析によって明らかにされる。しかしこの自己分析が、まさに私たちを歴史学へと導いてゆくことになり、私たちの始原にある素朴な絶対性を、より低次の宗教的真理の啓示の要求から区別することによって認識させてくれる。このようにして、弁証法的絶対性は、イエスの宣教をあらゆる原始キリスト教的、教会的弁証法から識別して、私たちが認識し得るものの中で最大で最高のものであるイエスの素朴な偉大さ、広さ、自由さへと私たちを〈立ち帰らせる〉。そしてここで私たちをとらえているのは、イエスの力なのであり、私たちはそれを良心によって、もっとも高次の宗教的な力であるとみなし、畏敬の念と魂の力をもってそれに全てを委ねようとする。さらにそれは、私たちのような歴史学によって提示された歴史の多様性に巻き込まれた者たちに、そこに到達するために通過しなければならないような困難の多い道や遠回りを忘れさせてしまうような力である。宗教的な感情というのは、歴史を繰り返し忘れることができるものであり、忘れることがゆるされているものである。さらにそれに従って生きるとは、素朴な絶対性によって、神の現臨の中で私たちに開示されている、ただひとつの目標とその直観に全てを委ねて生きることである。[1a]しかし、宗教的な感情は、歴史と偉大なる宗教的な人格によって強められることを必要とするので、また共同体の結びつきやその継承のため、礼拝儀式が可能になるため宗教的感情の基盤にあるものの現在化が不可避となる。ここで宗教的な感情は再びこの歴史的な基盤に立ち返らざるを得なくなるので、共同体の形成や深化に直接的に寄与する現在化された歴史から、歴史的・批判的な知識をひとまず切り離して取り扱うことができるようになるのである。そして歴史的・批判的学識の正しさがより確かなものとして認められるようになればなるほど、この現在化された歴史は、自らの歴史にとって内的な意義をもつ伝承を偏見なく用いることが許されるようになる。〈7〉[1b]

［1a］－［1b］初版では「神学や弁証論ではなく、歴史学という重荷から自由にされた心による単純な規定がパウロの告白の中で語られている。すなわちイエス・キリストによらない他のいかなる基盤が置かれたことは一度もない。」

イエスの像が、原始キリスト教の弁証論と、素朴で、聖人伝風の教義学によってどれだけ覆い隠されてしまったとしても、決して否定できないものとしてくりかえしイエスの像から輝き出すものは何かといえば、それはイエスがもっとも高貴で、深いことを驚くほどの単純さをもって明瞭簡潔にのべる時のあの素朴さ、そしてあらゆることを彼が彼自身をこの世に遣わした父〔なる神〕と結びつける時の率直さである。それは研究をめぐって立ち込めていた暗雲が消え、太陽が出て晴れわたる時、いつでもそこに最終的な結論として見出されるものである。すなわち、人類のさまざまに存在する真理や価値に共感し、それを追体験する中で、イエスの道を試みようと考える者は、もっとも明解で、もっとも集約された宗教的生命力を表現している、自由で素朴な表現の中に、私たちを支配する神的な生のもっとも高貴な啓示の暗示を認識する。またこのように考える人は、この絶対性の要求が素朴な制約を含んでいることを否定しないであろうし、この宗教的な生命が、新しい存在形式の中で、新しい思考と密接に結合されることも恐れないであろう。私たちの今日の知識は欠けが多く、不完全なものであることが、私たちに、この新しい結びつきもまた歴史的な制約性を帯びていることに注意を喚起すべきことを示唆している。もっともこのような人は、どのような場合でも、神による生を、神の前で生きるであろう。すなわち私たちがイエスから受け取った、イエスが私たちの生のために戦い、その戦いに勝利を得たという信仰であり、それは私たちに常に新しい勇気を与え、私たちを強めるものである。また他方でこのような人は、自らのこのような信仰と他の人の信仰との間にもはや橋渡しできないような断絶を設定したりはしないし、他の信仰を持つ人々が体験した救いを否定することによって、自らの信仰の確かさをより強めようとしたりはしないであろう。それどころか、その人が知っているより高次の救済へと他の人も導こうとするに違いない。またこのように考える人は、キリスト教の歴史から、完成した、そして今後も持続可能な宗教の理念を引き出そうとはせずに、むしろ私たちを歴史の中で、歴史を導く神の導きの手に信頼し、イエスと同じように、将来における救いの啓示とその完成に信頼するであろう。[1a]私たちは、私たちの知らない何世紀にもわたる人類史について心を乱されたりするべきではない。私たちは、ごく身近な道を照らすことができ、そこで私たちが知るべきこと、あるいは知らねばならないことをそこで明らかにできればそれで十分なのである。また私たちのこの時代の課題としては、四方八方から押し寄せる、宗教的カオスと宗教的な退廃を退けることが重要なことである。

それ故に最後に、結論として次のように述べることが許されるであろう。すなわち、ここで主張しようとした立場というのは、キリスト教的なものを主張するために、既に放棄した理論に戻らねばならないようなものではないし、歴史的な展望の全体から結論を導き出すために、キリスト教的なものを放棄しなければならないようなものでもない。確かにこの立場は多くの点で従来の神学とは異なっている。しかし、この立場は、〔この世界の〕全体的な状況の根本的な変化、近代の歴史学が切り開いた地平、近代の発生論的な思考を前提にしている。そこではいくつかの点が修正されればよいというのではなく、全体的な見方が全て新しく問い直されねばならないのである。またそれは、近代的な精神である汎神論や相対主義的な傾向に対して、キリスト教的人格主義の中に、私たちの宗教的、精神的存在の放棄できない貴重な財産を見る人々によって、今日改めて答えられれば済むというような問題でもない。近代の自然科学は、古代的・キリスト教的、また中世的な世界像を完全に作り直すことを要求しているが、もしかすると神学者は、この点でも、問題と真剣に取り組んで、いくらかの小さな取り組みによってこの問題に助けを与えられると考えているかもしれない。しかしここではそんなものは問題にはならなかった。なぜならここでは近代の歴史学的な思考の影響こそが問題だったからである。この歴史学的思考の影響は、根源的なもので、あらゆる宗教的な立場に対して根本的な思考の転換を求めているが、それは、キリスト教的な人格主義を排除しないし、キリスト教こそが絶対性についての独自の取り組みをしているのだということを否定もしない。全体を得るためには、全体を見なければならない。それ故に、今日の私たちの教会の教義学、すなわちいくらかは自由にされた教義学と、この教義学と密接に結びついた実践的・教会的立場から生じてくるものそれ自体は問題なのではない。そうではなく、ここに横たわっているのは、私たちの前にある将来への発展という困難な問題である。しかしこの困難な課題については、キリスト教的な理念世界の状況についての十分な理論的明晰性を要求し、それを獲得することなしには、明解に、確実に取り組むことはできないに違いない。もしそうであるならば、不可避的に譲歩や妥協ということが生まれてくるであろうが、この譲歩や妥協が、はじめから、神学の本来的な目的であるべきではない。[1b]

[1a]-[1b] 初版では「そのように、宗教史についての学問的論述も、宗教史的な視野を広げるという意味でパウロの素朴な信仰告白を受け入れるべきであろう。そしてそのことは、何千年も後になって多くの情報によって苦しめられ、歴史学によって疲弊させられている人類が、生の単純で、自由で、明解な感情へと立ち返ることを助けることになるであろう。救済の確かな、そしてもっとも強い根拠はイエス・キリストなのである。」

原註

第1章

（1）これについては以下の書物を参照のこと。〔Wilhelm〕Windelband, *Geschichte u*〔*nd*〕*Naturwissenschaft*, Straßburg 1894,〔Heinrich John Rickert〕, *Grenzen der naturwissenschaftlichen Begriffsbildung* I, Freiburg 1896, ders., *Kulturwissenschaft und Naturwissenschaft*, Freiburg 1899, ders., Les quatre modes de l'universel en historire,〔in〕, *Revue de synthèse historique*, 1901,〔Georg〕Simmel, *Probleme der Geschichtsphilosophie*, Leipzig 1892,〔Wilhelm〕Dilthy, *Ideen über eine beschreibende und zergliedernde Psychologie*, Sitz. Ber. der Berliner Akademie 1894,〔Hugo〕Münsterburg, *Grundzüge der Psychologie* I, Leipzig 1901 また〔ミュンスターブルクの〕書物についての批判を書いた Otto Ritschl, *Die Krausalbetrachtung in den Geisteswissenschaften*, Bonn 1901 を参照のこと。私はこの批判については彼が類型の概念を保持しているという点についてだけ賛成である。さらに〔Rudolf〕Eucken, *Die Einheit des Geisteslebens in Bewußtsein und Tat der Menschheit*, Leipzig 1888. 最後に私の論文であるが、〔Ueber〕historische und dogmatische Methode in der Theologie〔. Bemerkungen zu dem Aufsatze „Ueber die Absolutheit des Christenthums" von Niebergall〕in: Theolog〔ische〕*Arbeiten aus dem rheinischen* wiss〔enschaften〕. Pred〔iger〕.- Verein 1900）と〔Johann Jacob〕Herzog が編集した百科事

典〔*Realenzyklopädie für protestantische Theologie und Kirche*〕に寄稿した「啓蒙主義」「ドイツ観念論」「理神論」の項目を参照のこと。その中で私は特に近代の歴史概念の成立の歴史を明らかにした。[1]〈さらに私はこの二つの論文の間に、この問題についての研究を続けて、Das Historische in Kants Religionsphilosophie. Zugleich ein Beitrag zu den Untersuchungen über Kants Philosophie dev Geschichte, in: *Kantstudien* 9.（1904), 21-154という論文を書いた。この問題の重要な側面を解明しようとした論文としては〔Arvid〕Grotenfeld, *Die Wertschätzung in der Geschichte. Eine kritische Untersuchung*, Leipzig 1903と〔Julius〕Goldstein, *Die empiristische Geschichtsauffassung*〔David〕*Humes*〔mit Berücksichtigung moderner methodologischer und erkenntnistheoretischer Problem〕. Eine philosophische Studie, Leipzig 1903。そして最後にWalther Köhler, *Idee und Persönlichkeit in der Kirchengeschichte*, 1910を参照のこと。〉

［1］この後に以下の書き込みがある。「G〔abriel〕Monod, *Les maîtres de l'histoire. Renan, Taine, Michelet*〔, Paris〕1894〔,〕O〔tto〕Stock, Kulturphilosophie,〔in:〕*Beil*〔*age*〕*z*〔ur〕Allg〔emeinen〕Z〔eitung〕1902 Nr. 9 u 10〔1902〕」

（2）〔フェルディナント・クリスティアン・〕バウルの大変大部な研究はここで重要である。彼の原理は*Das Christentum*〔*und christliche Kirche*〕*der drei ersten Jahrhunderte*, Tübingen 1860（2. Aufl.）の序文において明らかにされている。その他ではそれぞれの方法に基づくものであるが、優れた研究としてはとりわけEduard Caird, *The evolution of Religion*, Glasgow 1894（2. Aufl.）とOtto Pfleiderer, *Religionsphilosophie auf geschichtlicher Grundlage*, Berlin 1896（3. Aufl.）が重要である。またキリス

ト教とイエスの人格の関係についての適応例としては、イエスの生涯についての今日でもなお注目すべき〔Theodor〕Keim, *Der geschichtliche Christus*, 1866 (3. Aufl) が重要である。特にこの著作における教義学的・歴史哲学的な方法の利用が特徴的である[1]。シュライアマハーとヘーゲルの歴史哲学的・宗教学的理論の後、多くの研究書が刊行されたが、私見では、それ以上にすぐれた視点をもった研究、より徹底した研究は見出されない。あらゆる点でドイツ観念論の歴史理論的・発展哲学的教説こそが重要なのであるが、そのような認識は今日でも大変貧弱である。神学者こそ、彼らの研究を有効なものにするはずのこの原理を理解することを必要としているはずなのにそのようにはなっていない。〈本書の初版から再版までに刊行された書物の中で重要な研究書としては次のようなものがある。〔Georg〕Wehrung, *Der geschichtsphilosophische*〔*Standpunkt*〕*Schleiermachers zur Zeit seiner Freundschaft mit den Romantikern*〔, Straßburg〕1907 と同じ著者による *Die philosophisch-theologische Methode Schleiermachers*〔. *Eine Einführung in die kurze Darstellung und in die Glaubenslehre*, Göttingen〕1911、また〔Hermann〕Süsskind, *Christentum und Geschichte bei Schleiermacher*, Tübingen 1911 がある。最終的にはシュライアマハーの思考のプロセスは彼の教会的な信仰論では挫折している。そのことを考えるならばヘーゲルの方がはるかにその議論が徹底していることは否定できない。ヘーゲルの歴史哲学についても再版までに重要な研究書が刊行されている。この問題については〔Emil〕Lask, *Fichtes Idealismus und die Geschichte*.〔Erster Teil, Berlin〕1902 で指摘されており、Wilhelm Dilthey, *Die Jugendgeschichte Hegels*,〔Berlin: Verlag der königlichen Akademie der Wissenschaften〕1905 で詳細に展開されている。〉

［1］この後に以下の書き込みがある。「より古い文献としては〔カール・〕ウルマンのシュトラウス批判がなお重要である。「歴史か神話か」〔Carl Ullmann, [Rez.] David Friedrich Strauß: Das Leben Jesu. Kritisch bearbeitet, 2 Bände, Tübingen: C. F. Osiander, 1835 und 1836, in:〕*Theologische Studien und Kritiken* 9 (1836) 770-816。またそれに対するシュトラウスの「二つの反論」。〔フリードリヒ・テオドール・〕ヴィシャーのシュトラウス〔批判〕〔Friedrich Vischer, Dr. Strauß und die Wirtemberger. Eine Charakteristik. in: *Hallische Jahrbücher für deutsche Wissenschaft und Kunst*, 1838, 449-550, ders., Doctor Strauß charakterisirt (Fortsetzung des Artikels „Strauß und die Wirtemberger" Nr. 57-69). in: *ibid.*, 1838, 1081-1120.〕、ウルマンのヴュルテンブルク年鑑とヴィッテンベルク年鑑に出た批判、一八三八年〔ウルマンの批判はヴィッテンベルク年鑑にはなく、これはヴィシャーの論文の誤りであろう。〕。そこでのシュトラウスのイエスの生涯についての著作との対決の中に、この問題のすべてが提起されている。しかしその取り扱いは決定的なものではない。なぜなら、そこでは一方で因果的、目的論的に思考された汎神論が、他方で自然的なものを徹底的に破壊することで構成された超自然主義が見出されるし、出来事を純粋に歴史的な認識として取り扱われるための条件や論理的な規範は一度も見出されないからである。つねにヘーゲル的、シュライアマハー的な（この点では特に考え抜かれた）、教会的な超自然主義的なカテゴリーが使用されているのであるが、しかし事柄が歴史的な認識の本質それ自体から導き出されたことはないし、その議論の中に閉じこもったままである。歴史的な論理学のあらゆる試みは、それは決して偶然ではなく新カント派的な運動に遡り、自然科学との論理との並行性を見出そうとしているので、カントが実際に取り扱ったこととの取り組みを書いている。」

（3）これは基本的には〔フランツ・ヘルマン・ラインホールト・〕フランクの神学の傾向であり、そこから引き出された業績である。私はこのフランクの神学は、近代の正統的教義を保守する正統信仰のもっとも偉大で、深く、明快な展開であると思う。この点については既に言及した〔ルートヴィヒ・〕イーメルスの論文、またさらに優れた〔彼の〕著作である *Die christliche*

Wahrheitsgewißheit〔,〕*ihr letzter Grund und ihre Entstehung*, Leipzig 1901 を参照のこと。フランクが努力したことは、要するに超自然的なものの確認を心理学的・内在的な要因に還元することであった。それによって形而上学的本質と歴史的本質という儚い要因、原罪の中にある人間に働く神の奇跡、聖書において保証されている救済の事柄の奇跡的啓示が獲得されると考えたのである。しかしまさにこの最後の決定的な転換が困難な問題なのである。イーメルスはこの転換がフランクによってなされ得たとは考えていないのであり、彼自身がそのための一層の努力をしたのである。それにもかかわらず私はイーメルスがその証明に成功したとは考えてはいない。同じような努力がカトリック神学にも出現しているということは興味深いことである。その場合も〔プロテスタントの側と同様に〕、外的・歴史的権威の証明というのは不可能であるという動機がそこには働いている。この点についてはLucien Laberthonnière, L'Apologétique et la méthode de Pascal, in: *Revue du clergé français*, Februar〔, 7 (〕1901〔)〕, 472-498〕〔四七四頁〕を参照のこと。ここでラベトニエールはパスカルに従い、しかしフランクの用語との不思議な一致によって、自らの方法を内在的（la méthode de l'immanence）な方法と名づけている。最後に、〔ヨハン・トビアス・〕ベックと〔マルティン・〕ケーラーが構築したような堅固な体系も同じような根本思想に基づくものであることが指摘されるべきである。この点についてはケーラーの著作についての書評であるErnst Troeltsch, [Rez.] Martin Kähler, Dogmatische Zeitfragen, in: *Göttinger gelehrter Anzeigen*〔, 161 (〕1899〔)〕, 942ff を参照のこと。まさにイエスの宣教活動についてのケーラーの研究における逆説的な立場こそ、このような考えの歴史学的な困難さをもっとも鮮明にしているものである。ケーラーについては、困難な問題がフランクの場合とは異なった場所で明らかになっている。

〈(4) この点については私が書いたユリウス・カフタンに対する論争的な論文を参照のこと(*Geschichte und Metaphysik*, in: *Zeitschrift für Theologie und Kirche*, 〔8 (1898), 1-69〕)。この論文では主張されていたヘーゲル的な立場を、本書ではハインリヒ・リッケルト〔の *Die Grenzen der naturwissenschaften Begriffsbildung. Eine logische Einleitung in die historischen Wissenschaften*, 2 Hälften, Tübingen 1896 und〕, 1902〕の影響を受けて、批判主義的な立場から取り扱うようにしてみた。リッケルトに対する私の批判点については Moderne Geschichtsphilosophie, in: *Theologische Rundschau*, 6 (1903). 3-28, 57, 72, 103-117 を参照のこと。〉

(5) この点については拙著 *Die wissenschaftliche Lage und ihre Anforderung an die Theologie*, Tübingen 1900, 13-27 を参照のこと。古代キリスト教の神学と、非キリスト教的諸宗教との対決、またそこで行われた古代的、「学問的」な神話解釈の利用について研究することは特別に有用なことであろう[1]。〈古代のキリスト教徒たちの歴史哲学については〔アドルフ・フォン・〕ハルナックの *Mission und Ausbreitung des alten* 〔Christentums in den ersten drei Jahrhunderten, Leipzig〕1902, 177-179 を参照のこと。〉

〔1〕この後に以下の書き込みがある。「古代のキリスト教の歴史哲学については、〔アドルフ・フォン・〕ハルナックの *Mission* 〔*und Ausbreitung des alten Christentums*〕S 177-189」

(6) この点でまず参照すべきは、このような立場の全体的な特徴を教え示す書物である〔Johannes〕

Stainbeck, *Verhältnis von Theologie und Erkenntnis*-Theorie erörtert an den theologischen Erkenntnis-Theorie von A. Ritschl und A. Sabatier〕, Leipzig 1899 が重要である。〈内的な奇跡を奇跡としては証明できないことは、既にドゥンス・スコートゥスが超自然的な習慣の批判の中で明らかにしたことなのであり、スコートゥスはその代わりに、教会と権威という外的奇跡を対置させたのである。これについては〔Reinhold〕Seeberg, *Die Theologie des* 〔*Johannes*〕 *Duns Scotus*, Leipzig 1900 の三一〇頁を参照のこと。また一九〇七年の教皇〔ピウス一〇世〕の回勅 Pascendi〔dominici gregis〕もまた宗教的認識を力の内在性や宗教的内在性に基礎付けることを克服しようとしている。その理由は、このような根拠付けでは、奇跡や奇跡による絶対性の根拠付けを危うくすることになってしまうからである。この点については、〔Alfred〕Loisy,〔Simples〕*réflexions* 〔*sur le décret du Saint-Office Lamentabili sane exitu et sur l'encyclique Pascendi dominici gregis, deuxième édition*, Ceffonds〕, 1908, 16f. でのごく簡単な批判を参照のこと。〉さらに次に〔Adolf〕Harnack, *Das Wesen des Christentums*, Leipzig 1901〔アドルフ・フォン・ハルナック『キリスト教の本質』春秋社〕の四一頁を参照のこと。「それによって、福音は他の宗教のように実定的な宗教のひとつではないということ、また福音は律法主義的なものも排他主義的な性格を何ひとつもっていないこと、そして福音こそがまさに宗教それ自体であることが示されている」のである。また四四頁、さらに〔彼のベルリン大学神学部〕学部長就任講演である *Die Aufgabe* 〔*der theologischen Facultät und die allgemeine Religionsgeschichte*, Berlin 1901〕の一五頁でも同じことが述べられている。「人はキリスト教を求めて努力する時に、宗教一般を求めて努力しているのである」（一六頁）。このようなことを書いたので、すぐに人を異端呼ばわりする連中〔たとえばルートヴィヒ・レーメ Ludwig Lemme,

Das Wesen des Christentums und die Zukunftsreligion. Siebzehn Reden über christliche Religiosität, Berlin 1901〕の無理解によって、〔アドルフ・フォン・〕ハルナックは理神者だと決め付けられてしまったのである。

第2章

（1）発展概念についての私の批判は、私の次の論文 Die Selbständigkeit der Religion, in: *Zeitschrift für Theologie und Kirche*, 5 (1895), 361-436, 6 (1896), 71-110, 167-218 と私の〔August Johannes〕Dorner, 〔*Grundriss der*〕*Dogmengeschichte*〔*: Entwickelungsgeschichte der christlichen Lehrbildungen*, 1899 G. Reimer: Berlin〕についての書評 *Göttinger Gelehrter Anzeige*〔163 (〕1901〔)〕, 265-275 を参照のこと。さらに〔Emil〕Lask, *Fichtes Idealismus*〔*und die Geschichte*; Kleine Schriften, Tübingen 1914〕56-68 をも参照のこと。

（2）この点については、私が既に〔序文で指摘した〕批判者たちの諸論文のみをあげておきたい。第一にあげねばならないのは〔エルンスト・グスタフ・ゲオルク・〕ボッバーミンの理論 (*Zeitschrift für Theologie und Kirche*, 10 (1900), 417, 421, 423 を参照のこと)、そして第二に〔フリードリヒ・〕トラウプ（とりわけ *Zeitschrift* 〈*für*〉 *Theologie und Kirche*, 11 (1901), 314-〔3〕17 を参照のこと）であろう。そしてトラウプに近い立場にあるのが〔マックス・ヴィルヘルム・テオドール・〕ライシュレ〔Max Reischle, Historische und dogmatische Methode der Theologio, in: *Theologische Rundschau* 4 (1901), 261-275, 305-324〕であろう。このような理論の帰結として、私がここで展開しているような立場というのは、その動機も、根拠もかたくななもので、それは自己欺瞞であると説明され、これまで述べてきたような「キリスト教の特殊な確かさ」の基礎付けによって得られるものが、論理上先行して、実際には時間的にも先行しているまったく異なった確信（トラウプの論文の三一七頁、ライシュレの論文の三二一頁）が、実際には私のキリスト教についての立場にひそかに持ち込まれていると説明されている。しかしこれに対しては私も同じようにかたくなに反論したいと思う。私の感性からすれば、「キリスト教的な因果性」を含まない「キリスト教的な認識」は、技巧的にも、不完全なものである。しかしこのような認識論を完全に捨て去ってしまうとしたら、残された方法は相互に戦っているような大宗教の諸類型を描き出すような自然で、率直な視点、またこのような諸類型に基づく態度決定、さまざまな形式で表現される実現されるべきひとつの共通の目標によって、これらの認識を行うということである。私たちが経験しているような宗教の危機の中では、他の類型の宗教の研究を真剣に行うことは、単なる知的お遊びに過ぎないようなものであってはならず、内容に関わる真剣な問題なのであり、具体的な、内的動揺を経験した後、最終的な決定に至るのである。このような決断が、ついには根本的な態度決定となっている。しかしこの場合、態度決定は何から生じているのかといえば、熟考から生まれたのであり、宗教的な生、そしてそれについての感覚や理解を持つことが出来る人であれば、そのような人間が共通にもっている概念の中に、そのような態度の根拠を求めているのである。またより高次の精神的な生に関する他のさまざまな価値についての態度決定も同じように行われているのである。ここでは、あるひとつの特殊な類型を、最初からずっと保証された古典的なものとして特別扱いするような理論を持ち出す人は誰もいない。このような取り扱い方は、宗教の実践的な特色、あるいは哲学の諸理論に対する宗教の独自性を理解させようとしてきた近年の神学的な傾向に近いものである。このような立場の神学が学問的な考察において、私たちに考慮するように求めてくるものは、自然的な理性に基づく哲学の諸議論ではなく、実際には自らの宗教ともっとも類似するような現象としての他の諸宗教の姿なのである。このような要求を重視する神学が生み出す成果としては、一時的なものに過ぎないが、たとえば他の宗教創始者、あるいはその創始者が求めることとイエスとの比較を行い、それを現実的な連関の中に持ち込み、根拠付けることから生み出させるということであろう。それ故に比較ということが重要な意味を持つことになる。〔たとえば〕イエスにおいて、その取り扱いの中で要求よりも事柄それ自体の方が優先されている場合には、〔グスタフ・アドルフ・〕ユーリヒャーが『〔教会史の方法、課題、目標についての〕現代のさまざまな見解の相違』（一九〇一年）の〔一五頁から〕一六頁で皮肉っているように、「イエスの理解において回り道をして、ゾロアスター教を経由して〔イエスに至るような〕」ことが、試みられかねないのである。

第3章

〈(1) 以下に続く一〇九頁から一三四頁までの議論は、〔フリードリヒ・〕ニーチェの論文「生に対する歴史の利害について」〔Friedrich Nietzsche, Vom Nachteil der Historie für das Leben〕の一部とあわせて、〔マックス・〕フェリシャイゼン＝ケーラーが編集した『近代哲学——その立場と諸問題についての入門読本（*Moderne Philosophie: Ein Lesebuch zur Einführung in ihre Standpunkte und Probleme, Stuttgart 1907*）』に収録された。この二つの断片はいずれも歴史主義の諸問題を具体化していると言うべきであろう。〉

〈(2) この点については〔ヴィルヘルム・〕ヴントの（私の考えではこの学説は多くの点でなお自然主

義的な立場に留まっているのであるが）「創造的ジンテーゼ」について述べられている、彼の著作〔Wilhelm〕Wundt, *System*〔*der Philosophie*〕1897（2. Aufl.）の五九六頁を参照のこと。さらに既に言及した〔ハインリヒ・〕リッケルトの諸著作のみならず、彼の〔*Der*〕*Gegenstand der Erkenntnis*〔*Einführung in die Transzendentalphilosophie*, 2., verbesserte und erweiterte Auflage, Tübingen, 1904〕における普遍法則的因果性と個別的因果性との区別（二一二から二一六頁）、さらに彼が〔クリストフ・フォン・〕ジグヴァルトへの哲学献呈論文集のために一九〇〇年に書いた論文 *Psychophysische Causalität und psychophysischer Parallelismus*〔, *in: Philosophische Anhandlung. Christoph Sigwart zu seinem siebzigsten Geburtstage* 28. März 1900 gewidmit von Benno Erdmann, u. a., Tübingen, 1900, 59-87〕、さらにもっとも興味深い論文としては、アンリ・ベルクソンの *Essai sur les données immédiates de la conscience*, Paris 1901 と *Materie und Gedächtnis*〔, Jena: Eugen Diederichs, 1908〕として一九〇八年にドイツ語に訳された *L'évolution créatrice*, Paris 1907 を参照のこと。〉

（3）この点については、拙論 Christentum und〔Religionsg〕eschichte, in: *Preußische Jahrbücher*, 87 (1897),〔GS Bd. II, 338-363〕を参照のこと。

（4）この点については拙論 Selbständigkeit der Religion, in: *Zeitschrift für Theologie und Kirche*, 5〔1895〕420-422 を参照のこと。

（5）このような考察によって、私が前述の Selbständigkeit der Religion、また Metaphysik und Geschichte〔正しくは Geschichte und Metaphsik〕, in: *Zeitschrift für Theologie und Kirche*, 8 (1897),〔1-69〕で行った議論をより徹底化させ、また部分的には厳密化することができた。というのも、

以前の議論では、宗教概念という理念は、ほとんど厳密な定義を放棄せざるをえなかったからである。その他ここで取り上げられるべきこととしては、〔ルドルフ・〕オイケンの新しい書物 *Der Wahrheitsgehalt der Religion*, Leipzig〔: Veit & Comp.,〕1901 が重要である。そこで展開されている考えは私に近い。しかし私見によればオイケンの絶対性の問題についての解決もまた早急すぎる。すなわち、オイケン自身の方法に従うならば。このような問題との取り組みの前提を破壊してしまうことになる。というのも彼の考えは、自然の所与の事実との戦いの中で生じる前方に置かれた目標という理念によって全て支配されており、しかもこの目標はこの戦いの中では、ただ原理的なものの出現とその保証を行っているだけで、現実的には実現していないからである。〈第二版までの間に刊行されたものとしては同じくオイケンの著作である *Können wir noch Christen sein?*〔Leipzig: Veit & Comp.,〕1911 を参照のこと。〉

第4章

（1）この点については拙論 Was heißt „Wesen des Christentums?" in: *Christliche Welt*, 17（1903）, 443-446, 483-488, 532-536, 578-584, 650-654, 678-683〔GS II, 386-451〕を参照のこと。

（2）拙論〔Die〕Selbständigkeit der Religion,〔in: *Zeitschrift für Theologie und Kirche*, 5（1895-〕1896）, 186-205 を参照のこと。

第6章

〈（1）これは、キールの〔教区教会の〕監督である〔テオドール・〕カフタンが本書で主張されているような立場に対して行った信仰裁判〔の書である *Ernst Tröltsch. Eine kritische Zeitstudie, Schleswig: Julius Bergas, 1912*〕と関わる問題である。彼は教皇の回勅である Pascendi dominici gregis とまったく同じような方法で近代主義者に対して対応しているが、私の近代主義的〔だと彼がいう〕考え方についての描写と、判決の調子はどちらかと言えば教皇よりは上品であるという点では、まだ良心的である。しかし実際にはその方法は本質的にはまったく同じである。その結論は、私の考えは、聖書的（すなわちパウロ的）・教会的立場とはさまざまな点で一致しないとされ、むしろ私が古い超自然主義的な形態のキリスト教な理念の立場から自立してしまっているという点で、私は神学者ではなく、キリスト教徒であることさえあやうく、せいぜいキリスト教的な宗教哲学者であるか、せいぜいキリスト教的に着色された新プラトン主義者だというものである。しかし私の思想についてこのような断罪を下す根拠、すなわち自然科学、歴史学、哲学などの根拠は何もふれられてはいない。「反超自然主義であるということがその判定〔理由だ〕」〔八五頁〕と主張すれば事足りるということなのであろう。私が自らの根拠を述べる際に用いる愛用の神学的方法に基づいて、それは自己欺瞞だと言われている。私を誘惑して、このような結論を提示させたのは、「この世のものにとらわれてしまった」〔五三頁〕私の思いであり、それはすなわち〔神の〕霊に逆う意識なのだというのである。それ故に〔そのような結論に至った理由は〕この世の意識への固有なこだわりだというのである。このような神学は、その妄想を行き着くところまで行かせるのであれば、その方法や前提を世俗的な諸学部のそれと共有させるということになってしまうであろう。これが彼による判決である。確かにこの点にこそ相違点があるのであり、その点ではカフタンがいうような意味で、本書は神学的なものではない。この書が取り扱っているのは真理であって、神学ではない。この書物で主張したいことは、真理を普遍的な学問の方法という基盤の上で取り扱う可能性である。カフタンはこのように述べて、私がこの問題について取り上げてきたことを確認しているだけで、私は、私が行った問題の「入れ替え」によって自ら裁かれることになるというのである。もし、このような理由から、私を免職させ、影響を及ぼさないようにするほうがよいという結論を引き出すというのであれば、もはやそれに対する反論をして、再び批判する必要もないであろう。なぜなら私自身は、近代の諸学問の諸分野が、今日の世界におけるキリスト教や宗教的な立場を困難にしているものだと見なしているものの方を、教会貴族たちの発言よりも重要視しているからである。それ故に教会的教説からの逸脱を確認したり、意味連関における接合部分を切断してしまい、カフタンのような物言いをすることで問題が解決するとはとても考えられない。それ故にカフタンによる吟味によって私に与えられた「キリスト教的な新プラトン主義者」という言い方を私は喜んで受け容れたいと思う。その言い方を逆にして、新プラトン主義的なキリスト教徒というのであればなおふさわしい。なぜならもしそうであるならば、私はもっとも教養ある教会教父たちとのよき交わりをなすことができたであろうから。また彼らはこれと似た判決さえ避けようとはしなかったのであるから。そして私にとって慰めは、主なる神が、宇宙〔という教区の〕監督ではないということであり、それ故に私はまったく平安に、キリスト教徒であり続けることができるということである。私がどのように〔カフタンの判決の〕意味を理解するかは、この書物が、とりわけこの最後の部分が実際には明らかにすることである。〉

（2）〈もうひとつ比較することで対決すべき〉他の方向としては、宗教心理学と宗教的認識論、それと同時に一般的な心理学と認識論へと向かう方向があるが、それはここでは取り上げない。この問題について私は、〔既に述べた〕私の論文「宗教の自立性」があることを示しておきたいと思う。もちろん私はできればこの論文における議論に新しい形態を与えたいと願っている。なぜなら、そうすることは私の批判者にとって有益だと思うからである。〈――〉さらに同じように、この問題についての第三の主要な方向、すなわち近年の宇宙論、生物学、心理学、倫理学が描き出すような事物の姿と、宗教的な思想の描き出す事物の像との関係の再建という方向についてもここでは考察されない。この点については以下の拙著を参照のこと。*Die Wissenschaftliche Lage und ihr Anforderungen an die Theologie. Vortrag gehalten auf der Versammlung der sächsischen kirchlichen Konferenz zu Chemnitz am 9. Mai 1900*, Tübingen, Freiburg i. B., Leipzig: J. C. B. Mohr (Paul Siebeck), 1900, 49-56. この論文では、さらに詳細に論じる必要がある問題について、不十分で、プログラム程度にすぎないような内容の議論しかしていないことを認めざるを得ない〈――〉。しかし実際にはそれで十分であるということも言いえる。宗教について積極的な立場をとる現代の哲学は、実際にはこのようなプログラムをさらに詳細に論じようとする試みに他ならない。〈この点については、既に指摘した〔ルドルフ・〕オイケンの著作〔*Der Wahrheitsgehalt der Religion*, Leipzig: Veit & Comp. 1901〕と Émile Boutroux, *Science et religion dans la philosophie contemporaine*, Paris: Ernest Flammarion, 1908（ドイツ語版は一九一〇年）を参照のこと。

〈(3) この点についての興味ある事例としては、〔アルトゥール・〕ボーヌスの論集『宗教的危機について』(Arthur Bonus, *Zur religiösen Krisis*, Jena: Eugen Diederichs, 1911) の第1巻に収録された「キリスト教のゲルマン化について」と第四巻に収録された「新しい神話について」(〔いずれも〕一九一一年) である。彼の主題と私の主題は、かなり重なりあっており、彼の議論は、宗教的な感覚の転換について、多くの適切な判断を提供してくれるものである。ただ私は、ボーヌスと、彼のプラグマティズムに基づく「反知性主義」と、あらゆる宗教的な思想を生の意志、すなわち主体性から引き出す方法、そしてそれ故に神思想を煙のように消してしまう方法に賛同できないのである。〉

（4）この点については以下の拙論を参照のこと。Religion und Kirche, in: *Preußische Jahrbücher* 87 (1895),〔215-249〕.

〈（5）この点については本書の九七頁から一〇三頁までを参照のこと。それは絶対性を要求する神学であるリッチュル学派のことを考える場合には重要なことである。私自身もこのリッチュル学派の一員だったのだが、既に述べたような類比と平行関係の取り扱いをめぐってこの学派から離脱したのである。〉

〈（6）ここで主張されているようなキリスト教については、拙論 Die Zukunftsmöglichkeit des［sic］freien Christentums, in: *Logos*〔*Internationale Zeitschrift für Philosophie der Kultur* I (1910/11), 165-185 を〕参照のこと。〔これは改題されて、Die Zukunftsmöglichkeiten des Christentum im Verhältnis zur modernen Philosophie, in: GS II, 837-862 に収録されている。〕〉

〈（7）この点については『歴史と現代における宗教』（*Die Religion in Geschichte und Gegenwart*〔通称ＲＧＧ〕）という事典の項目である「信仰と歴史」〔Glaube IV. Glaube und Geschichte, in: RGG hg. von Friedrich Michael Schiele und Leopold Zscharnack, Bd. 2, Tübingen: J. C. B. Mohr (Paul Siebeck), 1911, Sp. 1447-1456〕と私の講演である「信仰にとってのイエスの歴史性の意義」〔Die Bedeutung der Geschichtlichkeit für den Glauben, in: *Die XV. Christliche Studenten-*

Konferenz. Aarau 1911. Den 13. Bis 15 März, Bern: A. Francke, 1911, 85-112〕を参照のこと。またこの点については〔カール・〕ベートが『神学展望』（一九一二年）の一―二一頁に書いた論文〔Die Bindung des Glaubens an die Person Jesu, in: *Theologische Rundschau*, 15 (1912), 1-21〕での批判を参照のこと。彼は二つの拙論の間には矛盾が見出されるのだといい、後者の論文での方法は、表面的な議論しかしていないし、恣意的だとさえ述べている。確かに彼のような教義学者、すなわち概念の必然性を求める教義学者にはそのように見えるのかもしれない。私は実践的で、歴史学的な立場をとるが、この立場を取る場合には、心理学的な必然性というのは、概念的な必然性のはじまりに過ぎないものとみなされている。私は永遠的なものと概念的なものとの結合については、教義学者に任せたいと思う。なぜなら彼らはそれらについて私よりもよく知っているはずだからである。もちろん、このような立場が宗教的な共同体の理念と実践に与える強い影響については、以下の拙論で私も指摘している点である。すなわち *Die Trennung von Staat und Kirche, der staatliche Religionsunterricht und die theologische Fakultäten*, Tübingen: J. C. B. Mohr (Paul Siebeck), 1907; *Die Soziallehren der christlichen Kirchen und Gruppen*, Tübingen: J. C. B. Mohr (Paul Siebeck), 1912 である。〉

訳註

〈初版への〉序文

〔1〕原著では序文は第二版、初版の順であったが、読みやすさと内容を考慮して、初版、第二版の順で訳した。

〔2〕Adolf Harnack, *Die Aufgabe der theologischen Facultäten und die allgemeine Religionsgeschichte. Rede zur Gedächtnissfeier des Stifters der Berliner Universität König Friedrich Wilhelm III in der Aula derselben am 3. August 1901*, Berlin: Gustav Schade (Otto Franke), 1901, auch: Gießen: J. Ricker'sche Verlagsbuchhandlung (Alfred Töpelmann), 1901.

〔3〕Adolf Jülicher, *Moderne Meinungsverschiedenheit über Methode* [,] *Aufgaben und Ziele der Kirchengeschichte. Rede gehalten beim Antritt des Rektorats am 13. Oktober 1901*, Marburg: N. G. Elwet'sche Verlagsbuchhandlung, 1901 (= Marburger akademische Reden, 1901, 5).

〔4〕Ernst Troeltsch, Ueber historische und dogmatische Methode der Theologie (Bemerkungen zu dem Aufsatze „Ueber die Absolutheit des Christentum" von Niebergall), in: *Theologische Arbeiten aus dem rheinischen wissenschaftlichen Prediger-Verein* N. F. 4 (1900), 87-108, auch in: *Gesammelte Schriften*, Bd. II, 729-753.

[5] Carl Albrecht Bernoulli, *Die wissenschaftliche und die kirchliche Methode in der Theologie. Ein encyklopädischer Versuch*, Freiburg i. B., Leipzig, Tübingen: J. C. B. Mohr (Paul Siebeck), 1897.

[6] Ernst Troeltsch, [Rez.] Carl Albrecht Bernoulli, Die wissenschaftliche und die kirchliche Methode in der Theologie. Ein encyklopädischer Versuch, Freiburg i. B., Leipzig, Tübingen: J. C. B. Mohr (Paul Siebeck), 1897, in: *Göttingische gelehrte Znzeigen* 160 (1898), 425-435.

[7] Wilhelm Herrmann, *Der Verkehr des Christen mit Gott im Anschluss an Luther darstellt*, J. G. Cotta 1886.

[8] Georg Wobbermin, Das Verhältnis der Theologie zur modernen Wissenschafte und ihre Stellung im Gesamtrahmen der Wissenschaften, in: *Zeitschrift für Theologie und Kirche* 10 (1900), 375-438.

[9] Max Reischle, Historische und dogmatische Methode der Theologie, in: *Theologische Rundschau* 4 (1901), 261-275, 305-324.

[10] Ernst Troeltsch, [Rez.] Richard Adebert Lipsius, Lehrbuch der evanglisch - protestantischen Dogmatik, 3., bedeutend umgearbeitete Auflage, Braunschweg: C. A. Schwetschke und Sohn, 1893, in: *Göttingische gelehrte Anzeigen* 156 (1894), 841-854.

[11] Ludwig Ihmels, Die Selbständigkeit der Dogmatik gegenüber der Religionsphilosophie, in: *Festschrift seiner königlichen Hoheit dem Prinzregenten Luitpold von Bayern zum achzigsten Geburtstag dargebracht von der Universität Erlangen*, Band I: Theologische Fakultät, Erlangen, Leipzig: A. Deichert'sche Verlagbuchhandlung Nachf. (Georg Böhme), 1901, 187-220, auch als Sonderabdruck: Erlangen, Leipzig: A. Deichert'sche Verlagbuchhandlung Nachf. (Georg Böhme), 1901.

〔12〕Jean-Jacques Rousseau, Émile ou De l'éducation, in: *Œuvres completes*, Bd. 4 (1969), 555.

〔13〕Carl Friedrich Georg Heinrici, *Dürften wir noch Christen bleiben? Kritische Betrachtungen zur Theologie der Gegenwart*, Leipzig: Verlag der Dürr'schen Buchhandlung, 1901.

〔14〕Gustav Theodor Fechner, *Die Drei Motive und Gründe des Glaubens*, Leipzig: Breitkopf und Härtel, 1863

〔15〕Ernst Troeltsch, Die Selbständigkeit der Religion, in: *Zeitschrift für Theologie und Kirche* 5 (1895), 361-436, 6 (1896), 71-110, 167-218.

〔16〕Rudolf Eucken, *Der Wahrheitsgehalt der Religion*, Leipzig: Veit & Comp., 1901.

〔17〕たとえば Max Reischle, Historische und dogmatische Methode der Theologie, in: *Theologische Rundschau* 4 (1901), 261-275, 305-324.

〔18〕Brief Kants an Johann Georg Hamann, 8. April 1774, in: *Kant's Gesammelte Schriften*, Band 19: Zweite Abteilung: Briefwechsel, Band 1 (1900), Brief Nr. 80, 153 ただしトレルチはかなり文章を改変し、引用している。

〔19〕Friedrich Schleiermacher, *Die christliche Sitte nach den Grendsätzen der evangelischen Kirche im Zusammenhange dargestellt. Aus Schleiermacher's handschriftlichen Nachlasse und nachgeschrieben Vorlesungen*, hg. von L. Jonas, Berlin 1843, 302f.

第II版への序文

〔1〕Wilhelm Herrmann, [Rez.] Ernst Troeltsch: Die Absolutheit des Christentums und die Religionsgeschichte. Vortrag gehalten auf der Versammlung der Freunde der Christlichen Welt zu

Mühlacker am 3. Oktober 1901, erweitert und mit einem Vorwort versehen, Tübingen, Leipzig: J. C. B. Mohr (Paul Siebeck), 1902, in: *Theologische Literaturzeitung* 27 (1902), 330-334.

〔2〕Paul Jaeger [Jäger], Ist das Christentum unüberbietbar?, in: *Christliche Welt* 16 (1902), 914-921, 938-943.

〔3〕Rudolf Eucken, [Rez.] Ernst Troeltsch: Die Absolutheit des Christentums und die Religionsgeschichte. Vortrag gehalten auf der Versammlung der Frende der Christlichen Welt zu Mühlacker am 3. Oktober 1901, erweitert und mit einem Vorwort versehen, Tübingen, Leipzig: J. C. B. Mohr (Paul Siebeck), 1902, in: *Göttingische gelehrte Anzeigen* 165 (1903), 177-186.

〔4〕Johannes Thomä, *Die Absolutheit des Christentums. Zur Auseinandersetzung mit Troeltsch*, Leipzig: A. Deichert'sche Verlagsbuchhandlung Nachf. (Georg Böhme), 1907.

〔5〕Friedrich Brunstäd, *Über die Absolutheit des Christentums*, Leipzig: A. Deichert'sche Verlagsbuchhandlung Nachf. (Georg Böhme), 1905.

〔6〕Karl Beth, Das Wesen des Christentums und die historische Forschung. Eine Auseinandersetzung mit D. Troeltsch, in: *Neue kirchliche Zeitschrift* 15 (1904), 85-100, 173-188, 253-266, 343-360, 468-485.

〔7〕Carl Friedrich Georg Heinrici, *Theologie und Religionswissenschaft*, Leipzig: Verlag der Dürr'schen Buchhandlung, 1902.

〔8〕August Wilhelm Hunzinger, *Probleme und Aufgaben der gegenwärtigen systematischen Theologie*, Leipzig: A Deichert'sche Verlagsbuchhandlung Nachf. (Georg Böhme), 1909.

〔9〕Ludwig Ihmels, Blicke in die dogmatische Arbeit der Gegenwart, in: *Neue kirchliche Zeitschrift* 16 (1905),

65-78, 79-93, 273-311, 495-522.

〔10〕Wilhelm Bousset, Kantisch-Friessche Religionsphilosophie und ihre Anwendung auf die Theologie, in: *Theologische Rundschau* 12 (1909), 419-436, 471-488.

〔11〕Eduard Spranger, *Die Grundlagen der Geschichtswissenschaft. Eine erkenntnistheorie-psychologische Untersuchung*, Berlin: Reuther & Reichard, 1905.

〔12〕Theodor Kaftan, *Ernst Tröltsch. Eine kritische Zeitstudie*, Schlesweg: Julius Bergas, 1912.

〔13〕Rudolf Eucken, *Hauptprobleme der Religionsphilosophie der Gegenwart*, 3.,Verbesserte und erweiterte Auflage, Berlin: Reuther & Reichard, 1909.

〔14〕Paul Wernle, *Einführung in das theologische Studium*, Tübingen: J. C. B. Mohr (Paul Siebeck), 1908.

〔15〕Ernst Troeltsch, Die Bedeutung des Begriffs der Kontingenz, in: *Zeitschrift für Theologie und Kirche* 20 (1910), S. 421-430.

〔16〕Ernst Troeltsch, Die Mission in der modernen Welt; 1. Die Schwierigkeiten; 2. Die Pflicht; 3. Sinn und Geist der Mission in der modernen Welt, in: *Christliche Welt* 20 (1906), Sp. 8-12,26-28, 56-59.

〔17〕Ernst Troeltsch, Missionsmotiv, Missionsaufgabe und neuzeitliches Humanitätschriftentum, in: *Zeitschrift für Missionskunde und Religionswissenschaft* 22 (1907), 129-139, 161-166.

〔18〕Ernst Troeltsch, Die Bedeutung der Geschichtlichkeit Jesu für den Glaube, in: *Die XV. Christliche Studenten-Konferenz*. Aarau 1911. Den 13. Bis 15. März, Bern: A. Francke, 1911, 85-112; auch: Tübingen: J. C. B. Mohr (Paul Siebeck), 1911.

〔19〕Ernst Troletsch, *Die Soziallehren der christlichen Kirchen und Gruppen*, Tübingen: J. C. B. Mohr (Paul

Siebeck), 1912.

〔20〕トレルチは *Die Religion in der Geschichte und Gegenwart. Handwörterbuch in gemeinverständischer Darstellung*, hg, von Friedrich Michael Schiele, 4. Bde., Tübingen: J. C. B. Mohr (Paul Siebeck), 1909-10 に以下の項目を執筆している。Offenbarung, Aemter Christi, Akkommodation Jesu, Berufung, Concursus divinus, Dogma, Dogmatik, Erlösung: II, Eschatologie: IV, Gericht Gottes. 2., Gesetz. Übersicht. I., Gesetz :II. Dogmatisch, Gesetz: III. Ethisch, Glaube: III. Dogmatisch, Glaube IV. Glaube und geschichte, Glaube: V. Glaubensartikel, dogmatisch, Gnade Gottes: III. Dogmatisch, Gnademittel, Heilstatsachen, Kirche: III. Dogmatisch, Naturrecht, christliches, Prädestination: III. dogmatisch, Prinzip, religiöses, Theodizee: II. Systematisch, Weiterenentwickelung der christlichen Religion.

〔21〕これはヴィルヘルム・ヘルマンが以下の書評で指摘したもの。Wilhelm Herrmann, [Rez.] Ernst Troeltsch: Die Absolutheit des Christentums und die Religionsgeschichte. Vortrag gehalten auf der Versammlung der Frende der Christlichen Welt zu Mühlacker am 3. Oktober 1901, erweitert und mit einem Vorwort versehen, Tübingen, Leipzig: J. C. B. Mohr (Paul Siebeck), 1902, in: *Theologische Literaturzeitung* 27 (1902), 330-334 指摘した文章は 330。

第3章

〔1〕Julius Welhausen, *Geschichte Israels*. In 2 Bände, Band 1, Berlin, Freiburg i. B., 1866.

〔2〕Adolf Jülicher, *Einleitung in das Neue Testament*, 1. und 2. Auflage Freiburg i. B., Leipzig, 1894 (= Grundriss der Theologischen Wissenschaften 3, 1).

〔3〕Adolf Jülicher, *Die Gleichnisreden Jesu*, Theil 1: Allgemeiner Theil 2: Auslegung der Gleichnisreden der drei ersten Evangelien, Freiburg i. B., Leipzig, 1888 und 1899.

〔4〕Adolf Harnack, *Lehrbuch der Dogmengeschichte*, Bd. 1: Die Entstehung des kirchlichen Dogmas, Freiburg i. B., 1866.

〔5〕Johann Wolfgang Goethe, Sprichwörtlich, in: *Sämtliche Werke. Briefe, Tagebücher und Gespräche*, 1. Abteilung: Sämtliche Werke, Band 2: Gedichte 1800-1832 (1988), 395.

第5章

〔1〕第5章は、初版にはなかったが、第二版であたらしく独立した章となり、新たな議論が付加された。その後、初版では第5章とされていた章が第二版では第6章となった。

第6章

〔1〕初版ではこの章は第5章であった。

解題

エルンスト・トレルチ『キリスト教の絶対性と宗教の歴史』を読む

深井智朗

1　一八八七年四月二二日のゲッティンゲンと東京

一八八七年四月二一日のことであった。ゲッティンゲン大学神学部は、学則に定められ、一七八四年以来「ドイツの大学で唯一、皇帝陛下の希望により制度運用が開始された学生のための懸賞論文」のその年の受賞者を発表した。審査結果を発表した学部長は、今回の懸賞論文には、ただひとつの長文の論文が提出されただけであったこと、またその論文は課題との取り組みにおいては十分とは言えないが、優れた才能がその記述には見出されること、それ故に賞金は通常の半分に減額されることなどを説明した後に、受賞者の名前を発表した。その年の受賞者は「エルンスト・ペーター・ヴィルヘルム・トレルチ、アウクスブルク出身の神学試験候補生」であり、それ

エルンスト・トレルチ

を発表した学部長は、組織神学及び教会法講座正教授であるアルプレヒト・リッチュルであった。リッチュルはこの時代のプロテスタント神学を思想的のみならず、政治的にも支配していた高名な学者であったが、彼は名前を伏せたまま行われた審査段階でも、この論文には批判的な見解を述べていた。しかし他の審査にあたった教授たちの高い評価を受け入れこのような結果を報告したのであった。

この年の課題は「ヘルマン・ロッツェの良心論とそのキリスト教弁証論にとっての意義」であった。この論文はトレルチ自身によって、あるいは大学によって刊行されることはなかったが、前世紀末になってトレルチ研究者であるホルスト・レンツによって発見、編集され、紹介されたので今日ではそれを読むことができる。この論文は偉大なるプロテスタント的スコラ神学からドイツ観念論に至るまでの遺産を十分に受け継ぎつつ、しかしその終焉を予感させ、さらにはトレルチが後に展開することになる新しい問題構成を先取りしている。トレルチはこの論文で二五ドゥカーティンに相当する金メダル、換金するならば当時のレートでおよそ一一二マルクの賞金を得た。

まったく同じ日のことであった。東京の本郷壹岐坂（今の新壹岐坂とは別の場所）にドイツ人宣教師ヴィルフリート・シュピナーの努力と、彼の支持者、援助者、庇護者の支援によって新しい学校が設立された。その学校はドイツ語でTheologische Schuleと名づけられ、日本語では「新教神学校」と呼ばれた。また同じ年の一〇月三一日には新しい会堂が完成し、そこでキリスト教の礼拝も始まった。これらの建物の並びには、かつて森鷗外も通ったドイツ語学習塾進文学社があり、そこはもともと小笠原壱岐守下の屋敷があった場所であった。この学校は名前の通りプロテスタント神学を教えるいわば私塾で、おそらく日本で最初にドイツ神学を専門的に教えた学校である。ちなみにこの時の校舎は仮校舎であったが、後にこの学校の校舎と会堂はドイツの建築家で明治期の日本の建築に大きな影響を与えたヘルマン・ムテジウスによって設計され、建築が行われた。ムテジウスの設計による建物として今日でも有名なのは旧司法省の建物であるが、これは現在でも霞ヶ関に法務史料展示室（通称赤レンガ棟）として保存されている。神学校の校舎も教会も今日では何も残っていないが、残された写真を赤レンガ棟と比べてみるとその雰囲気が大変似ていることにすぐに気が付く。

偶然であるが、ゲッティンゲンと東京というまったく離れた場所で同じ日に起こった、まったく無関係に思えるこの出来事が、実は不思議な仕方でつながっており、本訳書『キリスト教の絶対性と宗教の歴史』（以下「『絶対性』論文」と略す）の成立とも深く関係している。どのようなつながりなのか。

2　ドイツ普及福音伝道会

まずは本郷壹岐坂の新教神学校と教会を紹介したい。既に述べた通りこの学校と教会は、ドイツ人宣教師シュピナーの指導のもと、当時の在日特命全権公使オットー・グラーフ・フォン・デンホフが中心となり設立されたドイツ系のプロテスタントの教会であるが、この教会はアメリカの教会の伝道会社の支援によって設立された明治期の他の教会とは異なり、ザクセン＝ヴァイマール＝アイゼナハ大公カール・アレクサンダー・アウグスト・ヨハンの庇護のもとに、バーデンの領邦教会のひとつの教区、あるいはブランチとして東京に建てられた。この教会の運営はAllgemeiner evangelisch- protestantischer Misssionsverrein と称する社団によってなされ、日本では「普及福音新教伝道会」、「普及福音教会」と呼ばれていた。

この教会で最初に洗礼をうけた日本人信徒のひとりが鷲津美代子であった。鷲津は作家・永井荷風の祖母にあたる。荷風は子どもの頃、祖母につれられてこの本郷区の壱岐坂にある教会に通って、しばしば「スピンネル〔シュピナー〕博士と云って、独逸の伯林から来た宣教師」の話を聞いていたと自ら書いている。この婦人は儒学者鷲津毅堂の妻で、荷風は四歳から七歳まで祖父母が下谷竹町に持っていた家に預けられていた。この儒学者の妻がキリスト教の信者となり、普及福音伝道会の最初の教会の信者となったのである。荷風の『下谷叢話』に「儒者の遺族が耶蘇教と信徒となり外国宣教師の手によって葬らるるに至ったのも亦時勢の然らしめた所であろう」とある。

この時代アメリカからやってきた他のプロテスタント教会は、太平洋を渡って極東の地までやってくるのであるから、敬虔な宗教心をもって、人々を真の宗教であると彼らが信じるキリスト教に改宗させようという強い志をもっていた。もちろん普及福音新教伝道会もキリスト教の布教を志していたのであるが、彼らは既にアメリカから多くのキリスト教伝道団体が来日している中で、さらに新しい教会を設立する必要はないとも考えていた。彼らはいわば外圧による開国によって日本の宗教市場が開放されたことで、自らの宗派の日本での拡大を考え、日本に支店を出した他の諸勢力とは違って、さまざまな宗教が存在する中でも、キリスト教宗教の独自性、あるいはヨーロッパのキリスト教社会が生み出した文化の特質を日本人に理解してもらえればと考えていた。ところが、他のアメリカ系の教会が、この普及福音新教伝道会の異質性に気づき、露骨な批判を展開したために、彼らには新しい教会を設立する意志はなかったにもかかわらず、アイロニックなことに意図せざる仕方で他の教会とは違った彼らの教会を設立せざるを得なくなったのである。

彼らはこう主張していた。「従来の伝道では異教の人々をキリスト教に改宗させようとするのに急であり、しかも、そこには宗派独自の世界観が介在していた。〔しかしこのような考えは改められるべきであり〕不純物をとり去ってイエス・キリストの宗教に立ち返って伝道しなければならない。」そして「キリスト教とキリスト教の文化を非キリスト教諸民族に、それらの諸民族の中に既に存在している真理契機と関連させながら広める」ことこそを目ざさねばならない。そのため、普及福音新教伝道会は、まずシュピナーの自宅でこの新教神学校を設立したのである。この学校で教えられていたのは同時のドイツの大学神学のカリキュラムとほぼ同じもので、規模は小さいが優れた教育を行った。

一八九一年に行われた新校舎の落成式には東京帝国大学の総長であった加藤弘之が招かれ「新教神学校の課程を見ると、帝国大学文科大学に一人の姉妹を得たような気がして誠に喜ばしい」と祝辞を述べた程である。

第一三代日本銀行総裁となり、戦時中は枢密顧問官であった深井英五はこの学校の学生であったが、彼は当時の教育について次のように回顧している。「〔オットー・シュミーデル〕先生から学んだ研究方法は其の後種々の方面に応用することが出来ました。文書の背景及び含蓄に慎重の注意を払う習慣は、先生に負う所が多いと今に思って居ます。マルクスの著作の訓詁や、外交文書の取扱、契約の作成援用などにも効果的です。」

この神学校の最初の学生のひとり（と言っても一期生は二人だった）の三並良は松山の出身で、正岡子規の母八重の従弟にあたり、子規や友人たちからは「五友」と呼ばれていた親しい友人でもあった。「余は幼児郷里に在る頃　太田　竹村　三並　安長の四子と交最も多し　人も余を称して五友となす　詩会　書画会を共にし　ついには共に「五友雑誌」なる者を発兌するに至れりしかるに明治十五年の夏三並氏京に赴く　これ五友分離の始めなり　翌十六年の夏余も東京に行き……」と子規は書いている。

子規より一年早く東京に出かけた三並は独逸学協会学校に入学したものの、授業内容をめぐって起こったストライキの首謀者とみなされ退学処分となり、その頃出会ったシュピナーに誘われ、新教神学校に入学することになった。三並はそこでシュピナーをはじめこの学校の教師たちから当時の最先端のドイツ神学の講義を受け、それだけではなくほぼ完璧と言えるドイツ語の能力を身に付けた。

彼はこの学校を卒業して、普及福音教会の聖職者となったが、十年弱の活動を経て一九〇〇年にはこの職を辞し、退任して陸軍中央幼年学校のドイツ語教師となり、十月には正式に陸軍教授に就任している。彼は宗教的には、神によって全人類が救済されると考えるユニバーサリストであるが、同時に政治的には陸軍教授としてナショナリストでもあった。一九〇八年には第一高等学校のドイツ語の教授に就任し、一九一九年には松山に開校した旧制松山高等学校の教授、後に教頭となったが、脳梗塞の発作に襲われ、退職した。その後もしばらくは執筆活動を続けていたが一九四〇年に亡くなっている。

またこの新教神学校の学生であった赤司繁太郎は、在学中にシュピナーの影響でレッシングを読むようになり、一八九二年三月三日に東京の一二三館より『独逸文学の大家　烈真具《レッシング》』を刊行している。その時赤司は一九歳であった。ところでこの小さな書物に序文を書き、その内容を高く評価したのは一八八八年にドイツ留学から戻った森鷗外であった。鷗外はその頃『しがらみ草紙』に「戯曲折薔薇」というタイトルでレッシングの「エミーリア・ガロッティ」を翻訳し、さらに「レッシングが事を記す」と題する解説をも掲載していた。両者がどのようにして知り合ったのかは今日なお不明であるが、新教神学校の場所が、鷗外がかつて一〇代で上京しドイツ語を習った進文学社の近くであり、そこがドイツの最先端の哲学や神学を教える学校であり、彼がしばしばこの場所に出入りしていたことを考えるならば、二人の出会いは不自然なことではない。赤司と鷗外の交流は生涯続いた。

これらの事例を見る限り、この教会の設立の目的である、「キリスト教とキリスト教の文化を非キリスト教諸民族に、それらの諸民族の中に既に存在している真理契機と関連させながら広める」は一定の成果をあげていたのかもしれない。それが彼らの独特なキリスト教の伝道であった。それはキリスト教の「素朴な絶対性」を確信しての伝道活動というよりは、新しい時代の精神的状況へのキリスト教の適応や、多元化した近代文化の現実を受け止めた上で、なおキリスト教の可能性をどのような意味で主張しえるのかという問題意識を感じさせるものである。

さて、赤司がレッシング研究を刊行した年、一八九二年一〇月二日にこの小さな学校と教会に新しい宣教師が赴任した。この宣教師はマックス・クリストリープといい、一八六二年にウルム近郊のヴィプリンゲンに生まれ、チュービンゲン、ライプツィヒ、ベルリン、ロンドンで哲学と神学を学んだ後に、哲学の学位を取得し、一八九二年からヴェンクハイムで牧師をしていたが、一八九二年になって普及福音伝道会の要請をうけ、この社団から派遣され日本にやってきた。横浜のドイツ公使付参事として働いた後、東京にやってきた。彼は新教神学校で近代の神学と哲学史の講義をしたが、彼自身は神学部の中で生まれた揺籃期の宗教学の研究者であり、日本ではもっぱら日本仏教の研究に従事し、一八九九年三月に帰国するまでの七年間に日本語とドイツ語で大小の仏教関係の論文や著作を書き続けた。その一部は新教神学校関係者によって刊行されていた雑誌『真理』に掲載されている。

彼は日本での仏教体験、あるいは諸宗教との出会いを通して、ドイツ国内で他宗教との出会いや比較とは無縁な環境の中で、素朴なキリストの絶対性を主張する当時のルター派教会が意識を転換し、改めてキリスト教とは何であるかという問題、あるいは諸宗教の中のひとつの宗教としてのキリスト教の位置づけなどを考慮した上で、なおキリスト教を信じる意味を確認する必要性を感じていた。そのために日本での宣教師としての仕事を終え、帰国後まもなく、ドイツのキリスト教会のみならず、知的世界に大きな影響を与えていた雑誌『キリスト教世界』の編集委員会から、南ドイツとドイツ語圏スイスの読者のための集会で、宗教史の現実、つまり非キリスト教地域でのキリスト教伝道の経験を生かして、改めてキリスト教の絶対性について講演するように依頼を受けた時には、それを喜んで引き受け、「キリスト教の絶対性と伝道」という講演を行ったのである。そしてこのクリストリープは、その日のもうひとりの講演者として、この問題を「現代の宗教的状況のみならず、学問的な状況の中で取り扱うことができるただひとりの人物と思われる」組織神学者を編集部に推薦していた。その計画が受け入れられ、二人はこの主題について連絡をとりあい、クリストリープはこの組織神学者に日本での経験をもとに、東洋の宗教史の現実を伝え、この組織神学者はその情報をもとに、自らの歴史哲学的な講演に宗教史の現実を反映させようとしていた。その組織神学者こそが、東京の普及福音新教伝道会の神学校が開講した同じ日に、ゲッティンゲン大学の懸賞論文の受賞者となったエルンスト・トレルチで、その頃彼はハイデルベルク大学神学部教授として、ドイツでもっともよく知られた神学者、哲学者のひとりとなっていた。

二人は一九〇一年一〇月三日にミューラッカーで開催された読者大会で講演し、その時トレルチが行った講演の原稿のみがまとめられ、書き改められ刊行されたのが本書なのである。その意味では本書成立の遠因がこの日本にあったといっても過言ではない。

3　宗教史学派の神学者であり、「ドイツ普及福音伝道会」の神学者としてのトレルチ

次にトレルチである。一八八七年に学生として、ゲッティンゲン大学で懸賞論文を高く評価されたエルンスト・トレルチとはどのような人物で、どのような人生を歩んで、この『絶対性』論文を刊行するに至ったのだろうか。

トレルチは一八六五年二月一七日にアウクスブルクの郊外にあるハウンシュテッティンで生まれた。それ故に本訳書が刊行される二〇一五年は彼の生誕一五〇年の年にあたる。彼の同名の父は学位を得た医師で、母オイゲニーもニュルンベルクの医師の娘であった。彼はその頃父の診療室の隣りにあった宿泊もできる居酒屋「ツア・リンデン」の二階で誕生した。トレルチが生まれてすぐに家族はアウクスブルクの中心部、フッガー家の本社社屋と銀行が並ぶマキシミリアン通りの近くに引越し、そこで診療所を新しく開設している。一八七四年にアウクスブルクでもっとも古いギムナジウムで、宗教改革の時代にはマルティン・ルターもそこに滞在したことのある聖アンナ教会の敷地内にあった聖アンナ・ギムナジウム（現在は別の場所に移されている）に入学した。そこで彼はこのギムナジウムで重んじられていた教育目標である、伝統的な人文主義的な教育とプロテスタンティズムの精神的伝統を身に付けることになった。このギムナジウムが独自の教育方針を、優れた教育者のもとで展開していたこと、そしてそれをトレルチが十分に吸収したことは、彼がラテン語とギリシア語の優れた能力を身につけ、

トレルチの家族　左から妹ヴィルヘルミーネ、妹エリーゼ、弟ルドルフ、母オイゲニー、父エルンスト、トレルチ、妹オイゲニー。

ゲッティンゲン時代に知り合った、優れた若い聖書文献学者たちからもそのギリシア語の能力は絶賛されるほどになっていたこと、また一八八三年の卒業生三二名のうち、一七名が神学部に進学していることからも明らかであろう。

彼は卒業と同時に大学神学許可資格試験に合格し、一八八三年と八四年の間に兵役を終え、同時にアウクスブルクにあったカトリックのリセに二学期の間登録し古典語の能力にさらに磨きをかけ、哲学史の演習にも出席している。

一八八四年一〇月三一日にエアランゲン大学神学部に登録し、研究を開始した。この時彼が聖職者をめざして神学部に進学したとは思えない。彼は、後に彼の古い方の著作集の第四巻の冒頭にも収録されることになった「私の著作」という自伝的文章の中で次のように当時の問題意識について述べている。「一八八四年に大学に登録した際、私は自分の専門分野については決めかねていた。法学は過去の制度的なものに規定された歴史を理解するためのひとつの鍵のように思われたが、実務的な法制度研究と官吏になるための職業訓練をめざすつもりはなかった。また私がギムナジウム時代に徹底した指導を受けた古典語の研究は魅力的であったが、当時の教養人たち姿を見ていると、ギリシア的な生の理念との間には具体的な隔たりがあることは明らかだった。その意味で哲学はほとんど魅力がなかった。また医学もただ理論的な意味で魅力を感じただけであった。それ故に私は神学を選び、学生登録をした。神学には、当時、形而上学に至る唯一の道と、極めてデリケートな歴史問題とが並存していたのである。形而上学と歴史学。これはまさに私が元来魅了されていたふたつのものであり、両者の相互の結びつきにこそ関心をもったのであった。そしてそのことが、最終的には、この二つの問題を密接な相互作用のうちに含んでいる宗教学へと進むべきであるようにと私に命じているかのようであった。しかし当時宗教学は神学であった。しかし現実的な状況は私が望んでいた方向へと進んでいった。そして素朴で、強い宗教的な情熱が、そのことを何らかの方法によって可能にすることを保証しているようにも思われたのであった。」これはトレルチの晩年に書かれた回顧的な文章であるが、大学入学の際のトレルチの問題意識とその後の彼の学問的生涯の見取り図を描いたものだとも言いえるであろう。そしてその頃からの問題意識、すなわち「形而上学と歴史学の結びつき」という問題意識こそがこの『絶対性』論文のライトモティーフであることは明らかである。

　彼は当時ルター派保守主義の神学の牙城であったエアランゲンで、グスタフ・クラースの哲学史の講義に魅了され、また彼の人格形成に深い影響を与え、生涯そこで学んだ考えや身に付けた生活習慣を捨てることができなかった「ウッテンルティア」という学生団体に加入した。トレルチはここで生来の社交性に磨きをかけ、責任ある政治的リーダーのあり方を学び、さらには常に勤勉であるべきことを教えられ、他方で彼の生涯の重荷にもなった同性愛的な感情を実践に移すことになった。

若き日のトレルチ
（1886年ないし1887年）

　一八八五年一〇月二七日にはベルリンのルートヴィヒ・ヴィ

ルヘルム大学に移り、ハインリヒ・フォン・トライチュケとユリウス・カフタンの講義や演習に出席している。そして翌年一八八六年一〇月二二日にさらにゲッティンゲン大学に移り、パウル・ド・ラガルドの新しいドイツの国民宗教という構想に魅惑され、何よりも当時のドイツ・プロテスタント神学のみならず、世界中に大きな影響を与えていたアルブレヒト・リッチュルの講義に出席するようになるとすぐにその優れた才能を発揮するようになり、一年後には既に述べた学生のための懸賞論文で優秀作品に選ばれた。

ゲッティンゲンに二年間登録し、一八八八年にエアランゲンに戻り、第一次神学試検に合格した後は、ミュンヒェンで、当時プロテスタントの神学部がなかったルートヴィヒ・マキシミリアン大学の大学教会の機能も兼ねていた聖マルコ教会で多忙な牧師補としての訓練期間を終え、バイエルンのランデス・キルへの按手を受けるとすぐに、神学成績優秀者として、職務を除外され、二年間の研究専念期間と奨学金を与えられた。そこで彼はゲッティンゲン大学を選び、そこで神学における博士論文にあたる『ヨハン・ゲルハルトとフィリップ・メランヒトンにおける理性と啓示』を一八九一年一月一四日に提出し、口頭試問を終え、正式に博士となっただけではなく、この時代の神学部ではよくあったことであるが、この論文と口頭試問、さらには試検講義によって、教会史と教義史における教授資格も、教授資格論文を書くことなしに合わせて授与された。

この論文の口頭試問のためにトレルチが用意した有名な「一七の討論命題」の第一命題では次のように述べられている。「神学は宗教史的な学科であるはずだが、その意味は一般宗教史の一

兄弟たちと　前列（着座）左から、弟ルドルフ、妹エリーゼ、トレルチ、後列（起立）左から、妹ヴィルヘルミーネ、その夫ヴィルヘルム・ヴェーバー、妹オイゲニー。

構成要素ということではなく、私たちが十分に正確な知識をもっているいくつかの大宗教との比較によって、キリスト教宗教の内容を規定するという意味である。」明らかにこれも『絶対性』論文を生み出した問題意識である。

ゲッティンゲンではこの頃、トレルチだけではなく、ヴィルヘルム・ブセット、ヨハネス・ヴァイス、ヴィルヘルム・ヴレーデ、アルフレート・ラールフス、ヘルマン・グンケル、ハインリヒ・ハックマンなどの聖書文献学者たちが同じように、博士号と教授資格を取得し、彼らは問題意識を共有し、従来の神学を刷新し、新しい神学的な立場と方法論を確立しようとした若い世代が台頭していた。ひとは彼らを「プチ・ゲッティンゲン教授会」と呼んでいた。彼らは旧世代のリッチュルを中心とした教授次世代への対抗意識を強くもったアヴァンギャルドな神学者たちだったからである。このクライスが後のいわゆる「宗教史学派」と呼ばれる神学集団の中核メンバーとなった。

学位を取得したトレルチは、職務除外命令を解かれ、聖職者となるための実務準備教育は学位を取得した者として免除された上で、第二次神学試検に合格し、教区牧師として任用される資格も得た。しかし彼はフリードリヒ・アルトホフの強力な推薦を得て、再び教区牧師としての仕事を除外され、一八九二年三月一八日付けでボン大学神学部組織神学講座の定員外教授に任命され、彼が望んでいたエアランゲンやゲッティンゲンではなかったが、それを受託し、ボンに向かった。

この時代トレルチは自らの神学的方法論の確立に専念する一方で、精神科学、あるいは文化科学の一部としての神学の確立が急務だと考え、さまざまな学問論との対話を試みている。その成果が、彼のこの時代の研究をまとめた、彼のもっとも重要な著作のひとつと言ってよい「宗教の自立性」という一八九五年に刊行された論文であろう。

彼の実力は誰もがみとめるものとなり、彼の読書量、また徹底した批判力は神学部を超えて、哲学部にも大きな影響を及ぼすようになり、複数の大学からの招聘を受けることとなった。二年後の一八九四年の夏学期には、バーデン州のハイデルベルク大学神学部の組織神学講座正教授として招聘され、それを受け入れ、ハイデルベルクに移った。さらに一九〇九年からは同大学の哲学部の文化哲学と宗教哲学の嘱託教授にも任命され、学位論文の審査を中心に、必要な講義も担当することになった。

マックス・ヴェーバー

ハイデルベルクでの神学教授としての生活についていうならば、第三者による複数の証言から、また彼自身の書簡などから学部内では常に孤立しており、さまざまな批判にさらされ、決して幸いなものではなかったが、総合的に見れば彼の学問にさまざまな新しい方向性と刺激が与えることになった実り豊かな二〇年であったし、他の学部の教授たちからはその徹底した学問性と勤勉な研究姿勢、そして妥協を許さない徹底した批判の故に、尊敬される存在であった。

ハイデルベルク時代に彼の生涯にとって大きな意味を持つこ

とになった出来事は、一九一〇年以降、現在でも残っているネッカーの河畔に立つ旧ハウスラート家の一階と二階に住むようになったマックス・ヴェーバーと特別な友情で結ばれることになったことであろう。もちろん両者はハイデルベルクではじめて出会ったわけではなく、ヴェーバーは既にボン時代のトレルチを、従兄弟の神学者オットー・バウムガルテンを通して知っていたし、ヴェーバーもトレルチもハレの神学者エドゥワルト・グラーフェの家で定期的に行われていたサロンの共通の客であった。

両者は急速に学問的にも、個人的にも親しくなり、定期的に「学問的」な、時には「戦略的」な議論を交わす仲になった。ハイデルベルクではより年長のユダヤ人の国法学者ゲオルク・イェリネックらと共に学際的共同研究グループであるエラノス・クライスのメンバーでもあった。そしてよく知られている通り、トレルチは日曜日ごとに行われていたヴェーバー・クライスのサロンに定期的に出席していたし、一九〇四年八月末からのアメリカ旅行には二人は一緒の船で出かけたのである。また一九〇六年四月二一日にシュトゥッツガルトで開催された第九回歴史家集会でヴェーバーは講演を予定していたが、それが何らかの理由によって突然キャンセルされた際にはトレルチが急遽その役を引き受けて「近代世界の成立にとってのプロテスタンティズムの意義」という講演を行っている。

両者にとってお互いの仕事は、大学での同僚としての表面的な関係以上に、彼らのお互いの学術的な著作の中で大きな意味をもつようになった。両者はそれぞれの著作において何度も相手の

1904 年、シカゴでの国際芸術科学会議の晩餐会にて
（① トレルチ、② マックス・ヴェーバー）

思想を引用し、それだけではなくプロテスタンティズム論、歴史学の方法について、近代についての問い、とりわけ近代世界における宗教の問題、諸宗教における経済倫理の問題など活発な議論を日常的に戦わせていた。その証拠に、両者の著作についての詳細な文献学的研究によって明らかになったことは、彼らは相手がまだ著作や論文にまとめる前に、それぞれの思想を自らの著作にそれが相手の思想であることを明言した上で引用しているということである。

それにもかかわらず両者は第一次大戦がはじまり、トレルチがハイデルベルクを去り、ベルリンの哲学部に移動した頃に何らかの理由で仲たがいし、一九一五年四月一七日付けのトレルチから彼らの出版社でもあったJ・C・B・モールのパウル・ジーベック宛の手紙によれば、ヴェーバーは「いつものように激怒し」「私たちの友情に激しい一撃を加え」「修復しがたいほどの困難な状況」が生じ、「ハイデルベルクからの私〔トレルチ〕の別離は大変暗いものになってしまった」のだという。両者がようやくもう一度交流を再開するのはそれから五年後のことであった。戦後になって「妻たちの努力によって」、この「強情な男性たちは」、再び言葉を交わすようになったのである。一九一六年三月にトレルチが「一九一四年協会」で講演を行った時に、そこに参加していたヴェーバーと仲直りをしたと考える研究者もいるが、おそらくは戦後、一九一九年になって両者がデルブリュック＝デンブルク請願書に「共通の理解をもって」署名、参加したことによるのであろう。一九二〇年にヴェーバーが亡くなった時には、トレルチが弔辞を読むようにマリアンネから依頼されたのであるが、トレルチはその時プロイセンの文部次官として教会制度再編成の責任を負っており、それに出席することさえできなかった。そのためにトレルチはマリアンネの依頼に答えて一九二〇年六月二〇日刊行の『フランクフルト新聞』に長文の弔辞を掲載している。

もちろんハイデルベルク時代で重要であったのはヴェーバーとの関係だけではない。ハイデルベルク時代のトレルチは公私共に多忙で、その仕事量は通常の学者とは比較にならず、研究、講演、行政にその力量を惜しみなく発揮し、「トレルチという同じ名前の学者がハイデルベルクに三人いるのではないか」とゲオルク・イェリネックに言わせたほどである。そのため、既に述べた通り彼は神学部では同僚たちの妬みをかったきらいがあるが、大学全体からは深い信頼を得ていた。彼は、送られてくる無数の著作を読み、毎週のように書評を書いた。ハイデルベルク学術アカデミーの正会員となり、ヴェーバーと共にドイツ社会学会のメンバーであり、さまざまな雑誌の編集委員にもなった。一九〇六年には教授会のメンバーとして大学の責任を負ういわゆる学長代理職となり、バーデン州議会には大学を代表する議員として出席し、一九〇三年からはバーデン大公としてのフリードリヒ一世、さらにはフリードリヒ二世の枢密顧問官として主として教会と大学に関する政策について進言を行った。それ故に彼は一九一四年に第一次世界大戦が勃発した際には、この戦争がドイツに対して強いられた、自由と政治政策をめぐる「文化戦争」であると主張し、この戦争を戦うためのまさに文化政策を担当し、さまざまな講演を実際に行った。

このハイデルベルク時代に彼の公的な仕事のひとつとして加わったのが、実はあの普及福音新教伝道会への支援であった。トレルチは後に述べるように、宗教哲学や形而上学の理論形成、あるいは歴史主義の諸問題、社会科学における類型論などの知的作業に没頭した教養人であっただけではなく、近代世界におけるプロテスタント教会の将来、ドイツの政治的運命、近代世界の行くべき道を模索し続けた実践的政治家でもあった。彼は一九世紀末のドイツで近い将来に生じるであろう社会の世俗化の帰結のみならず、宗教の多元化がもたらす多くの複雑な諸問題に気がついていた数少ない学者であり、政治家でもあった。彼はイングランドとの比較の中で、今後のドイツの植民地政策や世界政策との関係で、また人々の価値観や教養の推移によって起こる宗教についての考え方の変化を踏まえた、神学の脱構築が必要だと考えていたのである。それ故に彼は宣教師たち、とりわけアングロサクソン世界のプロテスタント教会の世界伝道とは違って、いわゆる宗教史学派の神学の影響を強く受けた普及福音伝道会の活動に注目していた。彼は従来の意味での「素朴な絶対性」に基づくキリスト教会の意識構想が近代世界に「聖なる島」という不可解で、危険な異物を生み出すことを知っていたが、同時にキリスト教的なものを喪失したヨーロッパが危険なほどのシニシズムと野蛮主義を生み出すことも予感していた。そして最終的には他の文化圏との接触が非ヨーロッパ地域で起こる場合のみならず、ヨーロッパの諸地域で起こるであろう将来のさまざまなコンフリクトについても言及していた。

トレルチが一九〇七年に発表した「伝道の動機、課題、そして近代の文化的キリスト教」は重要な論文である。これはトレルチが一九〇六年に『キリスト教世界』で公にした論文「現代世界における伝道」に対するグスタフ・ヴァルネックの批判に答えて書かれたものであるが、『絶対性』論文の主旨にそった、多元化した文化世界におけるキリスト教の位置づけに関する議論である。グスタフ・ヴァルネックはドイツの大学神学部における最初の「伝道学及び宗教学の講座」の教授となった人物であるが、トレルチはこの大家の「宗教史の見方」、あるいは宗教の多元化という現象をふまえての「キリスト教の絶対性」についての議論を公然と批判したのである。

トレルチは普及福音伝道会との関係によって、たとえば日本の無教会の指導者内村鑑三の『余はいかにして基督者となりし乎』を知り、その重要性を高く評価し、彼の主著のひとつであるいわゆる『社会教説』でこの書物の意義に言及している。すなわち彼はキリスト教の受容と文化や社会層との関係について論じる中で内村に言及した。

ところでトレルチに内村を読むように勧めたのが他でもない、日本から戻ったばかりのマックス・クリストリープであった。クリストリープはハイデルベルクのトレルチを何度も訪ね、議論を交わしている。トレルチはクリストリープの資料の取り扱いと日本や中国における諸宗教の知識の正確さに感心し、『プロイセン年報』や『神学年報』など、いくつもの雑誌の編集の仕事を紹介し、最終的には宗教史に関する資料が豊かなマールブルク大学神学部図書館、そして一九一四年に彼が亡くなるまではベルリンの王立図書館の宗教学関係の書籍管理の顧問として在籍できるように推薦した。このような交流の故に、既に述べた通りクリストリープはミューラッカーでの講演のもうひとりの講演者として迷うことなくトレルチを推薦したのであった。『絶対性』論文はこのような伝記的背景のもとに生み出された講演であり、論文なのである。

妻マルタ

ところでハイデルベルク時代のトレルチは、公的な仕事における成功とは裏腹に、家庭ではひとなみの苦労を経験していた。彼はハイデルベルクに赴任した時には独身であったが、一八九七年になって大学の同僚ヤーコブ・ヴァッサーマンの娘マリアと婚約したのであるが、その数週間後に婚約は解消された。理由は定かではないが、トレルチのウッテンルティア以来の性的志向が問題だったようで、その後ハイデルベルクの大土地所有者の娘マルタ・フィックとの結婚までトレルチは独身のままだった。実はその結婚が一九〇一年であり、ちょうど『絶対性』論文が刊行される時と重なっている。トレルチは本書の刊行元であるJ・C・B・モール社のパウル・ジーベックと何度も手紙のやり取りをし、少しでも有利な条件で印税の契約をしようとしている。

二人の結婚生活はその後も決して順調とは言えず、トレルチの長男エルンスト・エーベルハルトが誕生したのはようやく一九一三年六月三〇日で、結婚後一二年目で、トレルチは一九二三年に亡くなっているので、彼の人生はあと一〇年しかなかった。晩年になってもトレルチは常に数名の自分の学生たちと非常に密接な関係を求め続け、「婚姻生活は常に不安定で、幸福なものとはいえなかった」。

このハイデルベルク時代に迎えた、彼の人生にとっては大きな転機となる結婚式を五月三一日に終えたトレルチは、夏の休暇を新婦との旅行に費やし、一〇月四日にミューラッカーでの講演に望んだのであった。それ故にその年は人生の転機であると同時に、彼の学者としての生活の、あるいは思想にとっての大きな分岐点となった。彼自身この『絶対性』論文は「以後の〔自らの研究の〕あらゆるものの萌芽」であったと述べている。

4 『絶対性』論文の意義

それではトレルチはこの『絶対性』論文の中で何を試みているのであろうか。

それは具体的には、近代世界とは何であるかというヨーロッパ特有の問いであり、「教会の権威」と支配者や国家によるその権威の利用によって守られてきたキリスト教のいわゆる世俗化、また実証主義的な学問、とりわけ歴史学と心理学の台頭による権威や信仰の相対化、グローバルな情報や経験による諸宗教の現実の発見などの中で、その現実をできるだけ正確に理解し、受け止め、それにもかかわらずヨーロッパ社会の中核にあるキリスト教の意義を失わない道の模索であったと言ってよいであろう。それが彼の神学と政治における見解を貫く問題意識である。その意味でこの『絶対性』論文は彼のそのような問題意識をもっともよく読み解くことができるテクストということになる。

トレルチが生まれた一八六五年はドイツ史の転換期であり、彼の決して長いとは言えない生涯はいわゆる帝政期ドイツの誕生と崩壊と重なっている。彼が六歳の時にドイツは統一され、帝政期ドイツが終焉を迎え、共和国政府が成立後四年で彼は亡くなっている。この時代、ドイツ・プロテスタンティズムの神学と文化も大きな転換期を迎えていた。ひとつの大きな変化はプロテスタンティズムの政治的利用で、一八七一年に新たに誕生した統一国家は、統一の正当性、政治的倫理性、そして何よりもナショナル・アイデンティティーの形成においてプロテスタンティズムを利用したのである。宗教が社会や道徳や正義観を基礎付けるのではなく、政治が宗教を利用したのである。もうひとつは、従来の社会における宗教の意味の転換、あるいは宗教の社会的機能の転換という出来事である。

第一の点であるが、「遅れていた大国」ドイツが一八七一年に悲願の統一を果たした際、この新しく生まれたライヒは、そのグランドデザインを、プロイセンの宗教としてのドイツ・ルター派の神学者たちの政治神学に期待し、託した。すなわちドイツ・ルター派は、いくつものラントを統一して誕生したライヒを精神的にも統一するためのナショナル・アイデンティティーの設計とこの統一の政治的正当性を証明するための政治神学の構築を任されたのである。それ故に一八七一年の新国家成立をプロテスタント的な出来事であると解釈する「政治神学」の登場は、プロテスタンティズムの陣営の独善的な主張であっただけではなく、それは同時に政治的要請でもあったのである。わが国の研究ではそれほど注目されてこなかったが、この一八七一年の政治的な事件を、人々はむしろ好んで「神学的に」解釈していたのである。たとえば新しく誕生したライヒは、同じドイツ語圏であるオーストリアを排除し、フランスとの戦争に勝利することによって成立したが、ドイツ・ルター派の神学者たちは、「小ドイツ主義」を主張したドイツ国民協会寄りのリベラリストを援助して、新しいライヒはカトリック国であるオーストリアと「一七八九年の理念」を体現する不道徳で宗教的な正統性も持たないフランスを打ち破って成立したのだと主張し、彼らの政治的プログラムのために有効な援護射撃をすることができたし、そのための努力を惜しまなかった。それは「政治神学」という名の「国家神学」であった。

新しく生み出された国民国家ドイツは、何よりもナショナル・アイデンティティーを必要としていた。なぜこのようなラントに限定されて新しいライヒが形成されるのかという問いへの答えである。またそれと同時に他方で「遅れてきた中欧の大国」はいち早く近代化を成し遂げていたフランスやイギリスに対抗できるようなドイツ的な理念を必要としていた。既に述べた通り、一八七一年の統一においてカトリックであるオーストリアを排除した時点で、ドイツ語という共通言語によるナショナル・アイデンティティーの形成は意味を持たなくなっていた。さらにはフランスへの勝利の後に成立したライヒの道徳的正当性を説明するためにドイツ・ルター派の神学者は次のような政治神学を提示したのであった。すなわち「ドイツ的なもの」の淵源は、一六世紀にカトリックに対して戦い、近代的な自由の基礎を作り上げたマルティン・ルターとその宗教改革に遡る。

ヴィルヘルム世代の正枢密顧問官であったハルナックは「ピューリタン革命より、フランス革命よりも早く近代的な自由を一六世紀に主張したマルティン・ルターの宗教改革」という政治神学を提供した。人々はこのような政治神学に特別な違和感をもつこともなく、むしろその中に政治的妥当性を見出すようになっていた。つまりこの時代、ルターとその宗教改革の精神は神学的にというよりは、政治的に再発見されるのである。そして神学とドイツ・ルター派は、このようなルターの政治的な利用を裏付けるために、宗教改革とルターの研究を急遽再開し、その研究を政治的な言語に再構築したのである。この時代のルター研究の復興は決して純粋に神学的な関心によるものではなく、むしろ国策とそれに呼応した世論の興隆によるものであった。そこで政治的に再発見されたルターは、近代的なヨーロッパの起源であり、近代的自由の思想の出発点であり、ドイツ精神の源流とされたのである。これをひとは「政治的ルター・ルネッサンス」と呼ぶことができるであろう。このような社会史的な視点なしには、この時代に急増したルター研究の意図を正しく理解することは出来ないであろう。

この時代のルター派で、政治的にも神学的にも保守の立場にあったハレの組織神学者マルティン・ケーラーの政治神学のテクストが残されている。ケーラーの政治神学は『われわれの力の強力な源泉はどこにあるのか』と題されていた。彼は政治的に狭義のナショナリズムを退けるものの、実際には「敬虔なキリスト者としてドイツ皇帝に忠誠を誓うこと」、またプロイセン以後の国家形成に神学的な正当性が与えられるべきこと、さらにはフランス革命以後、ドイツのルター派内部にも浸透してきた「一七八九年の理念」は完全に払拭され、「われらの心の中にあるパリ」と呼ばれる道徳的な退廃から、ドイツを救い出すべきことを強調している。これはルター派内部の保守勢力の政治的な態度の特徴であり、フランス革命（すなわち「一七八九年の理念」）こそ反キリスト教的な理念であり、これと「キリスト教的な隣国であるドイツは戦うべきだ」という考えである。さらには、ルター派は、デモクラシー、啓蒙主義、人間中心主義、唯物主義、資本主義、無神論、そして共和制の理念なども道徳的・政治的に戦うべきだとも主張されている。これこそが「われらの心の中にあるパリ」との戦いというこの時代に流行した標語の意味であり、この言葉は神学者ケーラーの政治神学に遡る。

ケーラーのこのパンフレットは比較的良く読まれ、短期間に増刷され、その結果この種の解釈は広くルター派教会内のみならず、一般ジャーナルを通しても流布されることになり、教会の説教、機関紙、雑誌のみならず、その他のさまざまなメディアによって、フランスとの戦争を「正義のための戦争」であったと主張するための神学的ロゴスとロジックとが用いられるようになった。さらにはこの戦争は「道徳に基づいた」、「神の摂理の下にある戦争」であったという「戦争説教」がこの政治神学を使って各教会の説教壇で展開され、そのために「神に召されたビスマルク」という考え方が一般化し、ライヒに対する「神の選び」、またライヒの成立の道徳的正当性についても語られるようになったのである。最終的には、フランスへの勝利は「神に従わない者、教会からの離反者への神の審判の手段」と解釈されたのであった。日曜日の礼拝での説教はラジオが普及していないこの時代には国内最大の巨大メディア・コントロールの手段だったのである。

このような一八七一年の神学的な解釈としての政治神学の構築、それに基づいた「戦争説教」によるこの政治神学の大衆化が、社会史的に見れば、ヴィルヘルム期とドイツ・ルター派との政治的な関係のはじまりであり、新しく生み出されたライヒに宗教的な正統性を与える儀式でもあった、と言ってよいであろう。そしてオーストリアとフランスとの戦争後に成立したライヒのナショナル・アイデンティティーの形成のためには「カトリシズムからの自由を勝ち取ったマルティン・ルター以来のプロテスタント的なドイツ」というようなスローガンは、政治的には有意義なものであった。そしてそれは一八七一年にデザインされた新しい国家制度と共に生まれた「ライヒの神」の誕生の出来事でもあったのだ。

神学者ばかりではなく、歴史家たちがこのようなプロテスタンティズムの政治的利用に大いに貢献している。たとえばヘルマン・バウムガルテンの『ドイツ的リベラリズム――ひとつの自己理解』(一八六六年)やマックス・レーマン、マックス・レンツ、あるいはエーリヒ・マルクスなどのいわゆる「新ランケ派」は、プロテスタント国家としてのドイツがどのような意味で文化国家として確立されるのかと言う問題を、ルターの宗教改革と現代を巧みに結びつけることで説明してみせた。そしてプロテスタンティズムの「文化的意義」という鍵概念のもとに現代の諸問題を分析し、それに政治的、道徳的指針を与えたのであった。彼らは統一やナショナル・アイデンティティーの形成努力とは裏腹に、現代社会がさまざまな社会集団の利益対立や政治的緊張関係という脆弱な基盤の上に成り立っていることを知っていた。そして今日の混乱や価値の多元化、そして何よりもさまざまな悪から社会を救済するためには、ドイツの歴史の中で絶えず中心的な役割を果たしてきたプロテスタンティズムの精神に立ち返ることが重要であると考えたのである。すなわちドイツ史の栄光のすべては宗教改革後のプロテスタンティズムの中にあり、そのエートスを活性化させてこそ、文化国家として、他のヨーロッパ諸国に対抗し得るような国家が形成されるというのである。トレルチはこのような理念がドイツのナショナル・アイデンティティーの形成に必要なものであることを承知しつつも、そのような歴史の見方は支持し得ないものであり、政治哲学としても、現実政治の指針としても、また外交政策としても役に立たないものであることを知っていた。またこのような単純化される歴史哲学や文化哲学がますますドイツ・ルター派の保守的な性格を助長し、近代自身の宗教意識からかけ離れたものとなり、本来あるべき生に躍動感を与え、社会の新しい倫理形成を担うような宗教的役割を果たしえないものにしてしまっていることも知っていた。

第二の点であるが、この時代のプロテスタンティズムの神学が経験したことは、宗教の社会的機能の変化ということであろう。もちろんそれは神学や宗教の領域に限られたことではない。宗教の領域のみならず、精神科学全般に対して大きな転換を迫ったのであり、学問だけではなく、個々人の精神的な生活に対しても大きな意識の転換を迫ることになった。それは今日の言葉で言えば「日常世界を構成する領域からの聖なるものの撤退」であった。意図的なものであれ、無意識なものであれ、もはや世界システムのみならず、道徳や国家政策の確立のためにも「聖なるもの」は不要となったのである。その大きな要因は、おそらく学問における歴史学、あるいは歴史学的批判の登場という出来事であった。

トレルチは既にボン大学での定員外教授としての仕事の中で、ヴィルヘルム期ドイツの大学における「巨大な学問的革命」に言及し、その問題との取り組みが急務であることを考えるようになっていた。彼はゲッティンゲン時代のリッチュルとその学派たちが近代の自然科学の台頭やそれに基づく形而上学批判に対して、宗教を道徳に解消したり、社会における宗教の機能をただ伝統的なものが持つ力に限定してしまうことに問題を感じていた。それに対して彼は「宗教の自立性」を確保し、さらに神学を学問として再構築する道を模索していたのである。彼にとっては、この学問的革命の時代に、神学と教会が精神生活の内容と意義、そしてその独自性を擁護し得るようになることこそが重要な問題であった。そのために他の精神諸科学と同様に、神学も「批判的発展史という視点に基づいた心理学的分析、心理学的な基盤をもった比較と発展史的研究」によって再構築されねばならないと考えたのである。

トレルチはこのような時代の社会的、精神的状況をふまえ、さらに普及福音伝道会からの他の文化世界における具体的な宗教学の情報をもとに、『絶対性』論文の原稿を書きあげたのである。それは具体的には近代世界、あるいは諸宗教の現実の中でキリスト教の絶対性を主張することを放棄するのではなく、現代の知的状況を踏まえて、しかしドイツ国民の精神的基盤としてのキリスト教の位置を確立しようとするものであった。彼は一方で人間の生に意味を与え、生きる力を与える「救いの確かさ」という「素朴な絶対性」を確信する個々人の敬虔な信仰を否定することなく、他方で超自然的な真理要求についても拒絶せず、その上で「自由で人格的な宗教」としてのキリスト教の「相対的」な「最高妥当性」を証明しようとしている。その議論は、伝統的な超自然主義的な神学の批判や修正の要求ばかりではなく、近代の歴史学や歴史的思考の問題点を指摘、修正することによって、歴史学がもたらした相対性という制約の中で「規範性」の確立という問題と改めて取り組むというものであった。その意味でこの『絶対性』論文は、神学における「歴史学的方法」と「教義学的方法」との対立に関する諸問題、神学的規範と宗教史の現実の矛盾という問題、この時代の学問論の先鋭的な問題であった「歴史と規範」という問題、ヨーロッパ近代における合理性の帰結という問題、今後ますます顕著になるであろうドイツの世界政策が生み出す他宗教との具体的な出会いにおけるキリスト教の位置づけの問題などさまざまな複合的な視点が入り組んだテクストであった。そしてこれはトレルチの生涯を貫く問題意識のひとつのレジュメであり、他方でその後の諸研究の出発点でもあったといってもよいであろう。

トレルチによれば、キリスト教は他の宗教と同じように、伝統的には無条件の真理性を主張してきた。しかし近代化とそれによる教会の権威の相対化、また多様な宗教史についての知識の増大はそのような素朴な真理性の主張を展開する基盤を危うくすることとなった。その中でいわゆるドイツ観念論はキリスト教を「絶対宗教」を呼ぶようになった。それはこの素朴な真理性の主張を前提に、しかし宗教史の現実をふまえ、その中にキリスト教を位置づけるためであった。キリスト教を一般的な宗教現象の中に存在する特定の歴史形態のひとつであることを認め、他方でキリスト教と他の宗教には基本的には違いがあり、キリスト教は宗教史の中で特別な目標を達成した規範的宗教であると規定することでキリスト教に特別な立場を与えたのである。

さらにはほぼ同じ前提で宗教を発展史的な枠組みの中に包含し、宗教を「原始宗教」から「自然宗教」へ、そして「文化宗教」への進化の過程に位置づけることも試みられた。そしてもちろんこの発展史的な宗教史は「文化宗教」としてのキリスト教の出現によって完結するのである。これもまた宗教史の多様性を認めつつも、キリスト教の優位性を確保するための論理で、しかもキリスト教の伝道やヨーロッパの植民地主義を肯定するための理論となった。

しかし一九世紀における宗教史に関する知識の増大はこのような宗教史の理解を不可能にした。それはアイロニックなことに前世代の理論によって世界伝道を開始したキリスト教の宣教師たちがもたらした世界各地の宗教史の現実についての情報がもたらした帰結でもあった。宗教史の多様性は、内的統一性や合理性をもった宗教の歴史や発展史を考えることを不可能にした。これまでの宗教という概念自体がキリスト教の視点からの歴史の把握であるので、宗教的多元化という状況の中では、統一的な発展という視点から、ひとつの目標をもった宗教史を描くこと自体が意味のないものではないかという学問的な批判が登場したのである。宣教師たちが次々にヨーロッパにもたらす諸宗教の情報は、宗教一般というような定義、発展史をともなったひとつの目的に向かう宗教史という議論を終わらせ、個々の宗教の特性をその宗教のカテゴリーに基づいて記述する方向へと変化して行ったのである。これが本書の最初の数章でトレルチが説明している議論の出発点となる知的状況である。

また同時に歴史学が、神学という学問がこれまで依存してきた超越性や文化的優位性に関する論理構造を徹底的に破壊すると思われたこともこの『絶対性』論文の極めて重要な前提のひとつである。しかしトレルチは歴史学は決して神学を破壊してしまうようなものではなく、歴史学によってもたらされた相対性は、キリスト教の出発点にあったような始源的な奇跡にもとづく絶対性が、その後の宗教の過度の制度化などによって生命力を失ってしまった過程を明らかにし、何が宗教にとって本質的なものであったかを改めて解明する可能性をもっている点ではむしろ神学や教会の信仰に役立つものだと考えたのである。それ故に『絶対性』論文でトレルチは歴史学をこの問題に適応することのメリットとデメリットを大変回りくどい表現で説明し、最終的にキリスト教の絶対性を当時の知的情況、宗教的情況をふまえつつ改めて主張する道を教会に対して提案している。

息子エルンスト・エーベルハルトとともに

5 『絶対性』論文以後のトレルチ

最後に『絶対性』論文後のトレルチはどのような生涯をおくり、どのような方面にこの問題意識を発展させたのか、ということを見ておきたい。

第一次大戦の勃発をハイデルベルクで迎えたトレルチは、リベラルであるが、ナショナリズムに規定されたハイデルベルクの同僚たちとの共通体験から生み出された精神と限られた政治的情報に基づいて、「この戦争をドイツに向けられた文化政策的な戦争」と位置づけ、「ドイツ精神のための」、あるいは「神が中欧に与えた国家の倫理的戦い」と理解し、国民に「ドイツのために祈れ」と講演するようになっていた。しかしその後すぐに政治的判断と学問的、宗教的な決断についての強烈な反省を強いられるようになった。トレルチは開戦後、かつての学生たちの手紙などから具体的に戦場で経験する「死」と戦いの無意味さを知り、また一九一五年四月一日付けで、ハイデルベルク神学部の同僚達との非生産的な関係に終止符をうつために、「神学部から哲学部への移籍」という当時としては「痛恨のきわみ」というべき決断のすえになされたベルリン大学への転任によって格段に増えた戦争についてのなまなましい情報に接し、自らの立場を急速に修正した。

ベルリン大学の哲学部には各種の学校における宗教の講義を担当する教師を養成するために二つの神学関係の講座があり、そのひとつは「宗教哲学、社会哲学、歴史哲学及びキリスト教宗教史講座」であり、トレルチはこの講座の正教授として迎えられた。そして何よりも戦争中のライヒの首都には多くの生々しい情報が伝えられており、ベルリン着任後すぐにベートマン・ホルヴェークにその政治的手腕を見出されたトレルチは、政府の参事官となり、戦争の現実を知った。一九一五年には既にこの戦争がドイツの勝利によって終る可能性はないとみたトレルチは、自らの立場を撤回し、より有利な条件での講和条約の締結、戦後ドイツ再建のためのプログラム、高揚するナショナリズムの沈静化、素朴な国民的エゴイズムとその根底となっている宗教的な論理を強く批判するようになり、各種ジャーナルへの積極的な寄稿、活発な講演活動を展開し、開戦当初の自らの立場を払拭しようと努力した。

一九一七年一一月には「自由と祖国のための民族同盟」の設立メンバーとなり、同僚のカール・ホルやラインホールト・ゼーベルクなどの民族主義的なナショナリズムや戦時体制を支持したドイツ・ルター派教会の立場とははっきりと距離をとった戦後政策を主張するようになった。すなわち彼は政治的リベラリストや社会民主主義者との政治的・現実主義的な取引のもとに、保守的なドイツの政治と教会をより柔軟な方向へと導き、戦後ヴァイマール体制へと移行する下地をつくったと言ってよい。この彼の政治的立場の転向をどのように評価するかはさまざまな見方があると思われるが、彼が自らの過去の政治的発言の責任をとることなく、政治的な実利をとることで、自らの学問的、政治的プログラムを戦後においても実現しようとしたことは明らかである。しかし他方でこの時代のトレルチの政治的評論は確かにヴァイマールにおける共和制の壮大な実験を導くひとつの指針となったことも確かなことである。今日『傍観者の手記』として知られている『クンストヴァルト』誌における時事評論の連載はそのひとつである。

戦後トレルチはフリードリヒ・ナウマン率いるドイツ民主党の政策に協力し、この政党の政治的理念についての綱領的な文章をいくつも残している。憲法制定のためのプロイセン州会議に参加し、一九一九年から二年間はプロイセンの科学・芸術・国民教育省の政務次官であり、亡くなる直前まで大統領フリードリヒ・エーベルトの参事官としてドイツ再建のプログラムを実行に移すための政治的な努力を続け、一九二三年二月一日に亡くなっている。

もちろんハイデルベルク時代後半からベルリン時代のトレルチは政治的な諸問題にかかわり続けただけではなく、その間に彼は『絶対性』論文を超えて、彼の神学的な課題と取り組み、それをさらに発展させた。さらに言えばトレルチの学問的な努力は、彼の政治的なプログラムと切り離されていたわけではない。すなわち、彼は『絶対性』論文で取り組んだ問題、すなわち現代の政治的、社会的コンテクストの中で神学を再構築すること、宗教の多元化という状況の認識のもとにキリスト教宗教とその教会を新しく位置付け、歴史主義の影響の中でもキリスト教信仰やそこから引き出される価値の規範性をどのように守り続けるかという問題と、ドイツ・ルター派教会の宗教性と教会制度の改造とを同じ課題の二つの側面と考え、それと取り組んだのである。そのような政治的な課題のための学問的な基礎付けとなった二つの綱領的な著作が『キリスト教会と諸集団の社会教説』と『歴史主義とその諸問題』である。

トレルチは宗教としてのドイツ・ルター派の改造も、ヴァイマールの共和制の運命も、急速な改革ではなく、過去のキリスト教史を踏まえた「ゆるやか」で「現実的」な改革をめざすべきだと考えた。ドイツ・ルター派の反デモクラシー、反共和制、反資本主義を生み出した歴史を踏まえ、しかし「柔軟性をもった国民教会」の形成、「保守的デモクラシー」の現実化、リベラルな勢力の「妥協」を前提とした結集を呼びかけた。そしてたとえばトレルチが「古プロテスタンティズム」と「新プロテスタンティズム」を区別したり、ルター派とカルヴィニズムとの違いを明瞭にしようと試みたり、ドイツ・ルター派やカトリシズムとバプテスト諸派の区別を類型化したことは、ドイツ・ルター派の相対化とキリスト教自体の多元的な状況の確認であり、それを踏まえた新しいキリスト教的形成あるいは総合を試みようとする彼の神学的であり、政治的でもあり得た学問的努力だったのである。

彼の思想がその後のドイツのルター派の神学を導くような先駆的な試みであったということはできない。むしろ彼の仕事はヴァイマールの新しい時代状況により急速に適応しようとした、その時代精神と深く結びついたカール・バルトなどの『時の間』の編集同人に追い越され、批判され、神学としての不徹底さを批判され、その思想の終焉を宣告され、まだ生きているうちから、その思想についてのいくつもの弔辞が書かれた。

しかしトレルチはヴァイマールのフロント世代の議論を理解できなかったわけではなかった。彼はフロント世代よりも長く広い視野をもってキリスト教史を考察しており、その意味で彼の仕事から今日なお学ぶべきものがいくつも残されているように思える。彼が自ら自覚していたように彼の仕事は、ヨーロッパを構成するものとして彼が歴史研究から導き出したヘブライ預言者の伝統、古典的ギリシア文化、古代の帝国主義、そして中世の文化的総合などをふまえて、近代以後の文化を改造し、「ヨーロッパ的な文化総合」を実現しようとするさまざまな試みへと向けられていた。その議論は具体的には、西ヨーロッパの合理主義的な平等性とドイツ的個性概念の結合、あるいは「普遍的総合へと向かうキリスト教」と「徹底した個人化へと向かうキリスト教」

との総合であり、キリスト教的な文化を抜きにしてはヨーロッパは野蛮主義とシニシズムによって崩壊するという彼の確信によって規定されていた。それ故に彼が今日のヨーロッパの宗教的、文化的、政治的多元化について何らかの影響を与えていると直接的に指摘できるようなものはないし、彼の「ヨーロッパ文化総合」はたとえばEUの考え方とも異なっているが、それでも、彼が常にその時代の教会の神学や政治的立場を批判し続け、より現実的で、豊かな形成にむかって既存の制度や人々の宗教意識を改革しようと努力したことの中に、今日のヨーロッパの状況とは比べものにはならないが、その萌芽期にあって、「真理の多面性」を主張したことの中に、いくつもの現代的な諸議論や問題状況の「先取り」を見出すことができるのではないだろうか。

『絶対性』論文での議論は、今日から見れば、宗教史の現実をふまえているとも言えないし、文化や宗教の多元的状況を十分に認識しているとは言えないが、キリスト教的ヨーロッパの「終わりの始まり」にたって、まだその姿を見ていない「新しい始まり」の予感の中で、可能な限りの努力を試みた「転換期の思想」であったと言ってよいであろう。ヴァイマールのフロント世代たち、すなわちバルトや雑誌『時の間』の編集同人たちは、トレルチの思想を「終わりのシンボル」と見ていた。もし本当にそうであるならば、本書もまたキリスト教的ヨーロッパの「終わり」を示す書物ということになってしまうのであろうし、もはや刊行後百年以上を経て、改めて読み返す価値などないであろう。しかしこのテクストは「終わりのシンボル」ではなく、「新しいはじまりのシンボル」なのではないだろうか。なぜなら、本書での彼の努力は、今日と完全に同じではないにしても、多元化という状況の中で、多元化を分析し、記述するだけではなく、多元化を踏まえた上でひとつの宗教を信じて生きるということにどのような可能性があるのかを勇気をもって問うた神学的努力なのであり、それは今日の状況との取り組みに多くの示唆を与えるものだからである。

6 書誌的情報

一九〇一年一〇月三日にミューレッカーでの講演に際してトレルチは聴衆のために講演内容を一四の命題にまとめ、同年九月二六日付けの『キリスト教世界（*Die Christliche Welt*）』誌（第三九号）の九二三―二五頁に掲載した。これがこの講演についての第一のテクスト、あるいは原テクストである。Ernst Troeltach, Thesen zu dem am 3. Oktober in der Versammlung Freunde der Christlichen Welt in Mühlacker zu haltenden Vortrage über Die Absolutheit des Christentums und die Religionsgeschichte, in: *Christliche Welt*, Nr. 39 vom September 1901, Sp. 923-925.

この一四の命題に基づいて当日読み上げられた講演があるのだが、この原稿は失われてしまっている。しかしトレルチはこの講演が終った後すぐに出版用に改定をはじめた。一一月二日付けのトレルチからパウル・ジーベックへの手紙によれば、既に原稿の整理が終了していることが告げられており、出版条件についての相談が始まっている。トレルチはハイデルベルクでの新しい結婚生活が始まったことを理由に、印税についての先払いと、彼の側により有利な条件を主張していたが、ようやく折り合いがつき、一二月一八日には正式な出版契約が結ばれた。初版の奥付では一九〇二年刊行とされているが、一九〇一年一二月一八日から二六日のいずれかの日に印刷が終了し、年内に各書店に送られている。出版にあたって書かれた序文が二三頁、本文が一二九頁、合計一五二頁の小さな書物となった。これが本書の初版であり、第二のテクストである。初版は一二五〇冊が販売され、著者と各誌書評用に二五冊が用意された。トレルチは四七五マルクの印税を受け取った。Ernst Troeltsch, *Die Absolutheit des Christentums und die Religionsgeschichte. Vortrag gehalten auf der Versammlung der Freunde der Christlichen Welt zu Mühlacker am 3. Oktober 1901, erweitert und mit einem Vorwort versehen*, Tübingen: J. C. B. Mohr (Paul Siebeck), 1902.

その後、トレルチは年末に五冊の完成した本を受け取ったが、その中の一冊を使って、来るべき再版のために加筆、修正などを行っている。それがいつ行われたかは不明であるが、保存されているオリジナルを見るとさまざまなインクの種類が読み取れるので、おそらく改定作業は複数回にわたって、継続的に行われていたと思われる。この書き込みのある初版が、第三のテクストである。

初版刊行から九年後の一九一〇年一一月三〇日、パウル・ジーベックはトレルチに本書を重版したいと伝えてきた。トレルチはそれを受け入れ、文体を整え、初版に残されていた誤植を修正するなど、必要最低限の簡単な作業を行ったあと直ぐに刊行することが可能であると答えた。ところが翌年になって本文の確認改定作業を開始したトレルチは、次々と大小の追加を行い、新しい序文を書き加え、大掛かりな改定を行った。その結果、序文二七頁、本文一五〇頁、合計一七七頁の第二版が一九一二年二月八日に刊行されることになった。刊行部数は一五〇〇部で、それとは別に著者と各誌書評用に五五冊が用意された。トレルチは二月二三日に五五六マルク二五ペニッヒの印税を受け取っている。これが第四のテクストである。Ernst Troeltsch, *Die Absolutheit des Christentums und die Religionsgeschichte. Vortrag gehalten auf der Versammlung der Freunde der Christlichen Welt zu Mühlacker am 3. Oktober 1901, erweitert und mit einem Vorwort versehen*, 2., durchgesehene Auflage, Tübingen: J. C. B. Mohr (Paul Siebeck), 1912.

初版と第二版には実は大きな変更がある。それは無数の文章が追加されただけではなく、元来五章構成であった本文の最後の第五章が分割され、六章構成になっている。

さらにその後、本書は一九二九年四月二三日に第三版が刊行されている。それはトレルチの死後のことであり、彼の妻であるマルタ・ディートリヒ・トレルチの承諾を得て刊行された。当然内容の改定はなく、この時は一〇〇〇部が刊行された。新しく組み直された版では、一行の文字数がこれまでより増えたために、頁数は減り、序文が二一頁、本文が一二二頁、合計一四三頁で刊行された。Ernst Troeltsch, *Die Absolutheit des Christentums und die Religionsgeschichte. Vortrag gehalten auf der Versammlung der Freunde der Christlichen Welt zu Mühlacker am 3. Oktober 1901, erweitert und mit einem Vorwort versehen*, 3. Unveränderte Auflage, Tübingen: J. C. B. Mohr (Paul

Siebeck), 1929.

それ以後本書は増刷されることなく、またその後刊行された彼の最初の全集にも収録されることはなかった。それはドイツ神学史におけるいわゆる「弁証法神学の支配」の時代と重なっていたからである。トゥルツ・レントルフによって編集され、解説と序文を付された新しい版が刊行されるのは、何と一九六九年になってからであった。一九八五年にはレントルフ版の再版が刊行されている。Ernst Troeltsch, *Die Absolutheit des Christentums und die Religionsgeschichte und zwei Schriften zur Theologie*, hg. und eingeleitet von Trutz Rendtorff, München, Hamburg: Siebenstern Taschenbuch Verlag, 1969 (=Siebenstern-Taschenbuch 138), 2. Auflage, Gütersloher Taschenbücher Siebenstern 138.

一九七一年にはハーバード大学、東京大学で学び、その後東京神学大学で宗教学を教えたディヴィッド・リード氏による本書第二版の英訳が、アメリカに「トレルチ・ルネサンス」を引き起こしたひとりジャームズ・ルーサー・アダムスの解説を付して刊行された。Ernst Treoltsch, *The Absoluteness of Christianity and the History of Religions*, translated by David Reid, introduction by James Luther Adams, Luisville, Kentucky: John Knox Press 1971, Reprinted in paperback in 2005 by Westminster John Knox Press. この英訳ではドイツ語のテクストにはない各節の表題が訳者によって付された。

一九七四年に白水社から刊行された『現代キリスト教思想叢書』の第二巻には、本書の第三版を定本とした森田雄三郎氏と高野晃兆氏による翻訳が収録されている。また各章に原著にはないタイトルが付されている。

一九九八年にハイデルベルク・アカデミーに置かれた編集室（現在はバイエルン・アカデミーに移された）から刊行が開始された新しいトレルチ全集は、前世紀末に第五巻から刊行されることになったが、そこに収録されたのが本書と本書に関連する諸資料であった。Ernst Troeltsch, *Absolutheit des Christentums und die Religionsgeschichte* (1902/1912): *mit den Thesen von 1901 und den handschriften Zusätzen / Ernst Troeltsch. hg. von Trutz Rendorff in Zusammenarbeit mit Stefan Paultler*, Berlin; New York: de Gruyter, 1998 (=Kritische Gesamtausgabe; Bd. 5).

訳者あとがき

学部の学生の頃、日本語の上手なアメリカ人の宗教学者からラテン語を習った。語学の達人で、ラテン語だけではなく古典語全般、いや古典語だけではなくドイツ語もフランス語も使いこなす先生であった。先生は他にもドイツ語専門書講読というクラスを担当しておられ、当時まだ翻訳がなかったエルンスト・トレルチのいわゆる『社会教説』を読んでいただいた。それはとても勉強になったのだが、『社会教説』は古い全集でも一〇〇〇頁近くあり、註も多く、議論が詳細で、入り組んでいて苦行のような時間であった。そこで、同じトレルチの書物でも比較的短くて、しかし何度も読んでも理解できない『キリスト教の絶対性と宗教の歴史』の講読をお願いしてみた。なぜこんなことができたかといえば、その講読に登録した学生は二人で、しかももうひとりはほとんど出席しなかったので、毎回個人授業であったのだ。先生は「今年はとりあえず『社会教説』を読み続けましょう」と言われ、私の願いを聞き入れてはくださらなかった。

しかし次の講読の時間に『キリスト教の絶対性と宗教の歴史』の英訳を持ってきてくださり、「これをさしあげますから読んでみてください。少し分かるかもしれません」と言われた。私はとても嬉しくて、すぐにでも頁を開いて読みたいと思ったことを記憶している。それだけではない。その本の表紙を見て驚いたこともよく覚えている。訳者名が書かれていたのだが、そこにはデイヴィッド・リードと書かれていた。それはまさに今この書物を私にくださった先生なのだ。まったく迂闊なことであったが、半年も授業を受けた後になって、私は初めてこの先生が『キリスト教の絶対性と宗教の歴史』だけではなく、トレルチの晩年の大著『歴史主義とその諸問題』の英訳者であることを知った。

確かに先生の英訳は分かりやすかった。先生の翻訳はユージン・ナイダの「ダイナミック・イクイヴァレンス」という翻訳理論と似ていて、ひとつひとつの文章を逐語訳するのではなく、読み取った文章を、翻訳する言語の文化的なコンテクストに翻訳し直すというもので、かなり先生の解釈と内容的説明が含まれている。先生は「この書物は議論が複雑で、また宗教や宗教史についての考えが今日とかなり違っているので、それを理解できるように訳さないと読者には分からないと考え、このような訳し方をした」と言われた。そして先生は「いつかあなたもそんなふうに日本語に訳してみたらどうですか」と言ってくださった。その時はそんな日が来るとは予想もできなかったが、春秋社からシュライアマハーの『宗教について』、ハルナックの『キリスト教の本質』とドイツ近代神学史の代表的な著作の新訳を刊行する中で、次はトレルチだと考えた時、あのリード先生の言葉を思い出した。私は今回リード先生の翻訳理論を採用しなかったが、三〇年を経て先生の学恩に少しでも応えることができればと願ってこの仕事を続けた。なぜなら、私はあの年の講読の授業が終わってからも、トレルチを一緒に読んでいただいたのだし、また不思議なことであるが、ドイツから戻って最初に勤めた大学では私は先生と同僚となり、さまざまなご指導をいただいたのだから。

翻訳にあたっては、今回も練達の編集者小林公二氏にお世話になった。小林氏はまさにこのリード先生の英訳を駆使して、さまざまなアドヴァイスをくださった。

二〇一五年十一月十八日
トレルチ生誕百五十年を記念する年に

深井智朗

訳者紹介

深 井 智 朗 *Tomoaki Fukai*

1964年生まれ。アウクスブルク大学哲学・社会学部博士課程修了、哲学博士（アウクスブルク大学）、博士（文学）（京都大学）。現在、金城学院大学人間科学部教授。著書に、『超越と認識——20世紀神学史における神認識の問題』（創文社、第13回中村元賞）、『十九世紀のドイツ・プロテスタンティズム——ヴィルヘルム帝政期における神学の社会的機能についての研究』（教文館、2009年度日本ドイツ学会奨励賞）、『思想としての編集者——近代ドイツ・プロテスタンティズムと出版史』『神学の起源——社会における機能』（新教出版社）、『ヴァイマールの聖なる政治的精神——ドイツ・ナショナリズムとプロテスタンティズム』（岩波書店）など、訳書に、シュライアマハー『神学通論1811年／1830年』（共訳、教文館）、シュライアマハー『宗教について』（春秋社）、ハルナック『キリスト教の本質』（春秋社）など。

キリスト教の絶対性と宗教の歴史

2015年12月25日　第1刷発行

著者——————エルンスト・トレルチ
訳者——————深井智朗
発行者—————澤畑吉和
発行所—————株式会社 **春秋社**
〒101-0021 東京都千代田区外神田2-18-6
電話03-3255-9611
振替00180-6-24861
http://www.shunjusha.co.jp/
印刷・製本———萩原印刷 株式会社
装丁——————本田 進

ISBN978-4-393-32363-2
定価はカバー等に表示してあります